Bonner Stadtgeschichte kurzgefasst

W0339961

Felicitati Civitatis
Bonnensis

Bonner Stadtgeschichte kurzgefasst

von
Manfred van Rey

Von der Vorgeschichte bis zur Gegenwart

2001

Bouvier Verlag · Bonn

Mit freundlicher Unterstützung der
BONNFINANZ Aktiengesellschaft für
Vermögensberatung und Vermittlung
und der Stadt Bonn.

Die Deutsche Bibliothek – CIP-Einheitsaufnahme

Rey, Manfred /van:
Bonner Stadtgeschichte kurzgefasst : von der Vorgeschichte bis zur Gegenwart / Manfred van Rey. - Bonn : Bouvier, 2001

ISBN 3-416-02944-5

Alle Rechte vorbehalten. Ohne ausdrückliche Genehmigung des Verlages ist es nicht gestattet, das Buch oder Teile daraus zu vervielfältigen oder auf Datenträger aufzuzeichnen.
© Bouvier Verlag Bonn 2001. Printed in Germany.
Satz, Druck und Einband: Druckerei Plump OHG, Rheinbreitbach, www.plump.de.
Gedruckt auf säurefreiem Papier.

Inhalt

Manfred van Rey

Bonner Stadtgeschichte kurzgefaßt

Der Hund von Oberkassel überrascht die Welt

Kaum eine Stadt im Rheinland kann Spuren menschlicher Anwesenheit von der Zeit des Neandertalers bis um Christi Geburt in so zahlreicher und dichter Folge aufweisen wie Bonn. Menschliche Spuren finden sich im Gebiet der heutigen Stadt erstmals an den Rändern: Etwa 50000 Jahre alt sind ein Dutzend bei Muffendorf gefundene Faustkeile der älteren Altsteinzeit. Etwa 30000 v. Chr. stellten Menschen der jüngeren Altsteinzeit beim Marienforster Gut Klingen und Stichel aus Chalcedon her, und zwar in so großen Mengen, daß der Fundplatz als der derzeit reichste dieser Zeitstufe im Rheinland nördlich der Eifel gilt. Immer noch aus der jüngeren Altsteinzeit, aber 'erst' 11000 Jahre v.Chr. datiert eine Grabstätte am Stingenberg in Oberkassel. Hier fanden Steinbrucharbeiter Skelette eines großen, robusten älteren Mannes und einer kleinen, grazilen jungen Frau, die offenbar feierlich bestattet worden waren: mit Rötel dick überstreut, in Lehm eingepackt und mit großen flachen Basaltsteinen sorgfältig umlegt und bedeckt. Neben dem berühmten Neandertaler sind die Skelette des Paars von Oberkassel die einzigen menschlichen der Altsteinzeit im Rheinland. Galt ihr Fund jahrzehntelang als einer der berühmtesten und bedeutendsten aus der Altsteinzeit in Deutschland, so ist er jetzt dank der Forschungen von Prof. Günter Nobis, dem langjährigen Direktor des Museums Koenig, eine Weltsensation: Der das jagende Menschenpaar begleitende Hund – wohl eine Art kleinerer Schäferhund – zählt zu den ältesten Haustieren der Menschheit und ist damit Zeuge einer menschlichen „Kulturhöhe, die das Phänomen Haustierhaltung auslöste“.

Und noch im gleichen Jahr 1986 warteten die Archäologen mit einer zweiten Sensation auf. Grabungen auf dem Venusberg erwiesen, daß es bereits um das Jahr 4080 v.Chr. eine befestigte Siedlung auf Bonner Boden gab. Einen nach drei Seiten steil abfallenden Bergsporn schützte ein aus Holz und Erde aufgeschichteter 140 m langer Palisadenwall mit davor liegendem Graben und Toranlage, älter als Babylon und die Pyramiden in Ägypten. Diese nunmehr in Bonn älteste wissenschaftlich nachweisbare Siedlung Deutschlands gehört der älteren Jungsteinzeit an. Solange die Archäologen nicht die Innenfläche der etwa 700 x 400 m großen Höhenfestung ausgraben, bleibt allerdings unsicher, ob sie ein dauernd besiedeltes Dorf schützte oder als Fliehburg nur in Gefahr aufgesucht wurde. Ein Dutzend noch nicht ergrabener flacher Grabhügel im rechtsrheinischen Bonn deuten auf wohl bronzezeitliche Besiedlung hin; die Eisenzeit ist im Bonner Raum in verschiedenen Kulturstufen vertreten, mit ihrer jüngsten nähert sich Bonns Vorgeschichte der Zeitenwende.

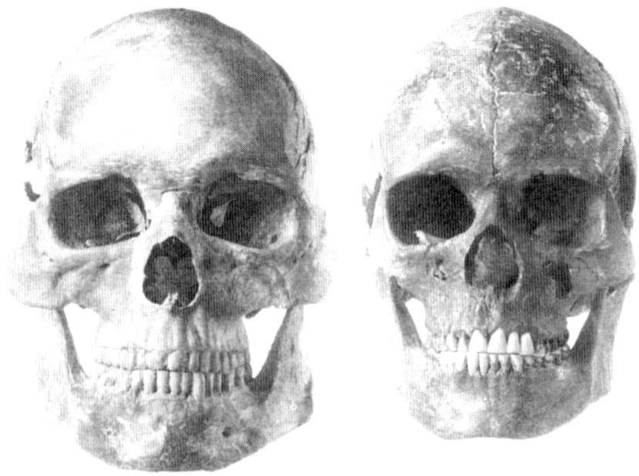

Die Schädel des Mannes und der Frau von Oberkassel mit ergänztem Gebiß, 1919

Bonn dankt Drusus die Geburtstagsfeier

Mit der römischen Eroberung Galliens, das nach antiker Vorstellung am Rhein seine natürliche Grenze fand, begann für die Rheinlande die bis heute andauernde Epoche der schriftlichen Kultur, der historisch faßbaren

Zeit. Sie setzte hier mit G. Julius Cäsars zweimaligen, archäologisch jedoch bisher nicht nachgewiesenen Brückenschlägen über den Rhein 55 und 53 v. Chr. ein. Er traf dabei mit Abgesandten der germanischen Ubier zusammen, deren Wohnsitz sich irgendwo im Hinterland des Neuwieder Beckens befunden haben muß. Während diese stets mit Rom befreundet waren und blieben, lebten in der Eifel und den Bördenlandschaften bis zum Rhein die gegen Rom um ihre Freiheit kämpfenden ebenfalls germanischen Eburonen. Mit Hilfe rechtsrheinischer Sugambrer, denen wohl der späteisenzeitliche Ringwall auf dem Petersberg zuzuordnen ist, schlug Cäsar sie 54 vernichtend, ließ ihr Land plündern und verkaufte seine Einwohner in die Sklaverei. Drei Jahre später schloß er die in seinem Rechenschaftsbericht „Über den Gallischen Krieg" ausführlich geschilderte Eroberung Galliens ab. Die Rheinlande westlich des Stroms wurden für ein halbes Jahrtausend Teil des Imperium Romanum, des Römischen Reichs.

Nach Cäsars Ermordung beauftragte der spätere Kaiser Augustus M. Vipsanius Agrippa mit der Verwaltung Galliens. Um das gefährliche Machtvakuum am linksufrigen Rhein zu füllen, siedelte Agrippa die Ubier wohl schon seit seiner ersten Statthalterschaft 39/38 v. Chr. im ehemaligen, jetzt wüstgefallenen Gebiet der Eburonen an. Grabungen des Rheinischen Landesmuseums im Bereich des Boeselagerhofs brachten erst in den 80er Jahren des vergangenen Jahrhunderts den archäologischen Nachweis, daß die Ubier seit ihrer Umsiedlung im Kern der Stadt Bonn, auf dem hochwasserfreien Gebiet zwischen Universität, Josefstraße, Münster und Rhein, ein vom Rhein und der Gumme natürlich und von Palisaden im Süden geschütztes Flachlandoppidum - eine Siedlung lose gestreuter Gehöfte -anlegten, dessen wohl ubischer, bisher nicht gedeuteter Name Bonn zuerst von dem römischen Schriftstellern Florus und Tacitus überliefert ist. In diese bisher archäologisch frühest nachgewiesene Siedlung der von Rom umgesiedelten Ubier legten die Römer im Rahmen der Germanienpolitik des Kaisers Augustus Militär.

Als Augustus nämlich den alten Plan Cäsars, nach Gallien auch Germanien zu erobern, aufgriff, ersah er wohl 16 v.Chr. das ebenfalls ubisch besiedelte und benannte Novaesium = Neuss als erstes römischer Militärlager am Rhein aus.Von hier aus sollte das rechtsrheinische Gebiet erkundet werden, die hier und in Bonn wohnenden Ubier dienten dabei wahrscheinlich als Führer und Kundschafter. In ihren Bonner Vorort rückte wohl 12. v.Chr. ein kleines römisches Truppenkontingent ein, wie Keramik aus dem italienischen Arezzo bezeugt. Es war die Geburtsstunde des römischen Bonn für fast ein halbes Jahrtausend.

Kaiser Augustus, Denar aus Zaragoza 19/18 v.Chr.

Im Sommer dieses Jahres begann die Offensive, fünf oder sechs Legionen mit einer mindestens dreimal so großen Zahl von Hilfstruppen, das war ein Drittel der römischen Militärmacht, versammelten sich am Rhein. Sie erfolgte auf breiter Front: Auf dem Landwege von den rheinischen Legionslagern Vetera/Xanten und Mainz aus, auf dem Wasserwege über die Nordsee und die Flußmündungen von Ems, Weser und schließlich Elbe. Die militärischen Operationen der folgenden vier Jahre sind mit dem Namen des Feldherrn Nero Claudius Drusus, des Stief- und Adoptivsohns von Kaiser Augustus, verbunden. Sie wurden von seinem Zeitgenossen Livius ausführlich geschildert, doch sind von dessen monumentalem Geschichtswerk die meisten Bücher verlorengegangen, darunter auch die uns interessierenden. Nun ist in zahlreichen Handschriften des Mittelalters ein offenbar beliebtes Werk „Epitoma rerum Romanarum ex Tito Livio“ unter dem Namen eines Schriftstellers Florus überliefert, dessen weiteren Namen alle Handschriften bis auf eine mit Lucius Annaeus angeben. Ein Schriftsteller und Lobredner dieses Namens ist für das frühe 2. Jahrhundert als Freund des Kaisers Hadrian bezeugt, der „Abriß der römischen Geschichte nach Livius“ datiere mithin in diese Zeit. In ihm geht der Autor auf die Germanenzüge des Drusus

ein, der am Rhein mehr als 50 Kastelle errichtet sowie die Orte „Bon(n)a“ und meist überliefert „Gesonia“ mit Brücken verbunden und Truppen gesichert hätte. Die heute maßgeblichen Florus-Ausgaben identifizieren „Bon(n)a“ übereinstimmend mit Bonn und nicht mit der französischen Stadt Boulogne-sur-Mer an der Kanalküste, die seit dem 4. Jahrhundert als „Bononia“ entgegentritt. Mithin wäre nach Florus ein Brückenschlag in Bonn vom linken auf das rechte Rheinfer anzunehmen. Ob sich allerdings hinter „Gesonia“ das ehemalige Dorf Gensem bei Schwarzrheindorf verbirgt, ist mehr als fraglich, handelt es sich hier doch eher um einem fränkischen Ortsnamen mit der Endung „-heim“. Daß eine von Archäologen gesuchte Brücke von Bonn auf das andere Rheinufer nicht gefunden wurde, besagt wenig, konnten doch selbst die von Cäsar ausführlich beschriebenen und von niemanden bezweifelten hölzernen Rheinbrücken bisher nicht nachgewiesen und daher auch nicht lokalisiert werden - weswegen eine der beiden lange Zeit im Bonner Raum angenommen wurde. Nun hütet die Staatsbibliothek Bamberg einen Florus-Kodex des 10. Jahrhunderts, der den ‘Vornamen’ des Florus mit Julius angibt und „Borma“(gewiß verschrieben für „Bonna“) und „Caesoria(cum)“überliefert. Einige Forscher glauben in letzterem Ortsnamen den seit dem 1. Jahrhundert gut bezeugten portus Gesoriacus zu erkennen, den zu Boulogne-sur-Mer gehörigen Hafen, von dem aus Cäsar einst Britannien eroberte. Jüngst hat Karl August Neuhausen von altphilologischer Seite die Autorschaft des Schriftstellers Lucius Annaeus Florus an wesentlichen Teilen der „Epitoma“ bestritten und das Werk als um 15 n.Chr. verfaßtes verlorengegangenes Opus eines Julius Florus wiederentdeckt, der mit dem von Horaz in

Feldherr Drusus, Sesterz des Kaisers Claudius, Rom, 50-54

seinen literarischen Episteln zweimal genannten gleichnamigen Schriftsteller höchstwahrscheinlich identisch und somit ein Zeitgenosse des Kaisers Augustus gewesen sei. Er verbessert die Ortsnamen des Codex Bambergensis in „Bonna“ und „Glaesaria“, das er mit der ostfriesischen Bernsteininsel Glaesaria, der heutigen Insel Osteroog bei Borkum, identfiziert, liest und übersetzt die Drusus bzw. Bonn betreffende Textstelle des Florus m. E. überzeugend wie folgt: „In Rheni quidem ripa quinquaginta amplius castella direxit, Bonnam et Glaesariam cum pontibus iunxit classibusque firmavit, invisum atque inaccessum in id tempus Hercynium saltum patefecit“ „Am Rheinufer z.B. errichtete er mehr als 50 Kastelle, und indem er Bonn und Glaesaria mit Bohlenwegen verband und mit Flotten sicherte, öffnete er das bis zu diesem Zeitpunkt noch ungesehene und unwegsame Hercynische Waldgebirge.“ Knüppelwege durch die Sümpfe und Moore des norddeutschen Flachlands verbanden mithin Bonn und die Bernsteininsel im mare Germanicum.

Das erste schriftliche Zeugnis für den Namen Bonn rückt damit erheblich näher an die historischen Ereignisse. Es war Grund genug für die Stadt Bonn, 1989 ihre Ersterwähnung um 11 v.Chr. gebührend zu feiern. Die Festlegung des Jahres war durchaus beliebig, da Florus keine genauen Zeitangaben macht. Gesichert ist jedoch, daß Drusus 12 v.Chr. seine Germanenfeldzüge begann und im Jahre 9 v.Chr. in Germanien auf dem Rückmarsch von der Elbe vom Pferd stürzte und in Mainz starb, erst 30 Jahre alt. Sein älterer Bruder Tiberius sicherte im folgenden Jahr die Eroberung, das Land zwischen Rhein und Elbe, Nordsee und Erzgebirge erhielt als Provinz Germanien Besatzungsstatus.

Während die römischen Truppen im rechtsrheinischen Germanien standen, der Rhein also keineswegs als Reichsgrenze diente, planten die Römer um 5 v.Chr., anstelle des bisherigen ubischen Hauptortes Bonn das siedlungsleere Gebiet des späteren Köln zur ‘Hauptstadt’ der Ubier zu erheben, zum oppidum Ubiorum.

Erst die Niederlage des römischen Feldherrn Quinctilius Varus im Teutoburger Wald bei Osnabrück im Jahre 9 n.Chr. setzte dem Traum des Augustus, das freie Germanien seinem Imperium Romanum einzuverleiben, ein Ende. Varus, im volkstümlichen Spottlied „Als die Römer frech geworden, gingen sie nach Deutschlands Norden" lebendig, verlor fast vier Legionen. Sie wurden von Germanen unter ihrem Führer, dem Cherusker Arminius = Hermann, vernichtet.

Nach drei Jahrzehnten wurde der Rhein bald wieder Grenze. Entlang des Flusses entstanden die Legionsfestungen (castra) und Auxiliarkastelle meist germanischer Hilfstruppen des seit dem 4. Jahrhundert so benannten Niedergermanischen Limes. Bonn wurde ein wichtiger Stützpunkt dieser bis zum Ende der römischen Herrschaft bestehenden Grenz- und Verteidigungslinie.

Während bis in die 80er Jahre ein Drusus-Kastell in Bonn als archäologisch gesichert galt und zusammen mit dem Florus-Zitat als Begründung für die 2000-Jahrfeier diente, hat die jüngere archäologische Forschung unter Michael Gechter nachgewiesen, daß erst um 17 n.Chr. innerhalb der ubischen Siedlung ein richtiges römisches Militärlager in Holz-Erde-Bauweise für zwei je etwa 500 Mann starke Hilfstruppen entstand, für die im belgischen Raum um Tongern ausgehobene ala Frontoniana, eine Reitertruppe, und eine im fernen damals griechischen Thrakien rekrutierte Kohorte Infanterie. Die von Koblenz über Bonn nach Köln verlaufende, im wesentlicher heute noch der Bundesstraße 9 folgenden Limesstraße führte um das mindestens fünfeckige Lager herum. Stockenstraße, Markt und Wenzelgasse zeichnen sie nach, es sind mithin die ältesten Straßen der Stadt. Seit Beginn der 20er Jahre des 1. Jahrhunderts wuchs beim erzbischöflichen Collegium Albertinum ein gesonderter militärischer Gebäudekomplex, der bis in das 3. Jahrhundert hinein bestand und heute das einzige zu besichtigende archäologische Denkmal Bonns aus der Römerzeit darstellt. Vielleicht hatte hier der Kommandeur der niedergermanischen Armee seinen Sitz oder die Militärverwaltung. Von hier bis zum Stiftsplatz entwickelte sich entlang der Limesstraße eine zivile Siedlung, wie sie stets bei Militärlagern und Kastellen anzutreffen war.

Spätestens nach dem Tode des Arminius im Jahre 19 n.Chr. brauchten die Römer keinen germanischen Großangriff mehr zu fürchten, die militärischen Truppenstandorte konnten auseinandergezogen werden: Das 'Kölner' Doppellegionslager bei dem oppidum Ubiorum wurde aufgelöst, die 20. Legion gleich nach Neuss verlegt, während die vor allem aus stadtrömischen Bürgern bestehende legio I Germanica hingegen erst um das Jahr 43 nach Bonn kam. Da hier der Platz der ehemaligen Ubiersiedlung für ein großes Legionslager nicht ausreichte, wurde es nördlich davon auf das andere hochwasserfreie Areal gelegt, das ältere Auxiliarlager aufgelöst. Die heutige Straßenführung läßt die Ausdehnung des fast quadratisch angelegten, 528 x 524 m großen viertorigen, innen 27 ha umfassenden Lagers (Rosental, Graurheindorfer Straße, Augustusring, Leinpfad am Rhein) und den Verlauf seiner Hauptstraßen, der der Limesstraße folgenden via principalis (der heutigen Römerstraße in Nordsüdrichtung), und der sie in der Lagermitte am Forum kreuzenden via praetoria oder via decumana (Nord- bzw. Badener Straße in Ostwestrichtung) erkennen. Das Lager beherbergte eine Legion von 6000 Mann in zehn Kohorten und zwei Hilfstruppen von jeweils 500 Mann, und zwar zwei bald aufeinanderfolgende, in Gallien aufgestellte Reiteralen mit gewiß 500 Pferden im und wohl ebensoviel außerhalb des Lagers sowie zunächst eine in Vorderasien am Orontes rekrutierte Kohorte, die ebenfalls bald durch eine aus dem spanischen Asturien stammende Kohorte ersetzt wurde. Das Bonner Legionslager war zunächst von einer Holz-

Kaiser Claudius, Sesterz, Rom, 41/42

Erde-Mauer umgeben, für die allein nach den Berechnungen Michael Gechters 10000 Eichen ihr grünes Leben lassen mußten. Die Gebäude im Innern waren meist Fachwerkbauten, nur das Verwaltungsgebäude (principia) und das Kommandantenhaus (praetorium) vielleicht aus Stein. Am Rheinufer entstand eine römische Hafenanlage. Voller Stolz darf Bonn behaupten, daß sein Lager nicht nur das größte allein für eine Legion gebaute des Römischen Reichs war, sondern dank der fast 200jährigen archäologischen Grabungen auch das mit am besten erforschte.

Die römische Armee, seit Augustus aus rund 30 Legionen und einer weit größeren Zahl Hilfstruppen (auxilia) bestehend, kannte keine allgemeine Wehrpflicht, es war ein Berufsheer, dessen Soldaten sich für 25 Jahre (Legionäre) bzw. 20 (Hilfstruppen) dienstverpflichteten.

Seine Legionäre besaßen stets das römische Bürgerrecht, die Angehörigen der Hilfstruppen nicht, konnten es aber etwa durch erwiesene Tapferkeit erwerben. Hält sich der mitfühlende Mensch einmal konkret vor Augen, daß mit einer Legion und zwei Hilfstruppen in Bonn über zweieinhalb Jahrhunderte hinweg durchgängig 7000 liebes- und zeugungsfähige, dazu durchtrainierte Männer im besten Alter für viele Jahre stationiert waren, so erscheint es völlig natürlich, daß sich wie überall im Römischen Reich bei jedem Legionslager eine Vorstadt entwickelte, die canabae legionis. Die aus verschiedensten Gegenden des Imperium Romanum nach Bonn verlegten Soldaten wohnten zwar selbst im Lager auf engem Raum kaserniert, knüpften

Grabstein des Kölner Bürgers Titus Manilius Genialis aus Bonn mit Darstellung des Verstorbenen beim Mahl

aber oft genug ein Leben lang beständige Liebesverbindungen mit ubischen und zugezogenen Frauen an und zeugten Kinder, nur heiraten konnten sie nicht vor dem Ende ihrer Dienstjahre. Außer Lebensgefährtin und Kindern, die in der Lagervorstadt lebten, zählten zu ihrer familia zumindest bei den höheren Dienstgraden Sklaven, bei den Offizieren, den Zenturionen, vor allem Freigelassene. In den canabae legionis lagen ferner Werkstätten und Wohnungen für die Legion arbeitender Handwerker mit ihren Familien. Kaufleute und Wirte kamen hinzu, Herbergen, Imbißstuben, Bordelle fehlten nicht. Gallier, Italiker, Griechen zogen nach Bonn, auch Einheimische siedelten sich an. Ausgediente Veteranen und Soldatenwitwen verbrachten hier ihre restlichen Lebensjahre. Und so mag man für das späte 1. und dann 2. Jahrhundert neben den 7000 Soldaten mit an die 10 000 Zivilisten rechnen, die von und mit der Armee lebten. Namen, Herkunft, militärischen Dienstgrad oder zivilen Beruf von gut 300 'Bonnerinnen' und 'Bonnern' zur Römerzeit überliefern fast ausschließlich ihre Grabsteine und Altarweihungen für die in Bonn verehrten Göttinnen und Götter.

Die erste literarische Erwähnung des Bonner Legionslagers, der castra Bonnensia, und Legionslagers, der castra Bonnensia, und die zweite Bonns verdanken wir dem großen römischen Historiker P. Cornelius Tacitus. In seinen Historiae, um 105 bis 110 verfaßt, beschreibt er ausführlich die Thronwirren des Vierkaiserjahres und den Aufstand des germanischen Stammes der Bataver im Jahre 69 n. Chr. „Bonna" und die „castra Bonnensia", nennt Tacitus gleich achtmal. Nach dem Tode des despotischen Kaisers Nero ließ sich der bisherige niedergermanische Statthalter Vitellius in Köln zum Kaiser ausrufen, mit einem Heer von 10 000 Legionären aus Britannien und den beiden Germanien marschierte er nach Italien und zog als Kaiser in Rom ein. Batavische Kohorten unter Iulius Civilis nutzen die militärische Schwäche am Niederrhein aus und griffen das nur noch von 3000 Legio-

Kaiser Vitellius, Denar, Rom, 69

Ausgegrabene Reste des Legionslagers am Wichelshof, Lithographie von F. A. Mottu, 1819

nären unter meist unerfahrenen jungen Kommandeuren besetzte Bonner Lager an. Reichlich unrühmlich endete der Versuch, die zahlenmäßig viel geringeren Bataver zu umzingeln: Von den kampferprobten Batavern „in Schrekken versetzt“, so berichtet Tacitus in seinen Historiae, versuchten die Legionäre in ihr Lager zu flüchten, „den Wall und die Tore zu erreichen. Dort traten die größten Verluste ein. Die Gräben füllten sich mit Leichen; nicht nur niedergeschlagen und verwundet, sondern schon durch den Sturz in den Graben und durch die eigenen Waffen kam eine große Zahl um.“ Zu allem Überfluß lief die Bonner Garnison wie die Neusser am Ende auch noch zu Roms Gegnern über, die ein kurzlebiges Imperium Galliarum gründeten. Im Jahre 70 gingen am Rhein bis nach Straßburg hinunter alle Lager, auch das Bonner und seine Lagervorstadt in Flammen auf. Kaiser Vespasian aber siegte und strich die untreue, inzwischen nach Trier verlegte legio I Germanica aus der Armeeliste.

Nach Bonn kam jetzt die kaisertreue legio XXI rapax, mit ihr je eine Ale und Kohorte römischer Bürger als Hilftstruppen. Ihre vordringliche Aufgabe war, das Lager nunmehr in Stein neu zu erbauen, doch mußte die ‘Räuberische’ schon bald Bonn zu verschiedenen Kriegszügen verlassen. In Bonn rückte nunmehr die 83 gebildete und sogleich an den Niederrhein verlegte legio I mit dem Beinamen Minervia ein, benannt nach des Kaisers Domitian Schutzgöttin Minerva. Diese Legion blieb fortan über zwei Jahrhunderte in Bonn, es war d i e Bonner. Erst nach dem Jahre 295 verlor sich ihre Spur. Ursprünglich in Oberitalien und der Provence ausgehoben, rekrutierten sich ihre Legionäre fortan fast ausschließlich vom Niederrhein, vor allem aus der civitas Ubiorum. Ihrem Zentrum Köln, der Colonia Claudia

Ara Agrippinensium (CCAA), hatte Agrippina im Jahre 50 n.Chr. das römische Stadtrecht verliehen.

Doppeltürme sicherten die vier Tore des zwischen 70 und 79 erbauten steinernen Legionslagers. Neben den schon genannten, jetzt neu errichteten öffentlichen Gebäuden des früheren Lagers entstanden 44 Kasernen, großzügig bemessene und ausgestattete Dienstwohnungen für 66 Zenturionen und verschiedene Wirtschaftsgebäude. Über 16 Millionen Ziegel deckten allein die Dächer der Kasernen, gebrannt vor allem in der größten Legionsziegelei an der Stelle des heutigen Universitätshauptgebäudes. Die Getreidespeicher verfügten über eine Lagerkapazität, die weit über den vorzuhaltenden Jahresbedarf einer Legion hinausging, das Bonner Lager diente offensichtlich als befestigtes Magazin für den nördlichen Teil des Niedergermanischen Limes. In Ufernähe gelegen, konnten die Speicher über den Rheinhafen, dessen steinerne Mole von 520 m Länge sich bei niedrigem Wasserstand heute noch sichtbar aus dem Rhein erhebt, bequem beliefert werden.

Der militärischen Sicherung der Limesstraße, die mitten durch das Lager verlief und dadurch leicht gesperrt werden konnte, diente im Süden vom 3. bis in den Anfang des 4. Jahrhunderts ein Wachtturm, auf dessen Fundamenten der Bergfried der Godesburg teilweise ruht. Seit dem späten 1. Jahrhundert übte das Militär in eigens dafür angelegten Lagern, so in Duisdorf, Lengsdorf, im Kottenforst und auch bei Geislar auf der rechten Rheinseite.

Kaiser Hadrian, Denar, Rom, 132

Die legio I Minervia verließ ihren Standort Bonn nur selten. Mitsamt ihren Hilfstruppen nahm sie 101 - 107 am Dakerkrieg Trajans unter ihrem Legaten Hadrian, dem späteren Kaiser, teil und 161 - 166 am Partherfeldzug der Kaiser Marcus Aurelius und Lucius Verus. Zwar endete dieser Feldzug militärisch erfolgreich, doch erwies er sich im Nachhinein als wahre Katastrophe. Durch ihn wurde nämlich die Pest in das Römische Reich eingeschleppt, der auch Kaiser Marcus Aurelius 180 in Wien erlag.

Im zweiten Vierkaiserjahr der römischen Geschichte 192/93 kämpfte die Bonner Legion an der Seite des siegreichen Septimius Severus. 229 oder 231 kam es auf der Beueler Rheinseite zu einer Schlacht mit wohl von Westfalen eingedrungenen Germanen. An weiteren Kriegen beteiligte sich die legio I Minervia nur mit Vexillationen, zu bestimmten militärischen Zielen aufgestellten Detachements. Anstelle der in der Fremde im Kampf gefallenen oder sonst verstorbenen Legionäre wurden jeweils dort neue Soldaten rekrutiert, die dann mit der Truppe nach Bonn kamen. Manche Legionäre verliebten sich in der Ferne und brachten ihre zukünftigen Frauen mit an den Rhein, so etwa die Griechin Demo aus Thessaloniki, wie uns ihr Grabstein verrät.

Kaiser Septimius Severus, Aureus, Rom, 204

Kaiser Domitian wandelte um 85 n. Chr. die rheinischen Militärbezirke in die römischen Provinzen Germania inferior mit der Hauptstadt Köln und superior mit der Hauptstadt Mainz um. Sie bestanden bis zum Ende der römischen Herrschaft. Das Neusser Legionslager wurde aufgelöst, fortan standen am Niederrhein nur noch eine Legion in Bonn und zwei in Xanten/Vetera, wo Kaiser Trajan die nach ihm benannte, nach Köln nunmehr zweite Kolonie am Niederrhein gründete, die Colonia Ulpia Traiana (CUT). Im Ubiergebiet gelegen, wurden die Bonner zivilen, wie das Lager ebenfalls nach 70 neuerrichteten canabae legionis von Köln aus verwaltet, während die Truppe nach wie vor der Militärgerichtsbarkeit unterstand.

Kaiser Domitian, Aureus, Rom, 82/83

Zwei Jahrhunderte militärischen und politischen Friedens im Rheinland ließen die Garnisonsstadt Bonn kontinuierlich wachsen. Die Lagervorstadt vergrößerte sich zwischen dem Lager und dem Collegium Albertinum. Durch eine Gräberzone entlang der Adenauerallee von den canabae getrennt, entwickelte sich im Bereich des jetzt ehemaligen Regierungsviertels ein Zivilvicus, eine Art Gewerbesiedlung, in der Töpfereien, Ziegeleien und sonstige Handwerksbetriebe arbeiteten, Kneipen und Rasthäuser einluden. Wer das Haus der Geschichte an der Willy-Brandt-Allee betritt, schaut von oben auf einen genau dort gefundenen rückwärtigen Keller eines sogenanten Streifenhauses – vergleichbar dem heutigen Reihenhaus – mit Garten, aber von Nachbarn durch ein Pfädchen getrennt. Seit dem Ende des 1. Jahrhunderts entstanden auch im Bonner Umland wie in ganz Niedergermanien römische Gutshöfe, villae rusticae, so etwa in Röttgen, Auerberg, Buschdorf, Endenich und Friesdorf. Bauerndörfer bildeten sich erst im frühen Mittelalter. Lagervorstadt, Zivilvicus und die Gutshöfe waren sämtlich auf die Versorgung des Legionslagers ausgerichtet. Zwei Quellen am Hardtberghang speisten eine auf Aquädukten nach Bonn geführte Wasserleitung – nicht wie bisher stets angenommen, eine Abzweigung der nach Köln führenden Eifelleitung. Sie versorgte das Lager mit frischem Wasser und endete am späteren Johannisbrunnen in der Südwestecke des Lagers. Auf der rechten Rheinseite dienten die Siegauen als Weideland. Ein Weihestein aus Menden bezeugt, daß die prata Aureliana im frühen 3. Jahrhundert erweitert wurden. Ob die aurelianischen Wiesen sich über das ganze rechtsrheinische Vorland Bonns ausdehnten, ist allerdings ungewiß.

In der Blütezeit der römischen Garnisonsstadt Bonn während des gesamten 2. Jahrhunderts dürften hier an ziviler Bevölkerung und kasernierten Truppen etwa 17 000 Menschen gelebt haben, wahrscheinlich dreimal so viel wie im Mittelalter. Die besiedelte Fläche dehnte sich über etwa 80 ha aus. Etwa 2 km war die vom Venusberg, dem Rhein und seinen stillen Altwassern, den Gummen, natürlich begrenzte Siedlung lang und 200–1000 m breit. Das Straßen- und Wegenetz verdichtete sich im gesamten rheinischen Raum, neue Straßen wie die Heerstraße führten auf das Bonner Lager zu.

Bestattungsplätze säumten hier die Limesstraße und ihre Abzweigungen, nördlich des Lagers begrub das Militär seine Toten, im Süden seltener, hier bestattete die Zivilbevölkerung ihre verstorbenen Angehörigen, manchmal auch im eigenen Garten hinter dem Haus. Ein beim Arndthaus entdeckter Steinmetzbetrieb stellte auf Vorrat Grabsteine her, so wie wir es heute nicht anders aus der Umgebung unserer Friedhöfe kennen.

Graburne des 2. Jahrhunderts aus Blei, gefunden in der Kölnstraße

Unter den herausragenden, in ihren Karrieren mit dem Niederrhein eng verbundenen Kaisern Trajan und Hadrian erreichte das Imperium Romanum seine größte Ausdehnung. Wie an allen seinen Truppenstandorten verstärkte sich auch in Bonn der homogene Charakter der Bevölkerung. Die Legionäre, stets römischen Bürgerrechts, stammten weitgehend aus den romanisierten Mittelmeerländern, zuletzt die der legio I Minervia, die sich fortan hier aus der Provinz Niedergermanien selbst, vor allem der CCAA rekrutierte und nur noch von Kriegszügen neue 'ausländische' Soldaten mit zurück nach Bonn brachte. Als Kaiser Caracalla 212 allen freien Reichsbewohnern in der Constitutio Antoniniana das römische Bürgerrecht verlieh, beseitigte er damit den rechtlichen Unterschied zwischen Römern und einheimischer Provinzialbevölkerung und folglich zwischen den Legionären und den am Rhein meist germanischen Angehörigen der Hilfstruppen. Einerseits vollendete sich damit die Romanisierung der Rheinlande, setzte sich die lateinische Sprache vollends, also auch im Alltag, durch, andererseits besannen sich die

Kaiser Caracalla, Aureus, Rom, 217

Provinzialen auf ihre kulturellen Eigenheiten und lösten sich teilweise von der importierten Kultur des 1. Jahrhunderts. Die mittelmeerische Küche wandelte sich mit Brotgetreide, Erbsen, Linsen, Feldbohnen und Möhren zur rheinischen, nur Olivenöl kam von weit her, jetzt aus Spanien. Obst und Gemüse lieferte wie heute noch vorwiegend das Vorgebirge. Der tägliche Gebrauchswein wuchs etwa am Drachenfels vor der Tür, Mittelmeerweine gerieten aus der Mode, französische und von der Mosel drängten vor, leichtes Bier allerdings brachte erst die Spätantike. Nicht teure Öllämpchen beleuchteten mehr die Stuben, sondern Kerze und Kienspan; man lag nicht mehr am niedrigen Tisch lässig zum Mahle, sondern saß aufrecht ordentlich auf Stühlen wie wir heute.

Altar für Mercurius Gebrinius, gestiftet von Annailius Atto und Attonius

Die stärksten provinziellen Eigenheiten brachen im religiösen Bereich hervor. Die von den Legionären staatlich importierten römischen Kulte verschmolzen mit den alten germanischen, ja hier wohl ubischen. Auch über Bonn wölbte sich der römische Götterhimmel, führte die Göttertrias Jupiter, Juno und Minerva vom Kapitol in Rom das Pantheon an, sahen sich Pluto, Proserpina, Merkur und Diana mit Weihealtären bedacht, fühlten sich die Legionäre neben der Kapitolinischen Trias selbstverständlich der Siegesgöttin Victoria verbunden und verehrten pflichtgemäß den kaiserlichen Genius sowie den Genius loci. Sofern unterworfene Völker die Kapitolinische Trias ehrten, im

Kaiserkult dem Genius des regierenden Kaisers opferten und damit ihre Loyalität zum Kaiserhaus und Imperium zum Ausdruck brachten, unterdrückten die Römer niemals fremde Götter und Religionen, sondern verwandelten sie in der von Tacitus' formulierten „interpretatio Romana" ihren eigenen Göttern an. So fand sich ihr Götterhimmel auch in Bonn angereichert mit keltischen und germanischen Gottheiten.

Alle anderen Gottheiten überragten an Zahl der ihnen geweihten Altäre die schwerpunktmäßig im Rheinland verehrten Matronen, alte germanische Fruchtbarkeitsgöttinnen, die – stets zu dritt auftretend – ihren weiblich-mütterlichen Segen über Feld und Flur, Haus und Hof, Familie und Sippe spendeten. Unter Kaiser Antoninus Pius entstand im Bereich des heutigen Münsters ein Zentralheiligtum der matronae Aufaniae und des Mercurius Gebrinius, des lokal uminterpretierten römischen Gottes Merkur. Neben 36 Weihesteinen der aufanischen Muttergottheiten fanden sich Reste eines Tempels, die in der Umfassungsmauer des Münsterkreuzgangs sichtbar eingebaut sind und heute die kunstvollen, das Leben des hl. Martin schildernden Bronzereliefs von Ernemann Sander umschließen. Zum aufanischen Kultbild fanden Prozessionen statt. Selbst Spitzenbeamte und wohlhabende Händler aus Köln, dem Verwaltungszentrum der CCAA und im 2. und 3. Jahrhundert im Nordwesten der Römischen Reichs führenden Handelsmetropole, opferten hier, so etwa ein

Altar für die Aufanischen Matronen, gestiftet von dem Kölner Quästor Quintus Vettius Severus, 164

Mitglied der auf den Keramikhandel mit Britannien spezialisierten Fernhändlerfamilie der Sekundinier. Vermutlich lag hier in Bonn bei dem Tempel der matronae Aufaniae auch ein Amphitheater. Für die Spiele im Kölner Amphitheater jedenfalls fing der bemerkenswerte Bonner Zenturio Quintus Tarquitius Restitutus im Nebenjob innerhalb eines halben Jahres 50 Bären, wohl Braunbären aus dem Bergischen Land oder der Eifel. Er bedankte sich dafür in Köln bei der römischen Jagdgöttin Diana, ohne als Militär zu vergessen, in Bonn Victoria mit einem Weihealter zu beehren. Ein auf 193/94 n.Chr. datierter Weihestein zu Ehren heilbringender Fortunae sowie Äskulaps und Hygias, beide für Gesundheit zuständig, bezeugt ein Quellheiligtum in Bad Godesberg, wohl im Bereich des dortigen Mineralbrunnens. Offenbar verdiente Godesberg als Gesundheitsstandort schon damals seinen Titel Bad.

Außer dem Tempelbezirk beim Bonner Münster entstand etwa gleichzeitig am Stiftsplatz ein zweiter, hier dominierten namenlose matronae domesticae und Nymphen. Unter Kaiser Caracalla stand hier möglicherweise ein Forumstempel zu Ehren der Kapitolinischen Trias. Von einem 211 von Zenturionen der legio I Minervia gestifteten großen Ehrenmal dieses Kaisers, seines Bruders und Mitregenten Geta sowie ihrer Mutter Julia Domna bewahrt das Rheinische Landesmuseum eine 5 m lange Bauinschrift.

Vor allem mit den römischen Legionären verbreiteten sich seit der Mitte des 2. Jahrhunderts auch im Rheinland orientalische Mysterienkulte – wie das Christentum Erlösungsreligionen mit zum Teil verwandten Riten. Der altpersische Lichtgott Mithras etwa mochte in Bonn zwar gleich auf zwei Heiligtümer schauen: ein Mithräum im Zivilvicus beim Palais Schaumburg, eins an der Heisterbacherhofstraße, doch unterlag er in der Gunst der Gläubigen letztlich seinem Hauptkonkurrenten Jesus Christus, wohl weil er frauenfeindlich das zarte Geschlecht von seinem Kult ausschloß. Das rächt sich eben.

Seit der Mitte des 2. Jahrhunderts verschlechterte sich in Nordwesteuropa allmählich das Klima. Es regnete mehr und wurde kälter, so daß sich nun die Offiziere in ihren Dienstwohnungen Fußbodenheizungen und Bäder einbauen ließen, während sich die Mannschaften weiter mit einfachen Kohleöfen begnügen mußten. Das schlechter werdende Wetter bewirkte, daß die Bauern immer weniger Ackerland unter den Pflug nahmen. Eine Wirtschaftskrise machte sich schleichend bemerkbar, Lagervorstadt und Zivilvicus schrumpften.

Hatte die Besiedlungsdichte Bonns während des 2. Jahrhunderts ihren Höhepunkt erreicht, so nahm sie seit der Jahrhundertwende zum 3. beständig ab. Die Bevölkerung weihte ihren Göttern und Göttinnen immer weniger Altäre, nach der Jahrhundertmitte wohl gar nicht mehr, und suchte Schutz unter den Mauern des Lagers. Kasernen leerten sich, die einstigen Hilftstruppen lassen sich nicht mehr nachweisen, im Lager lebten jetzt möglicherweise die Legionäre mit Frau und Kindern. Es drohte die Germanengefahr.

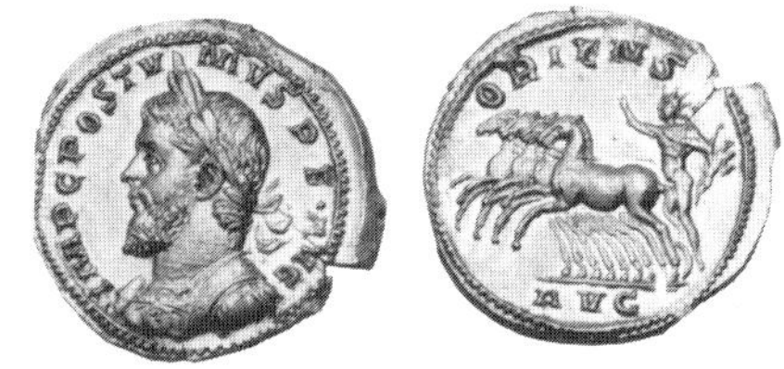

Gegenkaiser Postumus, Aureus, Köln, 261

Bald nach der Mitte des 3. Jahrhunderts stießen die germanischen Stammesverbände der Alamannen in Obergermanien und der Franken – ihr Name tritt hier zum erstenmal auf – in Niedergermanien über die Rheingrenze. Kaiser Gallienus eilte nach Norden. Nachdem er nach kurzem Aufenthalt Köln wieder verlassen hatte, erhob sich gegen ihn der nach einem Sieg über die Franken vom Heer zum Gegenkaiser ausgerufene Truppenführer Postumus und eroberte 260 Köln. Er erhob die CCAA zur Hauptstadt seines gallischen Sonderreichs, das von Spanien bis Britannien alle

Gegenkaiser Victorinus, Aureus, auf die legio I Minervia Trier, 268/69

westlichen Provinzen umfaßte, richtete hier eine eigene Münzstätte ein und sicherte vor allem die Rheingrenze. Sein Nachfolger Victorinus ehrte seine Legionen mit der Prägung von Goldmünzen, darunter aurei für die Bonner legio I Minervia. Als Kaiser Aurelian jedoch dem Sonderreich nach 14 Jahren ein Ende machte, fiel das bisher verschont gebliebene Bonn dem Frankensturm des Jahres 274 zum Opfer. Die Franken zerstörten Lagervorstadt und Zivilvicus, beide Tempelbezirke, kurz alle Siedlungen und Gebäude außerhalb des Lagers, in das sich die Zivilbevölkerung gerettet hatte. Von den römischen Gutshöfen im Bonner Raum überlebte nur jeder zweite. Allein das Lager selbst vermochten die an Zahl schon erheblich verminderten römischen Legionäre noch zu verteidigen, außer der Bonner Festung blieb am Niederrhein nur die Stadt Köln im Schutz ihrer Mauern erhalten, während das Xantener Lager fiel. Erst zu Beginn der 90er Jahre eroberte Rom das Rheinland zurück, kehrte wieder Ruhe ein.

Kaiser Diokletian – unter ihm und seinem Mitkaiser Maximianus Herculius setzte 303 die letzte und schwerste Christenverfolgung der römischen Antike ein – veränderte die Verwaltungsstruktur des Imperium Romanum grundlegend. Er verkleinerte die Provinzen – allerdings nicht die beiden rheinischen, die nun nicht mehr Germania superior und inferior hießen, sondern prima und secunda – und schied streng die zivile von der militärischen Verwaltung. Kaiser Konstantin d. Gr. ging noch weiter; er teilte das Militär in auf den Standort festgelegte milizenähnliche Grenztruppen und das Bewegungsheer ein, besser ausgebildete Eliteeinheiten, meist Kavallerie. Die einst 6000 Legionäre zählende legio I Minervia verringerte sich auf 1000 Mann, die Siedlungen außerhalb des Lagers wurden endgültig aufgegeben, im Lager erste Flächen einplaniert. Die Wasserleitung verfiel zunehmend, wie im 1. Jahrhundert lieferten neugegrabene Brunnen das Wasser. Elbger-

Kaiser Diokletian, Aureus, Rom, 286

manische Söldner verstärkten die Milizen und lebten wie diese mit ihren Familien innerhalb der Mauern. Die Bonner Bevölkerung schrumpfte auf 3000-4000 Menschen, die jetzt ihre Toten im Bereich der ehemaligen Lagervorstadt bestatteten bis hin zum heutigen Münster. Bonn wurde Mittelpunktfestung für das gesamte Umland, hierher konnten sich die Bauern bei Gefahr mit ihrem Vieh flüchten. Am Niederrhein blieb nur noch das Dreieck Köln/Bonn, Nimwegen und Maastricht römisch verwaltet.

Kaiser Konstantin d. Gr., Goldmünze von 1 1/2 Solidus, Nikomedien, 330

In die erste Hälfte des 4. Jahrhunderts fällt die Errichtung einer Cella memoriae für die christlichen Märtyrer Cassius und Florentius unter dem Münster. Zwar bezeugt schon um 180 Bischof Irenäus von Lyon christliche Kirchen – „ecclesiae“, also offenbar verfaßte Gemeinden – in den rheinischen Provinzen, doch vermochte sich die christliche Lehre erst durchzusetzen und allmählich die heidnischen Kulte zu verdrängen, nachdem Kaiser Konstantin 313 im Toleranzedikt von Mailand das Christentum staatlich anerkannt hatte und förderte. Während die schriftliche Überlieferung für die Provinzhauptstadt Köln die Namen von Bischöfen, als ersten Maternus „de Agrippina civitate“ für dasselbe Jahr 313 sichert, galt die Bonner Totengedächtniskapelle bis vor kurzem als ältestes archäologisches Zeugnis christlichen Glaubens in Niedergermanien. Inmitten eines der römischen Gräberfelder gelegen, waren unter einem wahrscheinlich offenen Holzbau zwei Tische aufgemauert, davon einer mit eingelassener roter Tonschale und Standring für eine Weinamphore. Ringsum gab eine ebenfalls gemauerte

Kaisermutter Helena, Kupfermünze, Thessaloniki, 319

Sitzbank etwa zehn Personen Platz. Die Anlage diente wahrscheinlich dem heidnisch-römischen, von den Christen zunächst beibehaltenen Brauch, Gedächtnismahle am Grab der verstorbenen Angehörigen zu halten. Obwohl archäologisch nichts die Cella memoriae christlich zu deuten erlaubt, spricht die Tatsache, daß über ihr gegen Ende des 4. Jahrhunderts der erste faßbare Kirchenbau entstand, dafür, daß sie von Christen errichtet wurde.

Nach dem Frankeneinfall von 274 war es für drei Generationen am Rhein ruhig geblieben. Nachdem jedoch das gallische Bewegungsheer vorübergehend nach Italien abgezogen war, überrannten die Franken im Jahre 355 erneut die germanischen Provinzen. Jetzt fielen außer Xanten auch die Stadt Köln und das Bonner Lager den Angriffen zum Opfer, die legio I Minervia ging unter. Die einstige Wasserleitung vom Hardtberg her war nun vollends ruiniert. Kaiser Julian Apostata eroberte bis 360 die Germania secunda zurück, ließ das zerstörte Bonner Lager in seinen alten Ausmaßen wieder aufbauen, zur besseren Sicherung des Niedergermanischen Limes dürfte er wie in Köln so auch in Bonn auf der rechten Rheinseite etwa auf der Höhe zwischen Schwarzrheindorf und Vilich einen Stützpunkt angelegt haben. Obgleich die Mauern des Bonner Lagers dann immerhin bis ins 9. Jahrhundert standen, wurden in seinem Innern große Flächen einplaniert, weil die Bevölkerung wiederum sehr geschrumpft war. Die neue Besatzung kennen wir nicht, es handelte sich wohl um Milizen, unter denen im 4. Jahrhundert germanische, besonders elbgermanische mit ihren Familien überwogen. Mit der übriggebliebenen, seit dem 2. Jahrhundert aus germanischen, keltischen und mittelmeerischen Volksgruppen einheitlich romanisierten Bevölkerung assimilierten sich die germanischen Zuzügler rasch und stellten sich mit ihr im 5. Jahrhundert den Franken gegenüber als Gemeinschaft dar.

Derselbe Kaiser Julian Apostata, der das Bonner Lager erneut hatte errichten lassen, erhob die römische Religion wieder zur Staatsreligion und förderte insbesondere den Mithraskult. Seine Nachfolger jedoch führten seine Religionspolitik nicht fort und unterstützten weiterhin das Christentum. Leider liegen uns über die Ausbreitung des Christentums in Bonn im 4. Jahrhundert keine schriftlichen Nachrichten vor, und so sehen wir uns daher allein auf archäologische Befunde angewiesen. Die Beigaben im Grab eines germanischen Offiziers aus der Kesselgasse etwa legen nahe, daß er dem christlichen Glauben anhing. Im Gegensatz zu anderen rheinischen Städten liegt aus Bonn nur eine erhaltene christliche Grabinschrift vor, die Grabplatte des Ursicinus um 400 mit dem Christogramm. Grabungen des Rheinischen Landesmuseums in der Südwestecke des Lagers erbrachten, daß hier auf den Fundamenten des Zenturionenkopfes einer römischen Doppelkopfkaserne ein Saalbau errichtet war, der wahrscheinlich als Vorgänger der sehr viel später bezeugten Dietkirche anzusehen ist. Seine Datierung und Funktion ist leider sehr unsicher. Vielleicht geht er in die spätrömische Zeit zurück, doch kann er auch erst dem 6. oder 7. Jahrhundert angehören. Aegidius von Orval überliefert Mitte des 13. Jahrhunderts in seiner Geschichte der Lütticher Bischöfe, Maternus habe in Bonn gepredigt und den „Herrn von Bonn“ bekehrt. Unstreitig ist die 795 erstmals schriftlich bezeugte Dietkirche als Mutterpfarrkirche des Bonner Raums anzusehen. Wie beim Kölner Dom war ihr Patron der hl. Petrus, den ältesten Altar in der Krypta habe nach einer Reliquien-

Kaiser Julian Apostata, Kupfermünze, Sirmium, 362/63

Grabplatte des Ursicinus, um 400

verzeichnis von 1499 Bischof Maternus dem hl. Johannes dem Täufer geweiht. Die Dietkirche wäre damit bereits in konstantinischer Zeit entstanden. Hier am Johannisbrunnen endete einst die römische Wasserleitung, die das für den Taufritus in Erinnerung an die Taufe Christi im Jordan notwendige fließende Wasser liefern konnte, aber wie lange ? Jedenfalls gehörte zum Sprengel dieser „Volkskirche" – thied heißt nämlich Volk, die lingua theodisca = Deutsch bezeichnet die Sprache des (gemeinen) Volkes im Gegensatz zur Kirchen- und Gelehrtensprache Latein – der gesamte Bonner Norden einschließlich des Römerlagers.

Gegen Ende des 4. Jahrhunderts wurde über der Cella memoriae auf dem römischen Friedhof eine kleine Saalkirche errichtet, diesmal durch ein aus Marmorbruchsteinen auf dem Boden zusammengesetzes Kreuz als christlich bezeugt. Diese Grab-, also Friedhofskirche ist erstmals 691/92 als „basilica sanctorum Cassii et Florentii sociorumque eorum sub oppido castro Bonna", als Basilika der hll. Cassius und Florentius und ihrer Gefährten in der Vorstadt der Bonn-Burg schriftlich überliefert. In ihrem Fundament fanden sich zahlreiche Altäre der aufanischen Matronen und der anderen römischen Götter vermauert, sichtbares Zeichen des Siegs Christi über die heidnischen Gottheiten. Die in Köln um 1000 überlieferte Leidensgeschichte des hl. Gereon verbindet die Heiligen der Bonner Kirche

20

Die Märtyrer Gereon, Viktor, Cassius und Florentius, Kupferstich aus dem Duytschen Passionail, 1485

mit ihm und dem hl. Viktor in Xanten sowie Malusius in Birten (später begegnet dieser in Bonn) und bezeichnet sie sämtlich als Angehörige der Thebäischen Legion. Wie ihr Anführer, der hl. Mauritius, hätten sie sich aus christlicher Überzeugung geweigert, dem Kaiser Maximianus Herculius zu opfern, und seien deshalb von ihm hingerichtet worden. Die hl. Helena, Mutter des christlichen, in Trier residierenden Kaisers Konstantin, habe dann über dem Grab von Cassius und Florentius 322 eine Kirche erbaut. So treffen wir im Münster auf die Bronzestatue der Heiligen von Jeremias Geißelbrunn, wie sie das von ihr auf Golgatha aufgefundene Kreuz Christi anbetet. Nun ist eine Thebäische Legion, benannt nach der Stadt Theben in Ägypten, im Rheinland nie stationiert gewesen, nur ein kleiner Truppenteil dieses Namens, eine vexillatio, hat im 3. Jahrhundert einmal in Gallien gekämpft. Und obgleich Christenverfolgungen im Rheinland nicht unmittelbar bezeugt sind, so wurden doch in Köln im 4. Jahrhundert Märtyrer verehrt, wie Inschriften beweisen. Sehr wahrscheinlich gilt dies auch für Bonn. Darauf weisen nicht nur die zahlreichen Bestattungen innerhalb und außerhalb der kleinen spätrömischen Saalkirche in den folgenden Jahrhunderten hin – die Nähe der Heiligen sichert den Gläubigen Segen und Fürsprache beim Jüngsten Gericht –, sondern ebenso die Folge der späteren Kirchenbauten an dieser Stelle bis zum heutigen Münster und die Kontinuität der Verehrung ihrer Titelheiligen Cassius und Florentius. Vier unter dem Münster geborgene spätrömische Steinsärge gelten als ihre Gräber, sie sind in der Gruft unter der Krypta zu sehen. Die ursprünglichen Gräber der Märtyrer müßten jedoch unter oder neben der Cella memoriae gesucht werden, doch konnte wegen Einsturzgefahr bei den Münstergrabungen von 1928 bis 1930 nicht weiter ausgeschachtet werden. Die fromme Legende aber lebt. Als sich der ägyptische Staatspräsident Hosni Mubarak 1989 anläßlich der 2000-Jahrfeier der Stadt Bonn ins Goldene Buch eintrug, verkündete er voller Stolz, sein Land Ägypten habe den Bonnern und Bonnerinnen das Christentum gebracht.

Um dieselbe Zeit, als sich der erste Kirchenbau über den Gräbern der Märtyrer erhob, war die politische und militärische Lage am Rhein so unsicher geworden, daß sich die römische Oberschicht nach Südgallien absetzte. Der Druck der rechtsrheinischen Franken auf die Rheingrenze nahm stark zu. Immer mehr siedelten sich westlich des Flusses an, das flache Land wurde fränkisch. Doch obgleich das Bewegungsheer um 410 endgültig aus Germanien nach Italien zurückverlegt worden war und die Provinzen schutzlos zurückblieben, erwies sich die römische Verwaltung in der Germania secunda bis zur Mitte des 5. Jahrhunderts als einigermaßen intakt; am längsten hielt sie sich in Köln. Im 4. Jahrhundert war die civitas Ubiorum, Anfang des 2. Jahrhunderts zum Stadtgebiet der CCAA gewandelt, das Gebiet des Bistums Köln geworden, sein erster Bischof Maternus „de Agrippina civitate" begegnete schon 313 in Rom. Ohne größere Kämpfe ging die römische Provinz nach fast einem halben Jahrtausend in der Mitte des 5. Jahrhunderts an fränkische Kleinkönige über und wurde zur vom Kosmographen von Ravenna beschriebenen Francia Rinensis, in der sich auch Bonn aufgeführt findet.

Bronzestatue der hl. Helena von Jeremias Geißelbrunn im Bonner Münster, 1630

Das Mittelalter beginnt

In der zweiten Hälfte des 5. Jahrhunderts schlossen sich fränkische Stammesverbände zum Königreich der ripuarischen (= „Ufer"-) Franken zusammen. 508 gliederte der salfränkische König Chlodwig es seinem merowingischen Großreich an. Bonn, vom Kosmographen und auf Münzen des 6. und 7. Jahrhunderts schriftlich bezeugt, gehörte von nun an zum weite Teile Westeuropas umfassenden Frankenreich unter den Königsgeschlechtern der Merowinger und ihnen folgend der Karolinger. Für die umliegenden Dörfer sind wir ausschließlich auf archäologische Grabungen und die Aussage der Ortsnamen angewiesen. Fränkische Gräberfelder begegnen rechts und links des Rheins: von Lannesdorf bis Graurheindorf, von Oberkassel bis Vilich. Von den 46 älteren der heute insgesamt 58 Siedlungsnamen der Stadt Bonn geben sich – Bonn selbst ausgenommen – noch Lessenich (887/88 erstmals schriftlich bezeugt), Endenich (804) und Kessenich (843) durch die ihnen zugrundeliegenden romanischen Personennamen Latinius/Lascinius, Antinius und Castinius mit ihrer Endung auf -acum eindeutig als römerzeitlich zu erkennen. Hier lebten wohl auch noch nach der fränkischen Landnahme Romanen. Der Versuch nämlich, den Ortsnamen von Lessenich durch den germanischen Namen Malgiso zu ersetzen, scheiterte offensichtlich. Von den typisch frühfränkischen Siedlungsbezeichnungen auf -heim und -ingen begegnet in Bonn nur noch Schweinheim. An das nahe außerhalb der mittelalterlichen Stadtmauer gelegene, aber untergegangene Mülheim erinnert noch der Mülheimer Platz, an Stockheim die Stockenstraße und das Stockentor im heutigen Stadtzentrum. 21 Bonner Siedlungsnamen hingegen lauten auf -dorf. Von ihnen sind allein zwölf

Fränkischer Grabstein des 7. Jahrhunderts aus der Kasernenstraße

schon in der Karolingerzeit schriftlich bezeugt: Buschdorf, Dottendorf (804), Duisdorf (804), Friesdorf (819/ 41), Lannesdorf (892) Lengsdorf, Meßdorf (799/800), Muffendorf (888), Plittersdorf (872), Poppelsdorf, Ramersdorf, Rüngsdorf (804). Zur selben Zeit erscheinen ebenfalls erstmals Godesberg (801/814), Mehlem (804), Medinghoven (872), Oberkassel, Küdinghoven und Geislar. In ihnen spiegeln sich Landnahme und Landesausbau der Frankenzeit.

Das mittelalterliche innere Bonn, seit der Römerzeit das territoriale, militärische, religiöse und wirtschaftliche Zentrum des heutigen Stadtraums, entwickelte sich aus den beiden Siedlungskernen des ehemaligen römischen Legionslagers und der seit dem 5. Jahrhundert archäologisch nachgewiesenen Siedlung um die römisch-frühchristliche Grabeskirche St. Cassius und Florentius. Allein an den castra Bonnensia, mittellateinisch dem castrum Bonnense, der „Bonn-Burg“ klebte bis zur Jahrtausendwende der Name Bonn. Nach Abzug der römischen Truppen verfiel das Lager allmählich. Als 881 die Normannen Bonn verbrannten, standen seine Mauern zwar noch, doch boten sie offenbar keinen Schutz mehr, da die Bonner Geistlichkeit mit ihren Kirchenschätzen und Heiligenreliquien nach Mainz floh, wo – anders als in Bonn – die römische Stadtmauer fieberhaft instandgesetzt worden war. Anders 892: Erneut auf Raubzug, besetzten die Normannen auf dem Weg nach Bonn Lannesdorf. Als sich ihnen hier ein christliches Heer entgegenstellte, flohen sie in die Wälder und wandten sich schleunigst nach Prüm.

Auch nach der römischen Epoche bildeten Mittel- und Niederrhein die Ostgrenze des gesicherten Machtbereichs der Merowinger und frühen Karolinger, bis Karl d. Gr. das eroberte Sachsenland endgültig dem Frankenreich angliederte. Bonn war so lange Grenzort, hierher, in das castrum Bonna, kehrte Karls Vater König Pippin 753 von einem Feldzug gegen die Sachsen zurück. Offenbar war das einstige römische Militärgelände in den Besitz der fränkischen Herrscher übergegangen, und so verwundert es nicht, daß schon im 6.

Jahrhundert der merowingische König Theudebert und im 7. Jahrhundert vier Monetare hier Goldmünzen schlugen, und auch Karl d. Gr. hat vor seiner Münzreform 793/94 hier silberne Denare prägen lassen. Mehrfach bezeugen frühmittelalterliche Urkunden Königsgut auch in der Umgebung Bonns, so von Kaiser Karl d. Gr. in Lessenich, Duisdorf und in Mehlem, von Kaiser Lothar I. in Kessenich und von König Lothar II. in Bonn selbst. St. Martin in Muffendorf dürfte, 913 erstmals bezeugt, eine königliche Fiskalkirche gewesen sein.

König Theudebert I. von Austrasien, Goldsolidus, Bonn

Bis auf den Aufenthalt Pippins lassen sich über die fünf Jahrhunderte der Frankenzeit keine Königsbesuche in Bonn nachweisen. Seit 921 haben die deutschen Könige und Kaiser dann Bonn häufiger aufgesucht. In dieses Jahr fiel das erste berühmte Ereignis nicht nur der Bonner mittelalterlichen, sondern der deutschen Geschichte, als hier nämlich der westfränkische karolingische König Karl der Einfältige und der ostfränkische sächsische König Heinrich I. einen Friedensvertrag abschlossen, nachdem Botschafter zwischen ihnen hin und her geeilt waren. „Convenerunt enim ambo illustres reges: Karolus Francorum occidentalium ad Bonnam castrum et Heinricus Francorum orientalium ex altera parte Rheni." Mißtrauisch beäugten sie sich gegenseitig über den Fluß hinweg, bis sie sich von ihrer friedfertigen Gesinnung überzeugt hatten. Erst am vierten Tag kamen sie einander näher, indem sie ein mitten im Rhein verankertes Schiff bestiegen. Es ersparte jedem der beiden, das Land des anderen zu betreten, und brachte schon protokollarisch die gegenseitige Anerkennung der Grenze

König Karl d. Gr., Bonn, Denar vor 793/94

zum Ausdruck. Nach mittelalterlichem Verständnis war nämlich ein Fluß wie der Rhein neutraler Boden.

Tritt der Rhein im Bonner Vertrag noch als Grenze entgegen, so wurde er seit 925, als die Rheinlande endgültig an das entstehende Deutsche Reich kamen, zur politischen und wirtschaftlichen Achse des Reichs, zum wichtigsten Binnenweg vom Norden nach dem Süden, den auch die hochmittelalterlichen Könige und Kaiser auf ihrem beständigen Zug durch das Reich nutzten – übten sie doch ihr Herrscheramt im Umherziehen aus. Das Reisekönigtum des Mittelalters bescherte Bonn in den folgenden Jahrhunderten nicht weniger als 37 Herrscherbesuche, zu Pferd oder zu Schiff, Ausdruck seiner Lage am Rhein.

Nachdem das Herzogtum Lothringen endgültig in das entstehende Deutschen Reich einbezogen war, fiel die Bonn prägende Grenzlage weg. Das ehemalige Römerlager hatte seine wesentliche Funktion verloren, und so wundert es nicht, daß es zwei Jahrzehnte später zum letztenmal erwähnt wurde: 942 tagte in „Bonna Castello“ eine große Synode von 22 Bischöfen des Ottonenreichs, über die wir allerdings nichts Näheres wissen. Wahrscheinlich nahm an der Synode König Otto d. Gr. selbst teil, urkundete er doch im gleichen Jahr im damals erstmals genannten Vilich. Unterstreicht schon die Synode, daß Bonn bereits damals recht bedeutend war, und folgen wir gut ein Dutzend Jahre später Ruotger, dem Biographen von Ottos Bruder Bruno, des Erzbischofs von Köln, so war Bonn „locus venerabilis episcopii sui“, „ehrwürdiger Ort seines Erzstiftes“. Nun ist fraglich, ob mit der Bezeichnung Bonn überhaupt noch das ehemalige Römerlager oder die Siedlung um das Bonner Münster gemeint war, eine Pfarrkirche wie die Dietkirche als Tagungsort einer Reichssynode wäre jedenfalls sehr ungewöhnlich gewesen.

Kurz vor 1015 entstand an der Dietkirche ein Frauenkloster. Kaiser Heinrich II. schenkte ihm bei seinem Besuch in Bonn Besitz in Königswinter. Die darüber ausgestellte Urkunde ist das älteste heute in Bonn aufbewahrte Dokument der Stadtgeschichte. Möglicherweise geht die Gründung des Klosters auf die niederlothringische Pfalzgrafenfamilie der Ezzonen zurück, die über den Bonn-, Eifel-, Zülpich- und Auelgau geboten, die Tomburg bei Rheinbach und den Michelsberg in Siegburg besaßen. Ezzo war mit Mathilde, einer Tochter Ottos II. und der byzantinischen Prinzessin Theophanu verheiratet. Sein Sohn Hermann stieg zum Erzbischof von Köln auf, Heinrich zum Abt im lothringischen Gorze. Fünf seiner Töchter glänzten als Äbtissinnen baufreudig in Essen, Neuss, Köln, Mainz, Gandersheim und im belgischen Nivelles, die sechste, Mathilde, in Bonn-Dietkirchen und Vilich. Die berühmteste, Richeza, heiratete Mieszko II., König von Polen. Sie fand ihre endgültig letzte Ruhestätte im Kölner Dom. Ezzo starb 1034 knapp 80jährig und liegt in seiner Abtei Brauweiler begraben. Er machte Bonn wohl international bekannt.

Später verwandelte sich das Kloster Dietkirchen in ein Damenstift, heute erinnert nur noch die an anderer Stelle errichtete Stiftskirche daran. Innerhalb und außerhalb der südlichen Lagermauer hatte sich seit der Frankenzeit eine im 10. und 11. Jahrhundert blühende Siedlung gleichen Namens entwickelt, die erst 1673 mit der vollständigen Zerstörung von Kirche und Kloster verschwand. Hier stand auch der fränkische Königshof, verwaltungsmäßiger Mittelpunkt des Königsguts und des Bonn- und/oder Ahrgaus, Münzstätte seit der Merowingerzeit. Bei der Dietkirche kreuzten sich mehrere Straßen mit dem Fahrweg zum Rhein, wo die Furt oder Fähre nach Schwarzrheindorf hinüber ging. Hier lag am Johannisplatz der Johannismarkt mit dem heute am Alten Friedhof aufgestellten verstümmelten Johanniskreuz. Zwar ist der Markt des Klosters Dietkirchen erst im 12. Jahrhundert bezeugt, doch dürfte er schon längst vor der Jahrtausendwende bestanden haben.

War die „Bonn-Burg", also das ehemalige Römerlager mit der Dietkirche, jahrhundertelang durch Mauern gesicherte Siedlung, Gauvorort und pfarrlicher kirchlicher Mittelpunkt, so verlagerte sich in einem Zeitraum

Die 1812 abgerissene Martinskirche, Zeichnung von J. B. Büttgenbach, 1809

von etwa einem Jahrhundert um die Jahrtausendwende der Schwerpunkt Bonns auf die Siedlung bei der Märtyrerkirche der hll. Cassius und Florentius. An der Stelle der kleinen spätrömischen Grabkirche entstanden vor 787 eine größere Stiftskirche und erste Stiftsgebäude. Vorsteher des Stifts waren zunächst der Erzbischof von Köln, seit der Mitte des 9. Jahrhunderts Pröpste. Das Stift verselbständigte sich, zahlreiche weltliche Grundherren aus der Umgebung Bonns schenkten ihm Land und Leute. Seine Bedeutung als kultischer Mittelpunkt wuchs um so mehr, als hier in karolingischer Zeit drei Kirchen hinzukamen: Die 804 vor einem Rungus dem Stift geschenkte, von ihm selbst erbaute und mit liturgischem Gerät ausgestattete Kirche St. Martin, die 795 bezeugte bischöfliche Eigenkirche St. Remigius und später St. Gangolf, alle drei Pfarrkirchen, im 19. Jahrhundert abgerissen. Die um das Cassiusstift entstandene unbefestigte Siedlung mit ihren Kirchen begegnet 804 erstmals als villa Basilica, als „Kirchdorf", dessen wirtschaftliche Basis die geistliche Grundherrschaft des Stifts war. Die villa Basilica umschloß oder überschnitt sich mit dem um 800 urkundlich bezeugten vicus Bonnensis, offensichtlich einer Fernhändlersiedlung, in der Fremde, wahrscheinlich Angelsachsen, Handel, wohl vor allem mit Wein trieben. Weinbau jedenfalls begegnet in und um Bonn erstmals mit Karls d. Gr. Weinberg 804 in Mehlem. Eine Generation später bat der Bischof von Toul den Abt von Kornelimünster, sich um den Transport von drei beladenen Wagen Wein von Bonn („tria carra vini de Bonna") in die Pfalz Aachen zu kümmern.

Der kirchliche Mittelpunkt des Münsterstifts mit dem vicus errang allmählich das Übergewicht über das Marktdorf Dietkirchen im alten Römerlager. Wird die Cassiuskirche lange als in der Vorstadt der Bonn-Burg gelegen bezeichnet, so kehrte sich das Verhältnis nach der Jahrtausendwende um. Die Münstersiedlung zog den Namen Bonn an sich und begegnet als civitas, als „Stadt", mit der sich der antikisierende Name Verona verband. In dem mittelalterlichen Hymnus „In Verona, Agrippina / et in Troja loca trina / consecrant martyria" („In Verona, Köln und Xanten heiligen Martyrien die drei Orte.") stritten sich die drei ältesten Kollegiatstifte St. Gereon in Köln (Agrippina), St. Victor in Xanten (Troja- darin steckt der Name des römischen Kaisers Trajan) und eben St. Cassius und Florentius in Bonn offenbar um den Vorrang in der Erzdiözese Köln. Nächst dem Erzbischof jedenfalls zählten die Pröpste des Bonner Cassiusstifts neben dem Kölner Dompropst und dem Propst des Xantener Viktorstifts zu den vornehmsten und reichsten Prälaten der Erzdiözese. Sie übten das Amt des Chorbischofs aus und waren als Archidiakone fest in die kirchliche Organisation der Erzdiözese eingebunden, ihre Kirche war daher geistlicher Mittelpunkt in ihrem südlichen Teil.

Mit der Verlagerung des Namens Bonn vom ehemaligen Römerlager auf die Münstersiedlung erhielt diese offensichtlich eine Mauer. Von den heutigen Straßennamen zeugen noch die Acherstraße („achter" = „hinter der Mauer") und die Marktbrücke, die auf einen Graben mit darüber befindlicher Brücke schließen läßt. Infolgedessen wird 1021 Dietkirchen als „in suburbio Bonnae" gelegen aufgeführt, d.h. in der „Vorstadt" von Bonn".

Der Mittelpunkt der nunmehr befestigten Siedlung, die Stiftskirche, wurde im 11. Jahrhundert wahrscheinlich von Erzbischof Hermann II. neugebaut. Hermann war einer der drei Söhne des genannten rheinischen Pfalzgrafen Ezzo, Bruder der Äbtissin Mathilde von Dietkirchen und Vilich. Ihr und seinen anderen baufreudigen Schwestern stand er als Bauherr nicht nach: Auf ihn geht der große salische Neubau des Bonner

Münsters zurück, der die karolingische Kirche ersetzte. Von der neuen dreischiffigen Basilika haben sich außen und innen gut ablesbare Bauteile sowie der ältere Teil der gewölbten Krypta unter dem Ostchor erhalten.

Etwa hundert Jahre später vergrößerte Bonns bedeutendste geistliche Persönlichkeit im Mittelalter, Propst Gerhard von Are, die Kirche nochmals. Er fügte ihr die eigentliche Schauseite zu, den in Proportion und Gliederung klassisch schönen Chorbau mit dreigeschossiger Apsis und abschließender Zwerchgalerie. Mit seinem sogenannten rheinischen Etagenchor wurde das Bonner Münster ein 'Schöpfungsbau' rheinischer Romanik, typenbildend für andere Kirchen in Köln und im Rheinland bis hin zum Maasraum, wo vor allem in Maastricht – Gerhard von Are leitete das berühmte Reichsstift St. Servatius für einige Jahre – ein Bonn ähnlicher Ostchor entstand, wie auch noch in Maria Laach und St. Kastor in Koblenz. Unter dem neuen Ostchor ließ er die salische Krypta entsprechend verlängern. Zwei Generationen später erwies sich auch die Gestaltung des Querhauses des Bonner Münsters wegweisend für andere rheinische Kirchen der Spätromanik. Spätestens in den 40er Jahren des 13. Jahrhunderts erhielt das Bonner Münster seine bis heute gültige Gestalt, die ehemals salische Westkrypta wurde dabei aufgegeben.

Bonner Münster, Glasgemälde in der Kreuzherrenkirche Ehrenstein, um 1500

Noch vor dem Neubau der Choranlage entstanden vor und um 1140 die Stiftsgebäude um den stimmungsvollen Kreuzgang mit dem Kapitelsaal. Von den damals vier Flügeln der zweigeschossigen Stiftsbauten sind nur drei erhalten, da der vierte entlang der Kirche dem verbreiterten Seitenschiff weichen mußte. Gleichwohl ist der Bonner Kreuzgang der einzige im Rheinland fast vollständig erhaltene aus romanischer Zeit, nachdem fast alle anderen rheinischen Kloster- und Stiftsbauten im Zuge der Säkularisierung im frühen 19. Jahrhundert abgebrochen wurden. Unmittelbar vor dem Westchor seiner Stiftskirche hatte Propst Gerhard von Are noch den Neubau der Rundkirche St. Martin vornehmen lassen. Er mußte 1812 wegen Baufälligkeit abgerissen werden, heute zeichnet ‘Pflastermalerei’ seinen Grundriß nach.

Kreuzgang des Bonner Münsters, Lithographie von Aimé Henry, um 1850

Zu Gerhards Zeit entstand außerdem die romanische Helenakapelle. Ihr Entstehen weist auf wichtige Wandlungen in der Verfassung des Cassiusstifts hin. Früher als an anderen Stiften des Erzbistums Köln hatten die Kanoniker das gemeinsame Leben aufgegeben. Voraussetzung dafür war die Teilung des stiftischen Gesamtbesitzes in das Propst- sowie das Kapitelsgut. Die Folge war, daß sich sowohl der Propst wie auch die einzelnen Kanoniker innerhalb der Immunität des Cassiusstifts eigene Häuser errichten konnten – behielten sie doch im Gegensatz zu Mönchen ihr Privateigentum. In diesem Zusammenhang ist wohl auch die Helenakapelle entstanden. Da Propst Gerhard selbst die Verehrung der hl. Helena in Bonn eingeführt hatte, dürfte er die Kapelle als seine Hauskapelle erbaut haben. Von den einstmals 30 Kanonikerhäusern rund um das Cassiusstift zeugt in Bonn heute nur noch aus der Mitte des 18. Jahrhunderts das Palais des Stiftsdechanten Radermacher, seit 1876 das Hauptpostamt am Münsterplatz.

Obzwar das Cassiusstift geistlich-kirchlicher Mittelpunkt im südlichen Teil der Erzdiözese Köln war, sein Propst Gerhard von Are gewiß als der bedeutendste Bauherr Bonns im Mittelalter gilt, so haben weder das Cassiusstift noch die anderen Bonner Stifte und Klöster geistige, gelehrte oder literarische Ausstrahlung gehabt, ganz im Gegensatz zu jüdischer Kultur, die im Bonn der Stauferzeit in höchster Blüte stand.

Als die Legionen des römischen Feldherrn Titus im Jahre 70 n.Chr. den Tempel zu Jerusalem dem Erdboden gleichmachte, beraubten sie damit die Judenheit nicht nur ihres religösen, sondern auch ihres politischen Mittelpunktes. Das jüdische Volk, aus Jerusalem und Palästina verbannt, zerstreute sich in alle Winde. Wie die antiken Völker allgemein blieben auch die Juden von der Stadtkultur geprägt und lebten vorwiegend in den Städten des römischen Reichs, darunter auch in Köln. Ein Erlaß Kaiser Konstantins d. Gr. von 321 bezeugt dort eine wohlorganisierte jüdische Gemeinde, die älteste auf deutschem Boden belegte. In karolingischer und ottonischer Zeit durch Privilegien unter königlichen Schutz gestellt, entwickelten sich in den alten rheinischen Bischofsstädten Köln, Mainz und Trier schon im 11., in Worms und Speyer im 12. Jahrhundert Zentren jüdischen Lebens. Die jüdische Gemeinde in Mainz entwickelte sich zum Mittelpunkt jüdischer Gelehrsamkeit, jüdischer Rechts- und Gesetzeskunde, hier gründete sich die berühmte Talmudschule.

Jahrhunderte relativer Freiheit und Friedens gingen für die Juden fast schlagartig zu Ende, als sich nach der Eroberung Jerusalems und des Heiligen Grabes durch die 'heidnischen' Moslems im Jahre 1071 der Kreuzzugsgedanke des christlichen Abendlandes bemächtigte. Über den unmittelbaren Anlaß hinaus kamen verschiedene Ursachen zusammen, um aus den jahrhundertelang eher tolerierten 'Ungläubigen' nunmehr 'Feinde Christi' zu machen. Das emotional gegen die Moslems geprägte Feinbild übertrug sich auch auf die Juden als den näher gelegenen Nichtchristen. Der Vorwurf, sie hätten Christus ermordet, begründete für Jahrhunderte hindurch einen religiösen Antijudaismus, ein Vorwurf, den erst das Zweite Vatikanische Konzil unserer Zeit endgültig verwarf.

Im November des Jahres 1095 rief Papst Urban II. auf einer Synode in Frankreich zum Ersten Kreuzzug auf.

Die Kreuzzugspredigt entglitt zunehmend der kirchlichen Aufsicht, sie versprach den Kreuzfahrern einen vollkommenen Ablaß, d.h. den Nachlaß der von Gott zu erwartenden dies- oder jenseitigen Sündenstrafen. Der Kreuzzug gewann damit in den Augen der Christen einen unermeßlichen religiösen Wert. Bereits im folgenden Winter sammelten sich erste ungeordnete Kreuzfahrerhaufen. Von Nordfrankreich aus brachen sie rheinaufwärts nach dem Heiligen Land auf, ohne es je zu erreichen. Der kirchlichen Armutsbewegung der unteren Schichten nahestehende Volksprediger wurden die Anführer schlecht bewaffneter und besitzloser Scharen. Im Rheinland erhielten sie zahlreichen Zuzug, auf ihrem Weg überfielen sie, von fanatischen Predigern aufgestachelt und angelockt vom Reichtum der bedeutenden jüdischen Gemeinden längs des Rheins, die Juden in Köln, Trier, Mainz, Worms und Speyer, sich oft ihr erstes Reisegeld damit verschaffend. Einige Bischöfe versuchten vergeblich, die Juden in Schutz zu nehmen. So evakuierte der Kölner Erzbischof Hermann III. von Hochstaden die Kölner Juden auf sieben Orte seiner Erzdiözese, doch wurden sie dort überall aufgespürt und grausam umgebracht oder sie töteten sich selbst. Allein in Kerpen konnten sie sich retten. In Neuss und Altenahr fielen mit den Juden aus Köln auch Bonner Juden dem Pogrom – wie die planmäßige Verfolgung von Juden mit einem russischen Wort bezeichnet wird – zum Opfer. In diesem Zusammenhang erfahren wir erstmals von einer jüdischen Familie in Bonn. Hier hatte Mar Gedalja vor dem Kreuzzug mit Frau und Kindern gelebt, im Juni 1096 wurde er mit seiner Familie in Neuss erschlagen. Andere Bonner Juden sollen in Altenahr Schutz gefunden haben, doch nahmen sie sich beim Herannahen der Kreuzfahrer selbst das Leben.

Erstaunlich schnell lebten die jüdischen Gemeinden am Rhein wieder auf, so auch in Bonn, doch sahen sie sich schon zwei Generationen später neuen Verfolgungen ausgesetzt, als der Zweite Kreuzzug nahte. Das religiös motivierte christliche Feinbild von den 'Mördern Christi' reicherte sich mit den für die Juden verhängnisvollen Legenden von Ritualmord und Hostienschändung sowie anderen Vorwürfen an, deren Kenntnis wir u.a. dem Zisterziensermönch Caesarius von Heisterbach verdanken. Zu den religiösen Vorwänden traten in zunehmendem Maße wirtschaftliche Gründe und schlicht Habgier. Als 1146 auch in Köln der Mönch Radolf Kreuzzug und Judenverfolgung predigte, flüchteten sich die Kölner Juden auf die ihnen von Erzbischof Arnold I. überlassene, von seinem Vorgänger erbaute Wolkenburg – der erste 'Wolkenkratzer' im Raum Bonn. – oberhalb Königswinters. Unter den Flüchtlingen befand sich auch der damals dreizehnjährige in Bonn geborene Ephraim bar Jakob. In seinem bald nach dem Kreuzzug verfaßten Memorbuch, dem Gedenkbuch der Juden an ihre Verfolgungen: „Es war nach dem Laubhüttenfeste des Jahres 4906, da zogen sie ein jeder aus seinem Orte und begaben sich in die Festungen. Die meisten der Kölner Gemeinden gaben dem Bischof von Köln eine große Summe Geld, damit er ihnen die Festung Wolkenburg überlasse, die ihresgleichen im Lothringerlande nicht hatte. Durch viele Geschenke veranlaßten sie die Entfernung des dortigen Burgwächters, so daß ... kein Fremder oder Christ bei ihnen blieb. ... Von der Zeit an, da unter den Völkern bekannt wurde, daß den Juden Wolkenburg überlassen worden war und alle Juden sich dorthin versammelt hatten, hörten sie mit der Verfolgung auf." Als zwei jüdische Knaben mit Namen Abraham und Samuel – wohl aus Königswinter – neugierig zur Wolkenburg hinaufstiegen, so berichtet Ephraim bar Jakob weiter, erschlug sie ein „boshafter Christ". Die jüdische Gemeinde bewegte wiederum durch ein 'Geschenk' Erzbischof Arnold, den Mörder zu fassen und ihm die Augen ausstechen zu lassen. Hier zeigt sich zweimal deutlich, daß der Landesherr, der Erzbischof von Köln, den verfolgten Juden Schutz nur gegen hohe Bezahlung gewährte, ihre nunmehrige Rechtlosigkeit fiskalisch ausnutzte. Im Jahr darauf warb Abt Bernhard von Clairvaux, der Gründer des Zisterzienserordens, auch in Köln für den von ihm in Vézelay in Burgund ausgerufenen Zweiten Kreuzzug, wandte sich aber ausdrücklich gegen die Tötung von Juden und empfahl, sie über das Land zu verteilen.

Ephraim bar Jakob stammte aus dem im 10. Jahrhundert aus der italienischen Stadt Lucca nach Mainz ausgewanderten Geschlecht der Kalonymos. Außer seinem Memorbuch, das er bis 1196/97, also offenbar bis zu seinem Tode fortsetzte, verfaßte er auch die Erzählung vom Märtyrer Rabbi Amnon von Mainz, das den jüdischen Schulkindern vor dem Neujahrsfest Rosch-Haschana bis auf den heutigen Tag erzählt wird. Wie er dichtete auch Rabbi Joel Halevi – er leitete in Bonn eine Talmudschule – Klagelieder und Bußgebete. Eines von ihnen erinnert an die Märtyrer von Bacharach, denen auch Heinrich Heine seine Schrift „Der Rabbi von Bacharach" widmete. Wie sich schon an ihrem Beispiel zeigt, erreichte jüdische Gelehrsamkeit im Bonn des 12. Jahrhunderts eine hohe Blüte. Als sich die Mainzer Rabbiner über eine religiöse Frage stritten, erklärte Joel Halevis dortiger Schwiegervater Rabbi Elieser ben Nathan: „Aus welcher Stadt könnte man die Wahrheit künden, wenn nicht durch die Gelehrten in Bonn, von denen die Lehre ausgeht und das Wort Gottes", setzte er Bonn dem eigentlichen Sitz der Weisheit, Jerusalem, gleich. Halevis eigener Sohn gleichen Namens Elieser wurde einer der großen geistigen Führer des hochmittelalterlichen Judentums in Deutschland, auch dies ein Hinweis auf die Bedeutung der Bonner Judengemeinde.

In denselben Jahrzehnten erschütterte vor allem den Süden Frankreichs die christliche häretische Bewegung der Albigenser. Sie suchtem dem Ideal des apostolischen Lebens in Armut und Askese zu folgen, nannten sich „die Armen Christi" oder „wahre Christen". Über Flandern breiteten sie sich Anfang der 40er Jahre auch im Rheinland aus. Wie die Brauweiler Annalen berichten, wurde 1143 „contra hereticos" im Kölner Dom unter dem Vorsitz Erzbischof Arnolds I. Anklage erhoben. Einige konnten fliehen, andere sagten sich unter der Folter der Wasserprobe von ihrer Irrlehre los. Drei von ihnen aber, die lieber sterben als dem „allerheiligsten katholischen Glauben" nachgeben wollten, erlitten „apud Veronam", also bei Bonn unter Graf Otto den Feuertod. Damit war die Gefahr einer Glaubensspaltung im Rheinland aber keineswegs gebannt, denn der spätere Abt Egbert von Schönau, von 1153 – 1155 Kanoniker am Cassiusstift, diskutierte in seinen Bonner Jahren nach eigenem Bekunden oft mit „diesen Leuten“. Auf sein 1163 Erzbischof Rainald von Dassel gewidmetes Werk „Sermones adversus Catharorum errores et haereses“ geht die heute viel geläufigere Bezeichnung der Albigenser als „Katharer“, nach dem griechischen Wort „die Reinen“ zurück und leitet sich im übrigen das deutsche Wort „Ketzer“ ab. Wer den südfranzösischen Languedoc besucht, befindet sich im „Land der Katharer“. Ein Katharerkreuzzug blieb dem Rheinland erspart.

In denselben Jahren erwies sich ein anderer Kreuzzug gegen die moslemischen ‘Ungläubigen’ als äußerst erfolgreich: Unter den Rittern aus dem Rheinland, aus Flandern, Nordfrankreich und England, die unter dem Befehl des ersten portugiesischen Königs Alfons die von den Sarazenen belagerte Hauptstadt Lissabon befreiten, kämpfte auch und fiel Ritter Heinrich von Bonn. Im Kloster San Vincente berichtet noch heute sein Grabstein von ihm. 1976 übersandte der Patriarch von Lissabon dem Bonner Münster eine Reliquie. Zu hinreichenden Wundern ist es bislang allerdings weder in Lissabon noch in Bonn gekommen, um die römische Kurie dazu zu bewegen, den Wunsch der damaligen portugiesischen Augustinerchorherren um Heiligsprechung ihres Heinrich von Bonn zu erfüllen.

Doch zurück zu Elieser ben Nathans, Egberts und Heinrichs Zeitgenossen Propst Gerhard von Are: Zusammen mit Erzbischof Rainald von Dassel barg er am 2. Mai 1166 die Gebeine der hll. Cassius, Florentius und Malusius aus den antiken Steinsarkophagen, bettete sie in kostbare Schreine und ließen diese auf dem Hauptaltar der Kirche aufstellen, wo sie bis zum Truchsessischen Krieg im 16. Jahrhundert verblieben, dann aber verschlagen und teilweise zu Münzsilber umgeschmolzen wurden. Die Krönung seiner langen Amtszeit geschah nach dem Zeugnis der Kölner Königschronik „in Anwesenheit einer unzähligen Menge andächtiger Geistlicher und des Volkes. Und obgleich 973 Jahre ihres Märtyrertodes vergangen waren, fand man eindeutig ihr trockenes Blut.“ Propst Gerhard hatte auch die 1135 von ihm besorgten Reliquien der hl. Helena in einem goldenen Schrein bergen und auf dem Hochaltar des Münsters verehren lassen. Derselbe Erzbischof Rainald von Dassel, Erzkanzler des Reichs und einflußreichster Berater Kaiser Friedrich Barbarossas, hatte 1164 die Gebeine der Hl. Drei Könige von Mailand in den Kölner Dom überführt, damit seine Bischofskirche und die Stadt Köln erhöht. Sein Nachfolger ließ den Kölner Mauerring zum drittenmal auf seine endgültige Größe erweitern und machte damit die niederrheinische Metropole unbezwingbar. Weihnachten 1165 auf einem Reichstag in Aachen hatte Barbarossa die Gebeine Karls d. Gr. erhoben und Karl von Rainald von Dassel heilig sprechen lassen. Anfang des folgenden Jahres erklärte er den Krönungsort der deutschen Könige zum Hauptort des Deutschen Reichs, zum „caput regni Theutonici“, gewährte den Aachener Bürgern Zollfreiheit sowie zwei Jahrmärkte und trug ihnen den Bau der ersten Stadtummauerung auf. In Bonn verlieh Rainald von Dassel dem Münsterstift anläßlich der Erhebung der Gebeine seiner Märtyrer das Recht, am Fest dieser ihrer Kirchenpatrone jährlich im Mai einen abgabenfreien dreitägigen Markt auf dem Münsterplatz abzuhalten.

An allen drei Orten Köln, Aachen und Bonn war der herrschaftlich-sakrale Charakter der Reliquienerhöhung gewiß vorrangig, doch zeigte sie auch eindeutig eine wirtschaftspolitische Zielsetzung, wie die Verleihung von Jahrmärkten in Aachen und Bonn bezeugt. Als Wallfahrtsorte sollten sie wie Köln fortan Pilgerscharen an sich ziehen. Da die christliche Wallfahrt nämlich im kirchlich-religiösen Leben der mittelalterlichen Menschen eine zentrale Rolle spielte – so wie heute noch im Islam die Pilgerfahrt nach Mekka –, steigerte sie die Marktfunktion und Wirtschaftskraft der privilegierten Städte erheblich. Während nun also in Köln und Aachen ein wirtschaftlicher Strukturwandel nun auch hin zu ‘internationalen’ Pilgerzentren eingeleitet wurde, schienen die weniger ‘prominenten’ Bonner Märtyrer für größere Pilgerscharen nicht attraktiv genug. Gleichwohl erwies sich das Privileg Erzbischof Rainalds von Dassel für die wirtschaftliche Entwicklung Bonns als wichtig.

Vor den Mauern der Stiftsstadt in Richtung auf den Rhein hin wuchs eine zunächst unbefestigte Marktsiedlung, das 1211 genannte oppidum Bonnense, Niederlassung einer gewerblichen und kaufmännischen bürgerlichen Bevölkerung. Mittelpunkt war offenbar eine Straßengabelung, von den Kölner Erzbischöfen als größten Grundherren in Bonn auf ihrem Grund und Boden planmäßig zum großen heutigen Marktplatz erweitert. Wahrscheinlich geht die Anlage des dreieckigen Marktplatzes, auf dem sich feste Verkaufsstände erhoben, auf Erzbischof Hermann II. vor die Mitte des 11. Jahrhunderts zurück.

Aber auch an weltlicher Macht hatten die Erzbischöfe gewonnen. Schon Hermanns Vorgänger Pilgrim hatte Anteil an der ehemals alleinigen königlichen Münzprägung in Bonn. Nach dem Tode Kaiser Konrads II. 1039 übten Erzbischof Hermann und seine Nachfolger bis zum Ende des Kölner Kurstaats das Münzrecht selbständig aus, auch über den Bonner Marktzoll verfügte Hermann seit 1046. Seinem Nachfolger Erzbischof Anno gelang es dann, die grundherrliche und territorialpolitische Stellung des mächtigen Pfalzgrafengeschlechts der Ezzonen nicht zuletzt durch die Zerstörung ihrer Burg auf dem Michelsberg in Siegburg und die dortige Gründung der Benediktinerabtei so zu schwächen, daß sich die Pfalzgrafen in das südliche Rheinland abgedrängt sahen – die heutige Pfalz zeugt davon. Die bisher von den Pfalzgrafen wahrgenommenen Gerichtsrechte im Bonngau gingen auf die Erzbischöfe von Köln über. Damit „war der Grund für die volle stadtherrliche Stellung der Kölner Erzbischöfe in Bonn gelegt, fiel eine Bonns Schicksale auf Jahrhunderte wesentlich bestimmende Entscheidung. Bonn sollte keine Stiftsstadt, keine Reichsstadt, sondern eine kurkölnische Stadt werden" (Edith Ennen). Die

Kaiser Konrad II. und Erzbischof Pilgrim von Köln, Denar, Bonn, um 1030

erzbischöfliche Gerichtsstätte lag auf dem Münsterplatz, hier stand neben der Prangersäule als ihr Zeichen das steinerne „Wölfchen", in Wirklichkeit ein Löwe oder Leopard, das Bonner Wappentier unter dem kurkölnischen Kreuz bis heute. Die Skulptur befindet sich heute im Stadtmuseum Bonn. Eine Kopie begrüßt die Gäste im Alten Rathaus, zu Füßen einer anderen plätschert ein Bächlein neben dem Sterntor in der Vivatsgasse.

Anders als in Aachen und Köln kam es in der frühen Stauferzeit noch nicht zur Errichtung oder Erweiterung der Stadtmauer, waren keine Stadtrechtsprivilegien verliehen. Während die Stiftsstadt seit der Jahrtausendwende ummauert und damit im Kriegsfall befestigt war, sah sich die um den Markt konzentrierte offene Siedlung feindlichen Heeren ungeschützt ausgesetzt. Da der eigentliche Mittelpunkt des Erzstifts, Köln, durch seine dritte gewaltige Stadtmauer uneinnehmbar war, suchten die feindlichen Heere den Kölner Erzbischof an seiner schwächsten Stelle, hier im Süden seines Territoriums Bonn, zu treffen, so daß es 1114, 1198 und 1239 gebrandschatzt wurde.

Nicht nur in die kriegerischen Auseinandersetzungen um die Thronfolge im Deutschen Reich sah sich Bonn hineingezogen, so zwischen Heinrich IV. und seinem Sohn Heinrich V. und vor allem zwischen dem Staufer Philipp von Schwaben und dem Welfen Otto IV., sondern auch in die zahlreichen bewaffneten Konflikte der miteinander konkurrierenden Territorialgewalten. Der Kampf wurde um und von den Befestigungen aus geführt, die als Macht- und Versorgungsmittelpunkte sowie Zufluchtsstätten dienten: Burgen vor allem und bereits befestigte Städte. War die bisherige Städtepolitik der Kölner Erzbischöfe wie die königliche in erster Linie Marktpolitik gewesen, so wandelte sie sich in der späten Stauferzeit zur Befestigungspolitik. Sie erfaßte systematisch die rheinischen und westfälischen Besitzungen, ihren Höhepunkt erreichte sie unter Erzbischof Konrad von Hochstaden, den allseits bekannten Gründer des gotischen Kölner Doms. Er führte die Städtepolitik seiner beiden Vorgänger fort, die im kurkölnischen

Erzbischof Konrad von Hochstaden, Grabmal im Kölner Dom

Niederstift Neuss, Rees, Xanten und Rheinberg mit Stadtrecht bewidmet hatten, und machte im Oberstift Andernach und Ahrweiler, vor allem und am folgenreichsten Bonn zu Städten. Als er 1244 den Bürgern von Bonn befahl, ihre Stadt mit Gräben und Mauern zu umgeben, kam er damit einem Wunsch der Bewohner entgegen. Gewiß, die Bürger mußten die im weiten Bogen gespannte Mauer bauen, bewachen und unterhalten, doch bestätigte ihnen Konrad als Gegenleistung für ihre große Last alle bisher besessenen „Freiheiten, Rechte und guten Gewohnheiten". Da er sie auch den Neubürgern gewährte, anerkannte er den Rechtssatz „Stadtluft macht frei" und bot einen Anreiz für die Zuwanderung in seine Stadt. Denn nach einem Aufenthalt in der Stadt von „Jahr und Tag" endete die Abhängigkeit eines Unfreien von seinem Herrn. Alle Bürger waren nämlich hier persönlich frei und rechtlich gleich, wobei Bürger nicht gleichgesetzt werden können mit Einwohnern, wie für uns heute selbstverständlich.

Das Privileg wandte sich an die „Ritter, Schöffen und das Volk von Bonn". Da die beiden ersten Gruppen vom Erzbischof abhingen und der „populus Bunnensis" noch kein eigenes Selbstvertretungsorgan besaß, waren der städtischen 'Freiheit' zunächst noch enge Grenzen gezogen. „In der Entwicklung der mittelalterlichen Stadt-

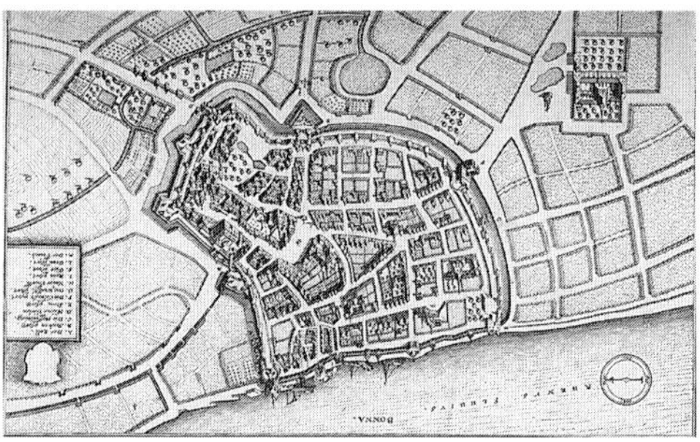

Plan der Stadt Bonn, Kupferstich von Matthäus Merian, 1646

verfassung Bonns“, so die berühmte Bonner Stadthistorikerin Edith Ennen, „bildet das Privileg von 1244 einen wichtigen Markstein, aber keinen Abschluß.“ „Glühend vor Eifer, die Stadt und die errungene Freiheit zu bewahren, erbauten die Bürger einen hölzernen Palisadenzaun auf dem Wall über dem Graben und führten die neuen Tore als stattliche Steinbauten auf“, berichten die Annalen von St. Pantaleon in Köln. Nach und nach ersetzten Mauern den Palisadenzaun. Die drei landseitigen Tore Sterntor, Kölntor und Stockentor bauten die Bürger zu starken repräsentativen Torburgen aus, Stolz, Schutz und Schirm den ankommenden Fremden anzeigend. Keines der Stadttore hat sich erhalten. Nur das heutige Sterntor, an anderer Stelle nur halb aufgebaut und sich an einen Mauerturm anlehnend, zeugt noch davon. Mauer und Graben schlossen Stiftsstadt und Marktsiedlung mit großen noch unbebauten Flächen bis ins 19. Jahrhundert topographisch zusammen.

1256 trat Bonn dem zwei Jahre zuvor geschlossenen Rheinischen Bund bei. Zahlreiche Städte von Basel bis Bremen, von Aachen bis Regensburg, aber auch Bischöfe und weltliche Große schlossen eine immerhin zwei Jahrzehnte haltende Art ‘Landfrieden’ gegen die weitverbreitete Friedlosigkeit und Unsicherheit im Reich. Friedensbrechern sagte der Bund den Kampf an, Streitigkeiten der Mitglieder untereinander schlichtete ein Schiedsgericht, eine Bundesversammlung tagte regelmäßig.

Die seit 1244 ummauerte Stadt Bonn war, militärisch gesehen, eine Festung und darüber hinaus ein politisch-administrativer Mittelpunkt des sich verfestigenden Territoriums der Erzbischöfe und Kurfürsten von Köln. So verwundert es nicht, daß Erzbischof Konrad von Hochstaden Bonn zum erstenmal in seiner Geschichte häufig als Wohnsitz aufsuchte, hier bedeutsame Regierungsakte und Friedensschlüsse vollzog und die Stadt zum Zentrum des kurkölnischen Oberstifts machte. So fanden seine Nachfolger Engelbert von Falkenburg, Siegfried von Westerburg, Heinrich II. von

Virneburg und dann im 15. Jahrhundert Ruprecht von der Pfalz ihre letzte Ruhestätte im Bonner Münster und nicht im Kölner Dom.

Wenngleich die mittelalterliche Stadt in weiten Teilen Europas zunächst ein wirtschaftliches, zunehmend dann auch rechtliches und soziales Phänomen war, so galt ihre wie in Bonn oft erst zum Abschluß ihrer Entwicklung errichtete schützende Mauer mit Türmen und Toren als das Erkennungszeichen schlechthin. Zweifellos stellte die weithin sichtbare Stadtmauer das augenfälligste Merkmal der Stadt dar, und so haben die meisten mittelalterlichen Stadtväter – anders als die Bonner – den Mauerring mit Toren und Türmen auf ihre Siegel als Symbol für die oft mühsam erkämpfte Selbständigkeit gesetzt. Neben der Stadtmauer als äußeres Erkennungszeichen war für die mittelalterliche Stadt konstitutiv die besondere Rechtsstellung ihrer Einwohner als Merkmal der inneren Struktur. Beide Merkmale hoben sie wesentlich aus der ländlichen Umgebung heraus und hingen eng voneinander ab. Die Mauer machte die Stadt zur 'Großburg'. Mit ihrer Hilfe verteidigten die Bürger sich selbst trugen damit verbundene erhebliche Lasten und Pflichten und bestanden daher darauf, daß ihnen der jeweilige Landesherr besonderes Recht anerkannte oder gewährte. Das 'Stadtrecht' aber, in dem sich die städtische Verfassung niederschlug, fand seinen Abschluß oder Höhepunkt im Zugeständnis kommunaler Selbstverwaltung, d.h. Mitbestimmung oder sogar Autonomie dem Stadtherrn gegenüber.

Nordseite der Stadtmauer mit der Windmühle, um 1850

Erzbischof Siegfried vollendete 1286 die rechtliche Stadtwerdung Bonns, indem er die Ratsverfassung einführte. Den „maiores“, d.h. den wohlhabenderen und besonders angesehenen Bürgern gewährte er in Vertretung aller das Recht, jährlich bis zu zwölf Räte zu wählen, deren Beschlüsse die ganze Bürgerschaft banden. Der Rat trat nunmehr neben das vom Erzbischof ernannte, ebenfalls zwölfköpfige Schöffenkollegium, das bisher die Stadtverwaltung insgesamt innehatte und nunmehr vorrangig auf die Rechtspflege beschränkt wurde, also nach wie vor landesherrliches Stadtgericht blieb, so wie heute noch Amts- und Landgericht staatliche, nicht städtische Einrichtungen sind. Zwei Jahre zuvor findet sich übrigens der erste Beleg für das „scrinium seu archivum publicum scabinorum Bonnensium“. Mit seinem „Schrein oder öffentlichen Archiv der Bonner Schöffen“ gehörte damit unsere Stadt neben Neuss, Köln und Duisburg zu den ersten vier niederrheinischen Städten, die über ein Archiv verfügten.

Großes Stadtsiegel von Bonn: SIGILLVM ANTIQVE VERONE NVNC OPIDI BVNNENSIS. Vor dem Bonner Münster steht PIVS CASSIVS in Ritterrüstung, zwischen 1244 und 1279

Die Stadtverwaltung, die Regelung von Schuld- und Zivilsachen sowie die Aufsicht über Markt und Gewerbe gingen an das Ratskollegium über. Im Gegensatz zu den lebenslänglich im Amt bleibenden Schöffen wählten die Bonner Bürger – das Frauenwahlrecht führte in Deutschland erst die Weimarer Reichsverfassung von 1919 ein – die Ratsmitglieder jährlich, doch war Wiederwahl möglich. Sie mußten dem Erzbischof den Treueeid schwören. Mit der Ratsverfassung hatte Bonn jetzt zwar die Selbstverwaltung erhalten, war endlich zur Stadt im vollen Rechtssinne des Mittelalters geworden, hatte aber nicht die Autonomie vom Landesherrn erlangt. Dieser behielt sich die Vollstreckungsgewalt auch der Ratsbeschlüsse vor, wo heute der Regierungspräsident nur noch im Rahmen der Kommunalaufsicht deren Rechtmäßigkeit überprüft. Bonn

Romanische Steinskulptur des Bonner Löwen, der einen Eber niederhält

war und blieb bis 1794 kurkölnische Landstadt. Mit den beiden erzbischöflichen Privilegien von 1244 und 1286 verfügt Bonn als im Laufe von Jahrhunderten gewachsene Stadt im Gegensatz zu vielen hoch- und spätmittelalterlichen 'Gründungs-Städten' – wie etwa Freiburg und Lübeck – nicht über eine einzige umfassende Stadtgründungsurkunde, sondern im gestreckten Stadtentwicklungsprozeß über zwei wesentliche Dokumente, die es endgültig zur Stadt machten.

Für die rechtliche und wirtschaftliche Entwicklung der Bonner Stadtgemeinde allerdings erwies sich der umfangreiche kirchliche Besitz als ein Hindernis, besaß doch der Klerus ein Drittel des Grund und Bodens innerhalb des Bonner Stadtbanns. Besonders mit dem Cassiusstift, das immerhin Rechte an 174 Häusern hatte, geriet der Rat der Stadt Bonn immer wieder in Konflikte. Mehrfach führten sie zum Interdikt, der Verhängung des Kirchenbanns durch Papst oder Erzbischof über die Bonner Bürger. Über drei Streitpunkte kam es manchmal sogar zu handgreiflichen Auseinandersetzungen: die Aufsicht über Maß und Gewicht, die Abgaben- und Steuerfreiheit der Stiftsgeistlichkeit sowie die Bewachung und Unterhaltung der Stadtmauer im Bereich der Immunität des Cassiusstifts.

Kölner Kurfürsten bevorzugen Bonn

Im hohen Mittelalter hatten sich die Regionen am Rhein zum politischen, kulturellen und geographischen Mittelpunkt des Deutschen Reichs entwickelt. Die Erzbischöfe von Köln hatten ihre weltlichen Rechte und Besitzungen seit dem 11. Jahrhundert beharrlich vermehrt und hin zu einem möglichst geschlossenen Territorium, dem Erzstift – wir unterscheiden davon das Bistum als ihren geistlich-kirchlichen Machtbereich – ausgedehnt und unter Anno II. den wichtigsten Konkurrenten, den niederlothringischen Pfalzgrafen, nach Süden abgedrängt. Zwangsläufig erwuchs ihnen damit eine ordnungspolitische Rolle im niederrheinischen Raum. Der staufische König Konrad III. übertrug 1151 dem Kölner Erzbischof die Herzogsgewalt in Ripuarien und Friedrich I. Barbarossa 1180 nach dem Sturz des Sachsenherzogs Heinrich der Löwe in Westfalen. Sie anerkannten damit die Lehnshoheit der Erzbischöfe von Köln über die nieder- und mittelrheinischen Grafengeschlechter und machten das Erzstift zur mächtigsten Territorialmacht zwischen Maas und Weser. Unter Konrad von Hochstaden war Mitte des 13. Jahrhunderts der Höhepunkt der erzbischöflichen Macht erreicht, um so mehr als er einen guten Teil seines persönlichen Erbes, vor allem Altenahr und Ahrweiler, dem hl. Petrus, d.h. der Kölner Kirche, schenkte. Allerdings: Die Erzbischöfe waren bei ihrem machtpolitischen Aufstieg immer wieder in Konflikt mit der selbstbewußten Bürgerschaft der Stadt Köln, der unbestreitbaren, uneinnehmbaren wirtschaftlichen und politisch-geographischen Metropole des Niederrheins, des Zentrums von Erzstift und Bistum, geraten, besonders Anno II. und jetzt auch Konrad von Hochstaden. Dieser Gegensatz erwies sich in den folgenden Jahrzehnten um so verhängnisvoller, als sich inzwischen die Grafen von Kleve, Geldern, Jülich und Berg eigene Territorien aufgebaut hatten und häufig genug mit ihrem Kölner Lehnsherrn aneinandergerieten.

Als im Erbstreit um das maasländische Herzogtum Limburg der mächtige Herzog von Brabant nach dem

Niederrhein ausgriff, kam es im Juni 1288 auf der Fühlinger Heide nördlich von Köln zur berühmten Schlacht von Worringen. In einer der größten und blutigsten Ritterschlachten des Mittelalters standen sich etwa 6000 Berittene und 4000 Kämpfer zu Fuß gegenüber. Die Truppen der Grafen von Jülich und Berg, von Loon und der Mark, des Herzogs von Brabant und Stadtkölner Bürger siegten über die Männer der Grafen von Geldern und Luxemburg und des Kölner Erzbischofs Siegfried von Westerburg.

Der Erzbischof geriet für über ein Jahr in Gefangenschaft. Herzog Johann I. von Brabant zog in Bonn ein. In der „civitas Bunnensis" ließ er siegreich seine „Brabantiner" Pfennige mit dem Brabanter und Limburger Löwenschild prägen, die Verschiebung der Machtverhältnisse am Niederrhein, ja im Nordwesten des Reichs augenfällig demonstrierend. Die Vormachtstellung der Kölner Erzbischöfe war gebrochen, Köln war seitdem faktisch eine freie Reichsstadt. Graf Adolf von Berg verlieh seinem ländlichen Düsseldorf den Rechtsstatus einer Stadt. Und Bonn verdankt der Schlacht seinen politischen und damit auch wirtschaftlichen Aufstieg, denn die Stadt Köln durfte der Erzbischof nur noch in Ausübung weniger weltlicher Rechte und in seiner Eigenschaft als geistliches Oberhaupt der Erzdiözese betreten.

Herzog Johann I. von Brabant, Brabantiner, Bonn, nach 1288

Zwar sahen sich die Erzbischöfe schon seit Annos Zeiten im 11. Jahrhundert wegen Auseinandersetzungen mit der Kölner Bürgerschaft hin und wieder veranlaßt, sich außerhalb Kölns auf die Burgen Lechenich und auf dem Godesberg, auf die Wasserburg Poppelsdorf und auf das Städtchen Brühl sowie nach Bonn auszuweichen, doch wurde Bonn nach der Schlacht von Worringen immer zahlreicher und länger aufgesucht, ja es entwickelte sich zur zeitweiligen Residenz. Erzbischof Engelbert hatte schon sein hiesiges Haus zu einem palatium, einer Pfalz, mit Saal und Kapelle ausgebaut.

Die neue Aufgabe Bonns als bevorzugter Aufenthaltsort der Kölner Erzbischöfe brachte es mit sich, daß die Stadt im 14. Jahrhundert gleich zweimal Schauplatz prunkvoller Königskrönungen wurde. Als nach dem Tode Kaiser Heinrichs VII. aus dem Hause Luxemburg im Jahre 1314 die Mehrheit der Kurfürsten Herzog Ludwig von Bayern und eine Minderheit Friedrich von Österreich zum neuen König wählte, eilten beide vom Wahlort Frankfurt nach Aachen, seit Ottos d. Gr. denkwürdiger Königserhebung und -krönung 936 dem 'richtigen' Krönungsort. Die Aachener gewährten Ludwig dem Bayern den Einzug in ihre Stadt. Friedrich der Schöne gelangte nur bis Bonn, hatte jedoch den richtigen coronator auf seiner Seite, den Erzbischof von Köln. Leider sind wir über die genaueren Vorgänge seiner Königskrönung nur ungenügend unterrichtet. Am Katharinentag 1314 jedenfalls salbte und krönte Erzbischof Heinrich II. von Virneburg Friedrich im Bonner Münster. Danach fand ein feierlicher Festzug zur Brüdergasse statt, wo wahrscheinlich in der Minoritenkirche (heute St. Remigius) das Krönungsmahl eingenommen wurde. Boshafte bayerische Quellen behaupten, die Krönung des „Österreichers" habe sich vor kaum 30 Leuten abgespielt, und zwar in freiem Felde auf einem Faß, in das Friedrich dann prompt hineingefallen sei.

Gut drei Jahrzehnte später wiederholte sich die Szene im Bonner Münster. Auf päpstliches Drängen wählte die Mehrheit der Kurfürsten 1346 Markgraf Karl von Mähren aus dem Hause Luxemburg zum Gegenkönig wieder gegen Ludwig den Bayern. Erneut sperrte sich die Stadt Aachen, so daß Erzbischof Walram von Jülich auf den Präzedenzfall von 1314 zurückgriff und Karl wiederum in Bonn krönte, diesmal allerdings nicht mit der 'echten' Reichskrone, der sogenannten Krone Karls d. Gr. Auch

Erzbischof Walram von Jülich, Kopfturnose, Deutz, 1343

von diesem nach der Krönung von 1314 und der Reliquienerhebung von 1166 spektakulärsten Ereignis der Bonner Geschichte seit 921 sind wir nur spärlich unterrichtet, allein die Liste der prominenten Gäste ist überliefert. Als sich der Präsident der Tschechischen Republik Václav Havel 1993 in das Goldene Buch der Stadt Bonn eintrug, legte er zu Ehren seines 'Amtsvorgängers' Karl IV. im Münster einen Kranz nieder.

Karl IV., Gründer der Prager Universität, der ersten in Deutschland und zu den ältesten in Europa zählend, war einer der bedeutendsten und glanzvollsten Könige und Kaiser des Mittelalters. Er ließ sich trotz seiner Bonner Krönung nach dem plötzlichen Tod Ludwigs des Bayern in Frankfurt erneut wählen, diesmal einstimmig, in Aachen 1349 nochmals salben und krönen. In der Goldenen Bulle von 1356, dem 'Grundgesetz' des Heiligen Römischen Reichs Deutscher Nation, anerkannte er den Anspruch Aachens als rechten Krönungsort auch reichsrechtlich. Václav Havel empfing in Aachen 1991 übrigens den Karlspreis (nach Karl d. Gr. benannt). So macht eben hin und wieder Geschichte Politik von heute.

Kaiser Karl IV., Votivtafel des Johannes Ocko Vlasim, 1371, Ausschnitt

Mehr als über die Bonner Königskrönungen wissen wir über einen regelrechten Staatsbesuch aus dem Ausland: Als König Eduard III. von England, der Schöpfer des britischen Hosenbandordens, im Spätsommer 1338 Bonn besuchte, kam es auf seiner Rückreise in Bonn zu solchen Schlägereien zwischen seinen Leuten und den Bürgern der Stadt, daß der Frieden erst nach Tagen wiederhergestellt werden konnte und der König als Entschädigung das 15fache des Übernachtungspreises zahlen mußte, nämlich die hohe Summe von 22 Pfund und 10 Schilling Sterlinge, d.h. über 7 kg Silber, das damals weit wertvoller als heute war.

Die Königskrönungen waren begleitet von Bestätigung alter und Verleihung neuer Privilegien und Rechte für die Bonner Bürger durch König und Erzbischof. Da die Krönungsfahrten der in Frankfurt gewählten Könige zum Thron Karls d. Gr. in Aachen nicht ohne Einvernehmen mit dem Kölner Kurfürsten als dem rechten coronator unternommen werden konnten, führten sie auch weiterhin zu Besuchen in dessen Bonner Residenz. Mit den letzten Königskrönungen in Aachen, Karls V. 1520 und Ferdinands I. 1531 gingen auch die mittelalterlichen Herrscherbesuche in Bonn zu Ende, da seither nicht nur – wie seit Jahrhunderten – die Wahl, sondern jetzt auch die Krönung in Frankfurt stattfand. Bonns historisches Profil, so beleuchten es die Königsbesuche, beruhten eben während des Mittelalters auf seiner Verkehrslage am Rhein sowie der Nähe zur rheinischen Metropole Köln und der Krönungsstadt Aachen. Als Residenz der Kölner Erzbischöfe und Kurfürsten gewann Bonn dann in der Frühneuzeit ein ausgeprägtes Eigengewicht.

Die Verfassung der Stadt gestaltete sich im Spätmittelalter weiter aus. 1331 wurde erstmals ein Bürgermeister erwähnt. Jahrzehnte später gliederte der Erzbischof und Kurfürst Bonn aus dem Stadt und Land umfassenden Gerichtsbezirk aus, das erzbischöfliche Bonner Schöffengericht wurde zum Stadtgericht. Bonn wurde Sitz eines kurkölnischen Amtes und Oberamtes, sein Gericht Oberhof für die umliegenden Gerichte. Die kurfürstliche Finanzverwaltung nahm seit dem 14. Jahrhundert hier ihren Sitz, seit langem war Bonn Markt-, Zoll- und Münzstätte. Vom Marktzoll war schon die Rede, der Rheinzoll wurde erst

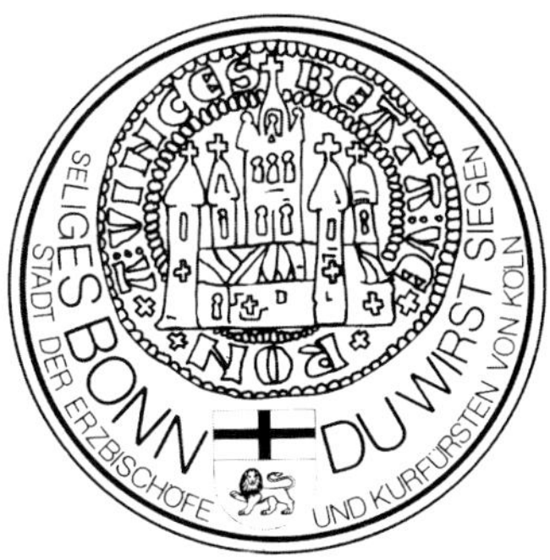

Medaille zur Bonner Stadtgeschichte, 1986, mit Darstellung eines Bonner Großpfennigs Erzbischof Heinrichs von Virneburg

1283 eingeführt. Nach der Schlacht von Worringen entstanden in der kurfürstlichen Münzstätte die von den Numismatikern so bezeichneten „Verona-Pfennige". Ihre Rückseite ziert eine Ansicht des Bonner Münsters, die Umschrift „beata Verona, vinces" („Du, seliges Bonn, wirst siegen.") war die Kampfansage der Erzbischöfe gegen das abtrünnige Köln.

Pestwellen gingen seit 1349 über die Stadt hinweg, so etwa 1451 und zuletzt 1666. Die Kölner Erzbischöfe des Spätmittelalters, die nicht nur ihr Kurfürstentum nach außen hin gegen aufstrebende andere Mächte am Niederrhein verteidigen mußten, besonders gegen Kleve-Mark, sondern auch ihre erzstiftische Verwaltung für die vermehrten und schwieriger gewordenen Regierungsaufgaben zu modernisieren gezwungen waren, gerieten in anhaltende Geldnot. Sie verleitete besonders Dietrich von Moers wiederholt dazu, immer neue Steuern zu erheben, ja sogar Amt und Stadt Bonn und etwa 1450 auch die Godesburg zu verpfänden. Öfters mußte sich die Stadt Bonn für ihn verbürgen, wohl als schwachen Ausgleich verlieh er ihr im gleichen Jahr das Recht, jährlich im November den St. Katharinenmarkt abzuhalten, den jetzt dritten Bonner Jahrmarkt. Die von ihm seit 1435 dem Erzstift auferlegte allgemeine Steuer führte dazu, daß sich das „Land" in Landständen zu organisieren begann, um vor allem das Recht der Steuerbewilligung in seine Hand zu bekommen. Gleich nach Dietrichs Tod 1463 entstand so, als „Wahlkapitulation", als rechtlich verbindliches Wahlversprechen für den neuen Erzbischof abgefaßt, die Erblandesvereinigung als landständische Verfassung und 'Grundgesetz' des Kölner Kurstaats bis zur Französischen Revolution. Zu den 17 Städten der „Städtebank", einer der vier Landstände, gehörte auch Bonn.

Das Spätmittelalter war offensichtlich für Bonn eine Zeit des Wohlstands. Alle typisch städtischen Gewerbe waren vertreten. Um die erheblichen finanziellen Lasten für Bau und Unterhalt der schützenden Stadtmauer tragen zu können, hatte Erzbischof Heinrich von

Virneburg der Stadt das Recht verliehen, die Akzise, eine Art Umsatzsteuer, zu erheben, und zwar im wesentlichen vom Wein als dem wichtigsten Bonner Handelsgut. Die Weinakzise blieb bis zur Französischen Revolution das Rückgrat der städtischen Finanzen.

Im 15. Jahrhundert erweiterten die Bürger ihr gotisches Rathaus und gründeten neben dem Heilig-Geist-Haus und zwei Spitälern für Leprakranke das Jakobsspital. Die wohlhabenderen Bürger errichteten sich steinerne Häuser. Zerstörung und Brand der Stadt Bonn 1689 haben von all den mittelalterlichen Bauten innerhalb der Stadtmauern außer den Kirchen nichts übriggelassen.

Zu den alten Stifts- und Pfarrkirchen innerhalb und außerhalb der schützenden Stadtmauern traten im heutigen Gebiet der Stadt Bonn im Hoch- und Spätmittelalter noch weitere geistliche Gründungen hinzu. Die kirchliche Reformbewegung des 12. Jahrhunderts wurde im wesentlichen von den beiden großen Orden der Zisterzienser, gegründet vom hl. Bernhard von Clairvaux, und der Prämonstratenser, gegründet vom hl. Norbert von Xanten, getragen. Die größte Ausstrahlung auf den Bonner Raum erlangte die von Himmerod in der Eifel aus gegründete Zisterzienserabtei Heisterbach. Nach ersten Anfängen auf dem Petersberg wurde sie 1189 gegenüber von Bad Godesberg in das rechtsrheinische Tal der Heister verlegt. Der Leitung des Abts von Heisterbach unterstand der Zisterzienserinnenkonvent von Graurheindorf, der Jahrzehnte zuvor gegründet worden war, möglicherweise von Erzbischof Arnold I., dem Erbauer der Schwarzrheindorfer Doppelkirche. Als Gründungsdatum ist 1149 überliefert, zwei Jahre nach der Kreuzzugspredigt des Ordensgründers Bernhard im Kölner Dom. Auch an der 1258 ersmals genannten Gertrudiskapelle (sie lag am Rheinufer nahe der Rheingasse und wurde im Zweiten Weltkrieg weitgehend zerstört) bildete sich – wohl erst im Laufe des 14. Jahrhunderts – eine kleine Gemeinschaft von Zisterzienserinnen für etwa zwei Jahrhunderte. Frommer Überlieferung zufolge soll bereits im Jahre 1002 das Augustinerinnenkloster Engeltal an der nach ihm benannten Engeltalstraße entstanden sein, 1324 begegnet Engeltal als Prämonstratenserinnenkloster. Zu den Augustinerinnen dürfte ursprünglich auch das 1228 ersmals erwähnte Kloster Marienforst in Bad Godesberg gehören. Als dort Mitte des 15. Jahrhunderts das klösterliche Leben einen Tiefpunkt erreichte, übertrug Erzbischof Dietrich von Moers Marienforst dem schwedischen Orden der hl. Brigitta, einer kontemplativen, d.h. dem betrachtenden Gebet sich widmenden, in Doppelklöstern organisierten Gemeinschaft. Auch im Konvent an der alten Isidorkapelle vor den Mauern der Stadt lebten Nonnen nach der Augustinerregel. Beginen- und ein Begardenkonvent kamen hinzu. Linksrheinisch entstand vor 1261 ein Haus des geistlichen Deutschen Ritterordens, der seine militärische und religiös-karitative Tätigkeit während der Kreuzzüge zunächst im Heiligen Land und dann seit dem 13. Jahrhundert in Preußen ausübte. Ursprünglich mit der rechtsrheinischen Ordenskommende Ramersdorf verbunden, trennten sich 1371 ihre Wege. Muffendorf verblieb bei der Deutschordensballei Koblenz. In dem schönen spätbarocken Bau residierte bis vor kurzem der belgische Botschafter.

Größere Bedeutung für das religiöse Leben der Stadt Bonn gewannen die 1274 von Erzbischof Engelbert von Falkenburg nach hier berufenen Minoriten vom Orden des hl. Franz von Assisi. Wie die übrigen Bettelorden huldigten die Franziskaner einem neuen religiösen Ideal, und zwar dem der nicht nur persönlichen, sondern auch kirchlichen Armut. Sie wollten ein Beispiel apostolischen Lebens geben und durch Predigt und Sakramentenspendung in die städtische Bevölkerung hineinwirken. Die in der nach den 'Minderbrüdern' benannten Brüdergasse erbaute Kirche ist die einzige erhaltene gotische Kirche in Bonn, sie entstand nach dem Vorbild der Kölner Minoritenkirche, die schon drei Jahre vor dem gotischen Kölner Dom begonnen war. Ihre Lage inmitten der Stadt nahe dem Markt folgt dem franziskanischen Ordensauftrag, und ihre Baugestalt mit dem kleinen Dachreiter als Glockenträger entspricht der betont bescheidenen Bettelordensarchitektur. Ursprünglich war sie dem erst 1317 heiliggesprochenen Minoritenheiligen Ludwig von Toulouse geweiht. Seit dem Abriß der von einem Blitz vernichtend getroffenen alten Pfarrkirche St. Remigius am Römerplatz 1806 ist sie Pfarrkirche und führt das Patrozinium des frühmittelalterlichen Bischofs von Reims fort. Als typische Predigerkirche wurde sie unter Erzbischof und Kurfürst Hermann von Wied 1542/43 neben der Münsterkirche ein Zentrum der lutherischen Reformation in Bonn. Hier hielt Martin Bucer seine vielbesuchten Bibelstunden.

St. Remigius, Foto von Gerhard Sachsse, 1955

Außer den genannten Stiften, Klöstern und Konventen mit eigenen Kirchengebäuden unterhielten zahlreiche auswärtige Stifte und Klöster in Bonn eigene Stadthöfe und bewirtschafteten vor allem Wingerte wegen des Bedarfs an Wein für die heilige Messe und den alltäglichen Gebrauch. Neben den nahen Abteien Siegburg, Heisterbach und Nonnenwerth hatten zahlreiche Klöster und Stifte aus der Stadt Köln, aus der Eifel (Himmerod), dem Bergischen Land (Altenberg), aus der Diözese Lüttich und aus Niedersachsen in Bonn Besitz.

Eng mit den Mittelpunkten der zumeist geistlichen Grundherrschaften waren die alten Pfarrkirchen und Kapellen verbunden. Wohl noch aus fränkischer Zeit stammen die Pfarrkirchen von Endenich (ursprünglicher Patron St. Lambert, seit dem 14. Jahrhundert Maria Magdalena), Lessenich (St. Laurentius) und Muffendorf (St. Martin). Die beiden letzteren zählen mit ihren umgebenden Bauten zu den malerischsten Ensembles in Bonn. Hoch-, wenn nicht sogar frühmittelalterlich sind auch die Pfarrkirchen von Dottendorf (St. Quirin), Friesdorf (St. Servatius), Lengsdorf (Petri-Ketten),

Mehlem (St. Severin) und Rüngsdorf (St. Andreas), zu dem Godesberg kirchlich gehörte..

Neben den Kirchen stellen Burgen markante Wahrzeichen auch in der ganzen Stadt Bonn dar, vor allem die weit sichtbare Godesburg. Ihre lateinische Gründungsinschrift berichtet: „Im Jahre des Herrn 1210 ist Godesberg begründet worden von Bischof Dietrich am Tage der maurischen Märtyrer" – damit sind die Heiligen der Thebäischen Legion Cassius und Florentius gemeint. Wie die Koelhoffsche Chronik aus Köln überliefert, nahm Erzbischof Dietrich von Hengebach die Mittel zum Bau der Godesburg zunächst aus dem Vermögen eines Juden, wohl als Strafe für unerlaubten Wucher.

Godesburg, Glasgemälde in der Kreuzherrenkirche Ehrenstein, um 1500

Nach wie vor verfügten offenbar gerade die Juden über große Geldvermögen, denn „derselve Buschoff veink (fing) einen Joeden ind brach dem so groissen Schatz af, dat he Godesberch daemit lies buwen". Gegen den Standort der Burg erhob sich im übrigen Protest, weil er eine Stätte der Verehrung des hl. Erzengels Michael war, wie wir einer der Wundergeschichten des Caesarius von Heisterbach entnehmen. Erzbischof Konrad von Hochstaden ließ die Burg auf dem 'Wotansberg' vergrößern und mit gewaltigem Turm versehen. Erzbischof Walram legte hundert Jahre später die Vorburg an und stockte den Bergfried noch einmal auf.

Mit Rolandseck, der Godesburg und den rechtsrheinischen Burgen Wolkenburg und Drachenfels im Siebengebirge war das kurkölnische Territorium am Austritt des Rheins aus dem Rheinischen Schiefergebirge wirkungsvoll geschützt. Neben der Bonner Stadtpfalz dienten die Godesburg und die 1341 dem Propst des Cassiusstifts abgekaufte Wasserburg Poppelsdorf den Kölner Erzbischöfen und Kurfürsten als beliebte Aufenthaltsorte im heutigen Bonn. Beide Burgen wurden 1583 im Kölnischen Krieg zerstört. Die Godesburg blieb Ruine, die Wasserburg Poppelsdorf ersetzte im 18. Jahrhundert das prächtige Schloß Clemensruhe.

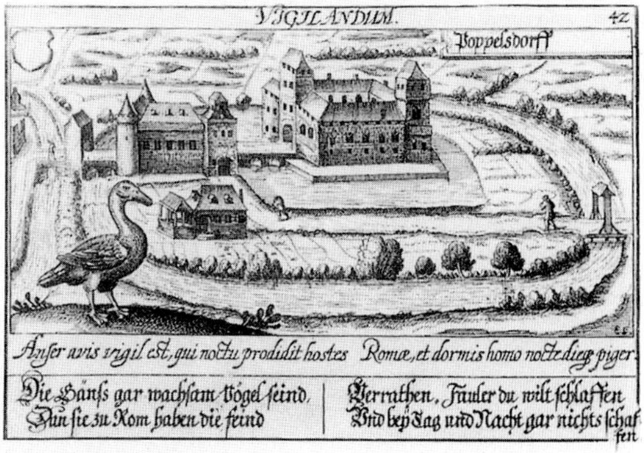

Wasserburg Poppelsdorf, Kupferstich nach Meisners Politisches Schatzkästlein von 1627

Außer diesen landesherrlichen Bauten haben sich im Bonner Raum mehrere mittelalterliche Burgen, meist Wasserburgen von Rittern und Dienstmannen – Ministerialen – Kurkölns und des Bonner Cassiusstifts, ganz oder teilweise erhalten, so in Dransdorf, Duisdorf, Endenich, Friesdorf und Graurheindorf. Andere wurden vollständig zerstört und abgerissen, so in Buschdorf, Dottendorf, Lengsdorf, Muffendorf und Plittersdorf.

Der rechtsrheinische Raum der heutigen Stadt Bonn hat eine andere territoriale Entwicklung genommen. Fränkische Besiedlung bezeugen seit der zweiten Hälfte des 5. Jahrhunderts die beiden großen Reihengräberfriedhöfe von Schwarzrheindorf und Vilich sowie mehrere kleinere in Beuel. Auf dem Vilicher erhob sich schon im 8./9. Jahrhundert eine Kirche, Mutterkirche eines ausgedehnten Pfarrsprengels entlang dem Rhein bis südlich von Königswinter. An ihr gründeten 978 der Edelfreie Megingoz und seine Gemahlin ein Damenstift, dessen Leitung sie ihrer Tochter, der hl. Adelheid, anvertrauten. Kaiser Otto III. verlieh dem Stift 987 die Freiheit gleich den Stiften Gandersheim, Quedlinburg und Essen. Indem er Vilich diesen großen Reichsstiften gleichstellte, betonte er die dem rheinischen Stift zugedachte Bedeutung.

Kurz nach der Jahrtausendwende – so berichtet die in schöner lateinischer Reimprosa von der Vilicher Nonne Bertha verfaßte „Vita Adelheidis" – wandelte Adelheid das Stift in ein Benediktinerinnenkloster mit seinen sehr viel strengeren Regeln um. Mit mütterlicher Fürsorge umgab sie die jungen Kanonissen bzw. Nonnen und organisierte die Armenpflege des Klosters besonders in den Hungerjahren des beginnenden 11. Jahrhunderts. Nach dem Tode ihrer Schwester Bertrada übernahm sie die Leitung des Kölner Klosters Maria im Kapitol. Als Adelheid in Köln 1015 starb, wurde ihr Leichnam zu Schiff nach Vilich überführt und dort beigesetzt. Bald ereigneten sich an ihrem Grabe Wunder, die ihren Ruf der Heiligkeit begründeten. Die schon genannte Ezzonentochter Mathilde ließ die ursprünglich einschiffige Stiftskirche vollständig abreißen und um 1040 durch eine dreischiffige Basilika mit Ringkrypta ersetzen, die die inzwischen zahlreichen Pilger aufnehmen konnte. Mit diesem großen salischen Bau, der weit über die heutige Kirche hinausging, setzte sich Mathilde ein Denkmal gleich ihren baufreudigen Schwestern. Im folgenden Jahrhundert entstanden dann auch die ehemaligen Stiftsgebäude. Äbtissin Elisabeth ließ nicht nur die Kirche baulich verändern, sondern gab die salische Ringkrypta als Kultraum auf und überführte die Reliquien der hl. Adelheid in die nach 1208 von ihr errichtete Adelheidiskapelle am rechten Seitenschiff der Kirche. Hier steht seitdem der wahrscheinlich ursprüngliche Sarkophag der hl. Adelheid wohl am Ort ihres ersten Grabes. Den hohen gotischen Chor baute dann um 1280 die Kölner Dombauhütte. Er bestimmt im wesentlichen bis heute das äußere Erscheinungsbild der Stiftskirche. Erst in sehr viel späterer Zeit verlagerte sich die Verehrung der hl. Adelheid zum Adelheidisbrunnen nach Pützchen, der in einer Küdinghovener Schöffenurkunde von 1367 erstmals als „Sente Aleyten Borne" erscheint. Im 13. Jahrhundert gelangte das inzwischen wieder zum Stift gewordene Vilich an die Kölner Kirche. Die Erzbischöfe, denen an einem rechtsrheinischen Vorposten gegenüber Bonn gelegen war, wurden Landesherren. Die Herrschaft jedoch in der kurkölnischen Herrlichkeit Vilich übte die Äbtissin aus.

In enger Nachbarschaft bildete sich eine zweite kurkölnische Exklave auf dem rechten Rheinufer aus. An einer alten Rheinfurt gelangte die wohl aus Königsbesitz stammende Burg Schwarzrheindorf um 1100 an die Grafen von Wied. Der Kölner Dompropst Arnold von Wied fügte Jahrzehnte später seiner Burg die berühmte Doppelkapelle hinzu. Die lateinische Weiheinschrift berichtet u.a.: „Im Jahre der Menschwerdung des Herrn 1151 wurde diese Kapelle geweiht durch den ehrwürdigen Bischof Albert von Meissen ... zu Ehren des hl. Klemens, Märtyrers und Papstes, ... der Altar der oberen Kapelle schließlich zu Ehren der allerseligsten Gottesmutter und Jungfrau Maria sowie des Evangelisten Johannes durch den ehrwürdigen Bischof Otto von Freising, des erlauchten römischen Königs Konrad Bruder, in Gegenwart dieses Königs selbst und des Stifters Arnold frommen Gedenkens, damals erwählten Erzbischofs der kölnischen Kirche." Der Bau seiner als Herrscherkirche konzipierten Burgkapelle war ihm so wichtig, daß er sich während des Zweiten Kreuzzugs mehrfach nach dem Fortschritt der Arbeiten erkundigte. Auch sein für einen Erzbischof ungewöhnlicher Tod 1156 verdient erwähnt zu werden: Arnold II. starb „ungeachtet seiner priesterlichen Würde" bei einem Wettlauf, bei dem er unglücklich stürzte.

Stiftskirche Vilich, Bleistiftzeichnung, 1869

Die Weiheinschrift bezeugt den bedeutenden Rang der Schwarzrheindorfer Doppelkirche, nennt sie doch die bei der Weihe anwesenden Personen hohen und höchsten Standes. Unter ihnen war, neben König Konrad III. selbst, sein Halbbruder Bischof Otto von Freising, der berühmteste Geschichtsschreiber des deutschen Mittelalters und Onkel Kaiser Friedrich Barbarossas. Typologische Vorbilder der Doppelkapelle waren die Pfalzkapelle Karls d. Gr. in Aachen und die Ulrichskapelle der Königspfalz Goslar.

Ist die Schwarzrheindorfer Doppelkirche dank ihrer wie aus einem Guß wirkenden architektonischen Gestalt schon ein Juwel rheinischer Romanik, so beansprucht sie mit ihren bestens erhaltenen Wandmalereien aufgrund deren künstlerischen Qualität und außergewöhnlichen thematischen Gegenstands europäische Bedeutung. Im unteren Teil zeigen sie Visionen des alttestamentlichen Propheten Ezechiel in der Deutung des mittelalterlichen Theologen Abt Rupert von Deutz. In der Gottesvision des Ezechiel sah er die vier Erlösungsgeheimnisse Christi verkündet: Geburt, Tod, Auferstehung und Himmelfahrt.

Doppelkirche Schwarzrheindorf, Lithographie von A. Simons, 1846

Vor seinem Tode wies Arnold die Stiftung seiner Schwester Hedwig zu, der Äbtissin der Damenstifte Essen und Gerresheim. Sie bestatte hier ihren Bruder und richtete in Schwarzrheindorf ein Benediktinerinnenkloster ein, das im späteren Mittelalter in ein adeliges Damenstift umgewandelt wurde. Hedwig ließ die Kapelle nach Westen zum Rhein hin verlängern. Südlich des Gotteshauses schlossen sich die Klostergebäude an, da sich ja auf der Nordseite die Burg befand. Die Umbauten waren um 1170 abgeschlossen. Wohl jetzt erst entstand die Ausmalung der Oberkirche, deren Bildprogramm sich vollständig auf klösterliches Leben bezieht. Sehr bald gelang es den Kölner Erzbischöfen, wie die Vilicher, so auch die Schwarzrheindorfer Familiengründung unter ihre landesherrliche Gewalt zu bringen.

Da die Pfalzgrafen aus dem Hause der Ezzonen nicht nur im linksrheinischen Bonngau die Gerichtsrechte in der Hand gehabt hatten, sondern auch im rechtsrheinischen Auelgau, entstand durch Erzbischof Annos Sieg über Pfalzgraf Heinrich hier ein Machtvakuum, das die Grafen von Wied und die Grafen von Saffenberg ausfüllten. Die Grafen von Wied gelangten in den Besitz von Schwarzrheindorf und errichteten dort ihre schon erwähnte Burg. Die Grafen von Saffenberg gewannen als Hochvögte des Erzstifts Köln die Vogtei über Bonn und seine Stifte St. Cassius und Dietkirchen samt deren Besitzungen im Auelgau. Adalbert von Saffenberg legte um 1080 den Grundstein der späteren Herrschaft Löwenberg. Mit der Abtei Siegburg, dem Kloster Schwarzrheindorf und der Übernahme des ursprünglich reichsunmittelbaren Stifts Vilich durchbrachen die Kölner Erzbischöfe die nördliche Einfluß- und Machtsphäre der Grafen von Saffenberg, mit der Anlage der Wolkenburg und des Drachenfelses ihre südliche. Über Jahrhunderte hinweg bildeten so die Stiftsherrlichkeiten Vilich und Schwarzrheindorf sowie das Amt Wolkenburg mit dem Flecken Königswinter auf der rechten Rheinseite Exklaven des kurkölnischen Territoriums. Im Gegenzug errichtete Graf Heinrich II. von Sayn, der 1175 die Saffenberger beerbt hatte, fünf Jahre später die Burg Blankenberg bei Hennef und um 1200 die Löwenburg. Indem er und sein gleichnamiger Nachfolger der 1192 vom Petersberg in das Heistertal verlegten Zisterzienserabtei Heisterbach umfangreiche Schenkungen machte und Heinrich III. um 1220 in Ramersdorf ein Haus des geistlichen Deutschen Ritterordens gründete, sicherten sie ihren Machtanspruch zwischen den kölnischen Exklaven auch mit Hilfe kirchlicher Institute ab. Unter Heinrich III. erreichte die Grafschaft Sayn ihre größte Ausdehnung. Er und seine Frau Mechthild zählten zu den bedeutendsten weltlichen Kirchenstiftern im Rheinland. Aber wie das Schicksal es so will, als er 1246 ohne männliche Erben

Deutschordenskommende Ramersdorf, Radierung nach Romeijn de Hoghe, Ende 17. Jahrhundert

starb, fiel seine Grafschaft an seine Schwestern und deren Kinder. Aus dem saynschen Erbe, in den folgenden Jahrzehnten mehrfach geteilt und wieder zusammengefügt, schälte sich als ein eigenes territoriales Gebilde die Herrschaft Löwenberg heraus. Im Spätmittelalter gehörten zum Amt Löwenberg die Dörfer Beuel, Limperich, Küdinghoven, Ramersdorf, Oberkassel, Holtorf, Römlinghoven, Ober- und Niederdollendorf sowie Heisterbacherrott. 1484 gelangte das Amt Löwenberg durch Heirat an das Herzogtum Berg, dessen Schicksal es bis 1815 teilte.

Die im Spätmittelalter ausgedehnte Anlage der Deutschordenskommende Ramersdorf wurde 1846/47 ihrer schönen spätromanischen St. Georgskapelle beraubt – sie wurde Stein für Stein auf dem Alten Friedhof in Bonn wiederaufgebaut – und in historisierenden neugotischen Formen weitgehend verändert. Ursprünglich mit der späteren linksrheinischen Kommende Muffendorf verbunden, wurde Ramersdorf 1371 der Ordensballei Altenbiesen bei Maastricht zugewiesen.

Kirchlich zur Mutterpfarre Vilich gehörig, verselbständigten sich im 12. Jahrhundert die Kapellen von Küdinghoven (seit dem 17. Jahrhundert der irische Heilige Gallus), Oberkassel (St. Cäcilia), Ober- und Niederdollendorf (St.Laurentius bzw. St. Michael) und Königswinter (St. Remigius) zu Pfarrkirchen. Wie im linksrheinischen Bonner Raum entstanden auch im rechtsrheinischen Burgen von Edelfreien, Rittern und Ministerialen, so in Oberkassel, Limperich, Vilich (Burg Lede) und Vilich-Rheindorf (Wolfsburg). Während die beiden letzteren noch stehen, wurde das Steiner Häuschen in Oberkassel – es war die nördlichste Höhenburg am Rhein – wohl schon im 13. Jahrhundert nach einem Brand verlassen, und auch von der Burg auf dem Finkenberg blieb nur noch eine spärliche RuineRuine.

Waren die Bonn umgebenden Dörfer mit vorwiegendem Getreide- und Weinanbau bäuerlich-landwirtschaftlich bestimmt, so „war Bonn im 15. und 16. Jahrhundert eine wohlhabende Gewerbebürgerstadt, Zentralmarkt seiner ländlichen Umgebung mit Zubringer- und Verteilerfunktionen für den Kölner Großhandel. Es besaß eine Rheinfähre, aber bescheidene Fernhandelsbeziehungen und kein Exportgewerbe. Wie alle Städte im Umkreis Kölns stand es in dessen Schatten. Das die Stadt und ein etwa dem alten Bonn-Ahrgau entsprechende Umland beliefernde Handwerk stellte die breite Mittelschicht der Stadtbewohner. Zur Oberschicht gehörten nur wenige Kaufleute und Handwerker; sie wurde vor allem von den alten Schöffenfamilien gebildet, die von Grundbesitz, besonders Weingärten in der Umgebung Bonns, von Hausbesitz in der Stadt und von Amtseinkünften lebten“ (Edith Ennen).

Wie in allen mittelalterlichen Städten ließen sich einzelne Handwerkszweige in bestimmten Straßen nahe dem Markt nieder. So berichten noch heutige Bonner Straßennamen davon, daß die Bäcker = lateinisch pistores in der 1360 erstmals namentlich bezeugten Pisternenstraße = Sternstraße und die Fleischhauer oder Metzger = Wenster in der Wenzelgasse (1320) ihre Ware feilboten. Einzelne Gewerbezweige entwickelten sich so gut, daß sich Zünfte – hier Ämter genannt mit eigenen Amtshäusern, den Gaffeln – zu bilden vermochten: noch in der zweiten Hälfte des 15. Jahrhunderts die Schuhmacher- und Fleischhauerzunft. Bäcker, Faßbinder, Leineweber, Gewandschneider, Schmiede, Bauleute kamen im 16. und 17. Jahrhundert hinzu. Wie überall waren sie eng mit dem kirchlichen Leben verbunden wie die Schützenbruderschaften St. Sebastian und St. Hubertus, beide schon im 15. Jahrhundert entstanden, St. Jakob und St. Matthias.

Das Geld- und Kreditgeschäft besorgten Mitglieder der jüdischen Gemeinde, Kawerschen – so benannt nach ihrer französischen Heimatstadt Cahors – und Lombarden aus Asti. Trotz zahlreicher sog. Judenbullen der Päpste, die die Schonung von Leben und Eigentum der Juden unter Androhung des Kirchenbanns forderten, Zwangstaufen verboten und dem jüdischen Kult Freiheit und Schutz zusicherten, blieben die jüdischen Gemeinden das ganze Mittelalter hindurch ständig von Gefahren bedroht. Als der Knabe Werner von Bacharach oder Oberwesel einem angeblich jüdischen Ritualmord zum Opfer fiel, brachten fanatische Christen 1288 als Rache hier in Bonn 104 Juden um. Unter ihnen befanden sich der „Judenbischof", der Gemeindevorsteher Meir ben Alexander, und Angehörige noch von Jahrhunderte später in Bonn und im Rheinland ansässigen Familien etwa der Süßkind und Lippmann, wie das Nürnberger Memorbuch festhält. Eine Generation später, 1320, begegnet in Bonn erstmals der „vicus Judeorum", die Judengasse (jetzt Friedrichstraße) zwischen Bonn- und Wenzelgasse, eine „curia", die in der Wenzelgasse lag, wohl Hof und Synagoge. Einen eigenen Friedhof besaß die Bonner Gemeinde offenbar nicht, sie bestattete wohl auf dem Kölner ihre Toten.

Die an Zahl der Opfer und Verbreitung schlimmste Judenverfolgung vor der NS-Zeit geschah vor dem Hintergrund der größten Pestwelle in der Geschichte Europas, der mehr als ein Drittel der Bevölkerung innerhalb von drei Jahren zum Opfer fiel. Als Verursacher des Elends bezichtigte man die Juden. Da ihre strengen Reinlichkeitsregeln sie vor Ansteckung mit dem ja unbekannten Erreger des Schwarzen Todes eher schützten als die Christen, wurden sie beschuldigt, die Brunnen vergiftet zu haben. Die Pogromwelle begann am Oberrhein, 1349 erreichte sie Bonn und auch, erstmals im Deutzer Memorbuch als Marterstätte genannt, Beuel. Der neue Erzbischof Wilhelm von Gennep bedauerte zwar die „Judenschlacht" und anerkannte, daß die Juden unrechtmäßig erschlagen worden waren, doch schlug er aus ihrem Unglück nur finanziellen Profit, indem er für sich Vermögen und Schuldforderungen der Opfer einzog.

Waren die Pogrome im Zeitalter der Kreuzzüge eher religiös motiviert gewesen, so nahm die Ablehnung der Juden im Spätmittelalter stark wirtschaftlich-soziale Züge an. Die sich langsam formierenden Handwerkerzünfte empfanden sich durch die wirtschaftliche Tätigkeit der Juden in ihrer Existenz bedroht. Eng mit den kirchlichen Bruderschaften verbunden und stark christlich-religiös ausgerichtet, verdrängten die einen städtischen Erwerbszweig nach dem anderen monopolisierenden Zünfte und Gilden die Juden aus der allergrößten Zahl der Berufe. Um so mehr sahen sich die Juden auf Geldverleih und Geldwechsel als Erwerbsquelle angewiesen, schon lange als Wucherer verschrien. Aber selbst im Kredit- und Geldgeschäft war ihnen in den Kawerschen und Lombarden wie in vielen Städten des Deutschen Reichs, so auch in Bonn Konkurrenz erwachsen, die sich ihrer im Pogrom von 1349 entledigte. Im späten 14. Jahrhundert hatte sich in Bonn wieder eine kräftige Judengemeinde gebildet, hier gab es ein jüdisches Gericht, das auch für die Judenschaften in den umliegenden Orten zuständig war. Als 1424 die Kölner Bürger nach Auseinandersetzungen mit dem Erzbischof ihre jüdischen Bürger aus der Stadt auswiesen – der Ausschluß hielt bis zur Französischen Revolution an -, siedelte ein Teil von ihnen nach Bonn über.

Bucer predigt, Gebhard heiratet

In der blühenden, vielleicht 3000 – 4000 Einwohner zählenden Stadt machte sich Luthers Reformation mit den Folgen des Bauernkriegs von 1525 nicht gleich bemerkbar. Im Gegensatz zu Köln blieb es hier ruhig. Im Oktober 1520 hatte Kurfürst und Erzbischof Hermann von Wied den Habsburger Karl V. in Aachen gekrönt. Der u. a. von Albrecht Dürer begleitete junge König, in dessen Reich „die Sonne nicht unterging“, besuchte ihn in Bonn und Poppelsdorf. Im November ließ Hermann auch auf des Königs und des Papstes Befehl auf dem Kölner Domhof Luthers Schriften in Anwesenheit Karls feierlich verbrennen. Dann aber begann sich seine Haltung zur Reformation zu ändern, er lernte den neben Luther und Calvin bedeutendsten Reformator Philipp Melanchthon und den Straßburger Reformator Martin Bucer oder Butzer kennen, der wie Luther eine ehemalige Nonne geheiratet hatte. Ehrlich bestrebt, auch sein Erzstift und Erzbistum Köln der „christlichen Reform“, der auf den Konzilien von Konstanz und Basel geforderten „Erneuerung der Kirche an Haupt und Gliedern“, zuzuführen, berief er 1542 Bucer nach Bonn, da sich die Theologen der Universität Köln jeglicher Mitwirkung verweigerten. Hermann gedachte also offenbar, die Reform von der lutherischen Grundlage her durchzuführen. In Köln begann sich die Opposition zu formieren, an ihrer Spitze stand Johannes Gropper. Und Karl V., 1530 als letzter deutscher Kaiser von einem Papst gekrönt, empörte sich: „Was soll der gute Herr reformieren ? Er kann kein Latein, hat sein Leben lang nicht mehr denn drei Messen getan. Er kann das Confiteor [das Glaubensbekenntnis] nicht.“

Im Dezember 1542 kam Martin Bucer nach Bonn, predigte im Bonner Münster und hielt im Minoritenkloster in der Brüdergasse wöchentlich Bibelstunden. Gropper, befürchtend, daß aus der katholischen Reform eine evangelische Reformation würde, brachte in Köln die Mehrheit des Domkapitels, die Universität und den Rat hinter sich. Der kurkölnische Landtag hingegen, die Bonner Geistlichkeit und der Rat unterstützten Erzbischof Hermanns Reformation. Ostern 1543 empfing Hermann mit seinem Hof das Abendmahl unter beiderlei Gestalt, also nach evangelischem Ritus mit Brot und Wein. Und als im Frühjahr auch noch Philipp Melanchthon nach Bonn kam und die Stadt zusammen mit Bucer zum Mittelpunkt der evangelischen Bewegung im Rheinland machte, griffen Kaiser Karl V. und die römische Kurie ein. Die Gefahr für den katholischen Nordwesten des Reichs war um so größer, als auch der mächtige Herzog Wilhelm V. von Jülich-Kleve-Berg zu Ostern das Abendmahl in beiderlei Gestalt empfangen und seinen Geistlichen die Heirat erlaubt hatte, also offensichtlich der Reformation zuneigte.

Kurfürst Hermann von Wied, Renaissancemedaille

Vor allem aber: Von den vier weltlichen Kurfürsten des Heiligen Römischen Reichs Deutscher Nation war nur Karls Bruder Ferdinand als König von Böhmen der katholischen Kirche treu geblieben, die drei anderen, nämlich der Herzog von Sachsen, der Pfalzgraf bei Rhein und der Markgraf von Brandenburg hingegen hingen der Reformation an. Ein Sieg der Reformation in Kurköln, neben Trier und Mainz einem der drei geistlichen Kurfürstentümer, hätte folglich bedeutet, daß die Mehrheit im Kolleg der sieben Kurfürsten evangelisch geworden wäre, eine für Kaiser und Papst höchst gefährliche Situation nicht nur rheinischer und deutscher, sondern europäischer Tragweite.

Im publizistischen Kampf um die öffentliche Meinung, an der sich erstmals auch die katholische Seite beteiligte, erschienen in den folgenden fünf Jahren nicht weniger als 144 Streitschriften. Viele von evangelischer Seite druckte der aus Köln geflohene Buchdrucker Laurenz von der Mühlen; er begründete den Bonner Buchdruck.

Einfaltigs Bedencken, Titelblatt

In seiner Offizin entstand 1542 das von Bucer und Melanchthon unter wesentlicher Mitwirkung Erzbischof Hermanns verfaßte „Einfaltigs Bedencken" – die kurkölnische Reformationsordnung –, in der weder von der Marien- noch der Heiligenverehrung die Rede war, der Papst gar nicht mehr vorkam und nur noch der praktischen Arbeit gewidmete Klöster bestehen bleiben sollten. In Bonn erschienen „Des evangelischen Bürgers Handtbüchlein" und vor allem das „Bönnische Gesangbüchlein". Dieses fand weite Verbreitung im evangelischen Deutschland, wurde Grundlage des reformierten Einheitsgesangbuchs und gilt als das wertvollste und umfangreichste der Reformationszeit, eine wenig bekannte Bonner Kulturleistung.

Als Kaiser Karl V. 1543 auf dem Feldzug gegen Herzog Wilhelm von Jülich-Kleve-Berg im geldrischen Erbfolgekrieg durch das Erzstift zog, ließ er sein gewaltiges Heer von 40 000 Söldnern in den Weingärten vor der Stadt Bonn wie in Feindesland lagern und verhandelte unter der Demonstration militärischer Stärke mit Kurfürst Hermann. Drei Jahre später bannte der Papst Hermann und erkannte ihm die Bischofswürde ab, doch vermochte Kaiser Karl V. ihn erst zur Abdankung zu zwingen, nachdem er den Schmalkaldischen Bund der protestantischen Fürsten 1547 bei Mühlberg an der Elbe vernichtend geschlagen hatte.

Martin Bucer ging zwei Jahre später nach England und erhielt einen Lehrstuhl in Cambridge. Er wirkte wesentlich an der Reformation in England mit, indem er vor allem das Common Prayer Book, die Grundlage des anglikanischen Gottesdienstes bis heute, mit ausgestaltete. Königin Maria die Katholische, die Bloody Mary der englischen Geschichte, ließ 1557 an dem sechs Jahre zuvor verstorbenen königlichen Professor den Ketzerprozeß vollziehen, den Sarg mit Bucers Gebeinen und seine Schriften auf dem Scheiterhaufen in Canterbury verbrennen, ein Verfahren, auf das Kaiser Karl V. nach dem Tode des Reformators Martin Luther klug verzichtete.

Der erste Reformationsversuch eines Kölner Kurfürsten war gescheitert, und Herzog Wilhelm von Jülich-Kleve-Berg mußte sich, nachdem ihn Kaiser Karl V. besiegt hatte, 1543 im Vertrag von Venlo verpflichten, die Reformation nicht mehr zu unterstützen. Das hinderte allerdings den Pfarrverweser in Oberkassel, den ehemaligen Franziskanermönch und nunmehr verheirateten Georg Kuiff, nicht, Liturgie und Predigt im evangelischen Sinne fortzusetzen. Kurfürst Hermann von Wieds Nachfolger auf dem Kölner Erzstuhl wurde der altgläubige kaisertreue Adolf von Schauenburg, Johannes Gropper zum Propst des Cassiusstifts berufen, um die Gegenreformation in Stadt und Archidiakonat Bonn voranzutreiben. Der evangelische Hauptpfarrer von Bonn, Johann Meinerzhagen, mußte die Stadt verlassen.

Bonner Rheinufer mit dem neuen Zollhaus, Radierung von Wenzel Hollar, um 1643/44

1557 predigte der erste deutsche Jesuit, Petrus Canisius, der 1925 wegen seiner Verdienste um die Rekatholisierung heiliggesprochene „Zweite Apostel Deutschlands“, im Bonner Münster. Die von ihm geforderte

Visitation des Erzstifts stellte 1569 noch viele der „Häresie“ Verdächtige in Bonn fest, unter ihnen auch Wiedertäufer in Graurheindorf und Mehlem.

Adolfs drei Nachfolger erwiesen sich zwar als kirchentreu, aber kaum des erzbischöflich-geistlichen Amtes würdig: Sie hatten weder die Priester- noch die Bischofsweihe empfangen. Der vierte, Salentin von Isenburg, war der letzte männliche Sproß seines Geschlechts. Der Papst hatte ihm erlaubt, in den weltlichen Stand zurückzukehren, falls sein Bruder kinderlos starb. Das geschah denn auch: Salentin heiratete 1577 Antonia Wilhelmina von Aremberg, zeugte Söhne und rettete somit seine Familie. Die Hochzeit feierte er in dem von ihm am Rheinufer errichteten neuen Zollhaus. Der prächtige Renaissancebau ist leider verschwunden.

In der Zwischenzeit hatte sich in Bonn die städtische Verfassung geändert. War der 1286 zugestandene zwölfköpfige Rat vor allem eine Vertretung der gehobenen bürgerlichen Schicht, die ihn wählte und aus der er sich ergänzte, so traten ihm spätestens seit 1550 die „Zwölfter“ als Kontrollorgan in Finanzangelegenheiten gegenüber, größtenteils aus dem Kreis der Handwerker gewählt von der ganzen Gemeinde, später in Beziehung gesetzt zu den Zünften, die als Wahlkörper fungierten. Erzbischof und Kurfürst Salentin von Isenburg beschnitt im Salentinischen Vertrag von 1569 die im Laufe der Jahrhunderte immer mehr vom Rat beanspruchten Gerichtsrechte, indem er ihm verbot, seine Urteile und Verordnungen mit Gewalt durchzusetzen. Um seine Landeshoheit in Bonn zu sichern, stellte Salentin neben die beiden aus dem Rat gewählten Bürgermeister zwei seinem landesherrlichen Schöffenkolleg angehörende Schöffenbürgermeister. Sowohl die Rats- wie die Schöffenbürgermeister blieben lebenslänglich im Amt, je einer von ihnen führte auf ein Jahr die Geschäfte als regierender Bürgermeister.

1469 hatten die kurkölnischen Landstände beim Kurfürsten durchgesetzt, einen ständigen Rat einzurichten. Als er 1525 samt der Kanzlei nach Bonn verlegt wurde, bedeutete dies für Bonn einen entscheidenden Schritt zur Hauptstadt, gekennzeichnet als Sitz der Zentralbehörden eines Landes. Kurfürst Salentin nun baute die alte erzbischöfliche Pfalz zum fürstlichen Palast aus, in dem auch die Kanzlei untergebracht war, wandelte die mittelalterliche Wasserburg Poppelsdorf in ein Renaissanceschloß mit Ziergarten samt Kasino um und errichtete am Rhein das genannte prächtige Zollhaus.

Kurfürst Gebhard Truchhseß von Waldburg, Ölgemälde

In Salentins letzte Jahre fällt von einem unbekannten Autor das erste, lateinische Lobgedicht auf die Stadt Bonn, abgedruckt in dem mehrbändigen Werk von Georg Braun und Franz Hogenberg „Civitates orbis terrarum". Unter den Städten des Erdkreises erschienen erstmals in Kupfer gestochene Ansichten Bonns.

„Bonna solum felix, celebris locus, inclyta tellus"

„Bonn, glückliche Stätte, gefeierter Ort, berühmtes Land,
Blühend durch das Martyrium, Gott geweihte Erde:
Den Vertriebenen warst du stets Ruheplatz und friedliches Asyl,
Und die Fremden fanden in dir ihre Heimat."

Gegen den bayerischen Herzog Ernst wurde der schwäbische Graf Gebhard Truchseß von Waldburg 1577 zum Erzbischof und Kurfürsten von Köln gewählt. Fünf Jahre später entschloß er sich, für seine Person evangelisch zu werden, sein Erzstift und Westfalen zu reformieren. Obgleich zum Priester geweiht, war er ein Liebesverhältnis mit der evangelisch gewordenen Gerresheimer Stiftsdame Agnes von Mansfeld eingegangen. Ihre Brüder drohten ihm Privatfehde an, falls er die Ehre ihrer Schwester nicht durch eine Ehe wiederherstellte. Nach Reichsrecht aber mußte er durch seine Heirat sein

Kurfürstentum aufgeben, und das hätte ihn arm gemacht. Indem er evangelisch wurde, hoffte Gebhard es als weltlicher Herr fortführen und auf lange Sicht in ein Erbherzogtum umwandeln zu können, so wie 1525 Albrecht von Brandenburg, der Hochmeister des geistlichen Deutschen Ordens, Preußen zu einem weltlichen Herzogtum gemacht hatte. Seine Entscheidung drohte der katholischen Kirche den immer noch vornehmsten Erzstuhl des Reichs zu nehmen, das Papsttum gegen die Reformation, den Einfluß des katholischen Kaisers am Rhein und im Reich, die spanische Macht in den aufständischen Niederlanden zu schwächen. Im Kurkolleg würde die Mehrheit evangelisch, der nächste Kaiser vielleicht ein Protestant, gewiß kein Habsburger sein.

Gebhard wußte dies, er verheimlichte zunächst sein Ziel, versicherte sich zuverlässiger Bundesgenossen und heiratete am 2. Februar 1583 Agnes von Mansfeld. Im Gasthaus „Zur Blomen“ (heute „Im Höttchen“) neben dem Rathaus hielt er am nächsten Tag hastig das Hochzeitsmahl, das er zu bezahlen vergaß. Er setzte sich auf der Godesburg fest, brannte Stift und Dorf Dietkirchen, Poppelsdorf, Dottendorf und Duisdorf nieder, damit sich die zu erwartenden feindlichen Belagerer dort nicht festsetzen konnten. Seine Bonner Besatzung plünderte die Umgebung. Im März erließ der Papst die Absetzungsbulle. Gebhards einstigen Gegenkandidaten Ernst von Bayern wählte das Kölner Domkapitel einstimmig zum Kurfürsten. In dem nun folgenden Kölnischen oder Truchsessischen Krieg griff sein Bruder Herzog Ferdinand von Bayern ein. Bayerisch-spanische Truppen zerstörten erst einmal das Renaissanceschloß Poppelsdorf, Kurfürst Gebhards treue Godesberger Burgbesatzung aber leistete energischen

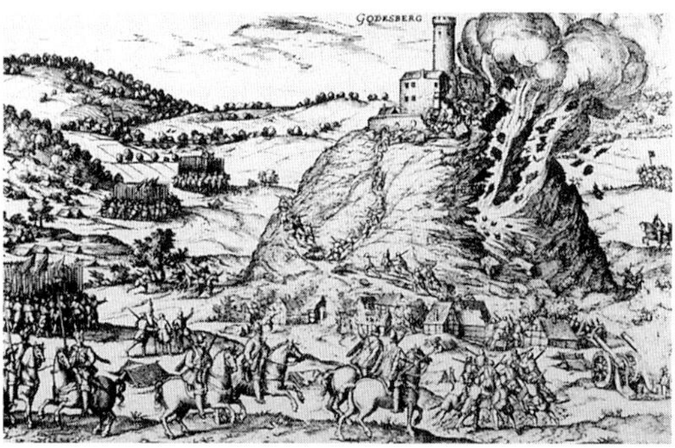

Sprengung und Erstürmung der Godesburg 1583, Kupferstich von Franz Hogenberg

Widerstand. Ferdinand, Neffe und späterer Nachfolger seines Onkels Ernst, befehligte die bayerischen Truppen. Er schrieb ihm: „Was aber unser jetzigs Kriegswesen betrifft, mügen wir Euer Liebden freuntlich und brueder-lich nit verhallten, das wir schon in die vierte Wochen ... vor Gotesperg liegen, wellches dann ein solches Nest, deme man wider alles Verhoffen weder mit groben noch kleinen Geschutz nichts abgewynnen kann. Haben schon ettlich tausent Pfund Pulfers darvor verschossen und dan-nocht nichts ausgericht, also das khain annders und bessers Mittl alls zu unndergraben und zu zersprengen."

Nachdem wohl Arembergsche Bergleute in dreiwöchiger Arbeit einen Stollen in den Basalt des Godesbergs getrie-ben, am 17. Dezember 1500 Pfund Schwarzpulver gezün-det und damit die Burg gesprengt hatten, kletterten laut amtlicher Berichterstattung Herzog Ferdinands 40–50 Kriegsknechte durch das „heimlich Gemach", den Aborterker an der Außenmauer der Burg, und überrumpelten die kurfürstlich-kölnische Besatzung. Jetzt stürmten bayerisch-spanische Truppen die Godesburg. Sie nahmen Bonn ein, hängten auf dem Markt eifrige Anhänger Gebhards und warfen die beiden evangelischen Prediger gefesselt in den Rhein. Einer von ihnen, Johann Northausen, konnte sich retten.

Einnahme der Stadt Bonn durch Martin Schenck von Nideggen 1587, Kupferstich von Franz Hogenberg, Ausschnitt

Der Bayer nahm alle kurkölnischen Stützpunkte am Rhein ein außer Rheinberg, das Gebhards Söldnerführer Martin Schenck von Nideggen hielt, kehrte dann aber wieder in sein Fürstbistum Lüttich zurück. Martin Schenck nahm am Tag vor Heiligabend 1587 das nur schwach besetzte Bonn unbemerkt durch eine Nebenpforte am Rhein überraschend ein und ließ seine Söldner die Stadt vollständig plündern. Sie zerstörten die Innenausstattung des St. Cassiusstifts völlig und raubten die beiden Schreine der hll. Cassius und Florentius sowie der hl. Helena. Nun griff Alexander Farnese, Herzog von Parma, Statthalter König Philipps II. von Spanien in den Niederlanden, mit spanischen und anderen Truppen ein, belagerte und beschoß Bonn. Im September 1588 zog er in die Stadt ein.

Der Truchsessische Krieg, die erste militärische Konfrontation zwischen katholischem und protestantischem Lager mit europäischer Dimension, war beendet. Er hatte die kurkölnischen Lande erstmals zum europäischen Kriegsschauplatz gemacht. Das politische Schwergewicht verlagerte sich durch den Sieg der Bayern in den Süden des Reichs. Entstammten die Kölner Erzbischöfe und Kurfürsten jahrhundertelang fast ausschließlich dem einheimischen rheinischen Adel, so bauten nun die katholischen Wittelsbacher über die geistlichen Fürstentümer in der Gestalt von Secundogenituren des Herzogtums Bayern ihre Macht am Rhein aus. Sie bewahrten Nordwestdeutschland dem Katholizismus sowie die katholische Mehrheit im Kurfürstenkolleg und garantierten damit ständige Wiederwahl der Habsburger als Kaiser. Gebhard Truchseß aber lebte als protestantischer Domherr in Straßburg mit Agnes von Mansfeld bis zu seinem Tode 1601 zusammen.

Der Kölnische Krieg hatte den Wohlstand der niederrheinischen Städte entscheidend gemindert, ihr Niedergang begann ebenso wie der Aufstieg der Fürstenmacht. Mit Erzbischof Ernst setzte eine fast 180jährige Herrschaft der bayerischen Wittelsbacher am Rhein ein. Er und seine vier Nachfolger Ferdinand, Max Heinrich, Joseph Clemens und Clemens August vermochten durch die gleichzeitige Besetzung des Fürstbistums Lüttich und wechselnd der westfälischen Bistümer Münster, Paderborn und Osnabrück sowie des niedersächsischen Bistums Hildesheim die bayerische Machtstellung im Nordwesten des Deutschen Reichs voll zur Geltung zu bringen. Ihr letzter, Clemens August, vereinigte außer dem Erzbistum Köln die Bistümer Münster und Osnabrück, Paderborn und Hildesheim in seiner Hand. Nur auf dem Lütticher Bischofsstuhl saß er nicht, statt dessen bekleidete er das hochangesehene Amt des Hochmeisters des Deutschen Ordens. Alle fünf Wittelsbacher bevorzugten vor allen anderen Bischofssitzen als Kölner Kurfürsten die Residenz Bonn.

Die Wittelsbacher bauen

Mit seiner 1585 erlassenen Polizeiordnung griff der Landesherr Kurfürst Ernst von Bayern massiv in die althergebrachten Rechte der Stadt Bonn ein: Er behielt sich die „Verwarung der Stattpforte, Schlüssel und Besatzung“ vor, beschränkte die städtische Gerichtsbarkeit auf geringfügige Streitigkeiten, seine Beamten kontrollierten fortan die Einnahmen der Stadt. Wer in Bonn das Bürgerrecht erwerben wollte, mußte römisch-katholisch sein. Damit war die städtische Verfassung nunmehr bis zum Ende der kurfürstlichen Herrschaft festgeschrieben. Kurfürst Ernst konnte die Früchte seines Sieges über Gebhard Truchseß jedoch nicht genießen. Die kurkölnischen Landstände und das Domkapitel zwangen ihn 1595 wegen seines allzu weltlichen Lebenswandels – Wein, Weib und Spiel hatten es ihm angetan –, die Ausübung der Regierung auf seinen Neffen Ferdinand zu übertragen. Er ging nach Arnsberg ins westfälische Exil.

Zwei Jahre später erhob Ferdinand Bonn in seiner „Rats- und Kanzleyordnung“ offiziell zur Haupt- und Residenzstadt Kurkölns. Bis 1715 war Bonn zugleich Festungsstadt, in der langen Friedenszeit danach wurde es zur prunkvollen Barockresidenz ausgebaut. In ihrem Rheinbuch von 1795 stellte die Engländerin Ann Radcliffe aus dem Rückblick des 18. Jahrhunderts fest: „Bonn darf man die politische Hauptstadt des Landes nennen, da nur hier der Kurfürst Hof hält. Und was man nicht erwartet hätte, dieser Hof ist so bedeutend, daß er die Anwesenheit eines diplomatischen Vertreters fast einer jeden europäischen Macht erfordert... Selbst Rußland ist in diesem Miniaturstaat vertreten.“

Ferdinand war der politisch bedeutendste Wittelsbacher auf dem Kölner Kurstuhl. Als erstes führte er intolerant und hart die Gegenreformation im Erzstift durch, die er durch eine umfangreiche Polizeiordnung für das ganze Erzstift einleitete. Scharf wandte er sich darin gegen „Wiederteuffer“ und „Sacramentierer“, gegen „Versamlungen und ungebuerlichen Rottungen“ wider die „christliche Religion“. Da Ferdinand, der selbst an Buß- und Geißelprozessionen teilnahm, fest an Teufel, Hexen und Zauberei glaubte, geriet seine lange Regierungszeit, zuerst als Koadjutor seines Onkels Ernst, seit 1612 als Erzbischof und Kurfürst von Köln zum Höhepunkt der Hexenverfolgung in Kurköln, ja im Rheinland, in einer der ohnehin prozeßintensivsten Regionen des alten Reichs. Mehr noch als in der Stadt Köln fielen in Bonn Hexen und Hexer – zu über drei Viertel Frauen – Massenwahn und -verfolgung zum Opfer. Rechtsgrundlage war Ferdinands kurkölnische Hexenprozeßordnung von 1607 und ihre Neuauflage von 1628. Von den tausend geschätzten, grausam gefolterten und meist auf dem Scheiterhaufen verbrannten Hexen im Erzstift Köln wurde jeder zehnten der Prozeß in Bonn gemacht, fanden in einem einzigen Jahr, laut Jahresbericht der Jesuiten 1639 hier etwa 50 Hinrichtungen statt. Nachdem im Amt Godesberg schon 1589 zwei aus Meckenheim stammende Frauen hingerichtet worden waren, hatte die erste große Prozeßwelle 1626 eingesetzt. Wohl hunderte Opfer gingen auf das Konto des „Hexenkommissars“ Dr. Franz Buirmann, Jurist am Bonner Hofgericht. So soll er innerhalb von zwei Monaten etwa 70 Menschen allein in Meckenheim in Hexenprozessen umgebracht haben. Wichtigster Augenzeugenbericht für sein finanziell äußerst einträgliches Morden – er legte häufig selbst Hand an bei der Folter – ist die „Wehmütige Klage“ des vor ihm nach Amsterdam geflohenen Bürgermeisters und Schöffen der Stadt Rheinbach, Hermann Löher.

Kurfürst Ferdinand von Bayern, Kupferstich

Stellvertretend für die wahrscheinlich noch weit mehr Opfer sei erinnert an die betagte Wirtin des Bonner Gasthauses „Zur Blomen", Elisabeth Kurzrock. Ihr Scheiterhaufen brannte 1628 Auf der Höhe. Für die Hinrichtung der Apothekersgattin Katharina Curtius im folgenden Jahr mußte ihr Ehemann mit 100 Reichstalern die Kosten begleichen.

Um seine Untertanen auch im Glauben wieder für die katholische Kirche zu gewinnen – laut Kirchenvisitation von 1619 wohnten im 'Arme-Leute-Kirchspiel' St. Gangolf durchaus noch reformierte Familien -, bediente sich Kurfürst Ferdinand der Orden und förderte die Gründung von Schulen. Im 17. Jahrhundert entstanden in Bonn mehr Klöster als im Mittelalter zusammen. Schon 1590 berief Ferdinand Kölner Jesuiten. Ihre Chronik vermeldet bis 1639 über hundert Bekehrungen von „Häretikern" innerhalb von 13 Jahren. Sie übernahmen das im gleichen Jahr von den Minoriten eröffnete erste Bonner Gymnasium, das heutige Beethoven-Gymnasium. Ihre Kirche in der Bonngasse wurde erst 1717 geweiht. Ihr merkwürdiger Name geht auf ein im Rheinbacher Wald gefundenes Buchenholz zurück, dessen Maserung den „Namen Jesu" anzeigte. Kurfürst Max Heinrich gelangte in den Besitz des Holzes und gründete 1686 die im Jesuitenbaustil errichtete Kirche. Hinter der barocken Fassade verschmelzen romanische und gotische Stilelemente, sie rufen in gegen-

Namen-Jesu-Kirche, Stahlstich von Ernst Grünewald nach Bernhard Hundeshagen, um 1840

reformatorischem Geist die Kontinuität der katholischen Kirche in Erinnerung.

In den rechtsrheinischen bergischen Dörfern bedeuteten dieselben 80er Jahre des 17. Jahrhunderts gänzlich im Gegensatz zu Bonn das Ende der Gegenreformation. Obgleich sich Herzog Wilhelm V. von Jülich-Kleve-Berg 1543 verpflichtet hatte, die Reformation nicht weiter zu unterstützen, und er drei Jahre später sogar Maria, eine Tochter König Ferdinands, also eine Nichte seines Gegners Karl V., geheiratet hatte, lebten viele evangelische Gemeinden weiter, wenngleich häufig wie die Oberkasseler im Verborgenen. Als 1609 mit Johann Wilhelm der letzte Herzog von Jülich-Kleve-Berg kinderlos starb und mit ihm das letzte rheinische Fürstengeschlecht ausstarb, übernahmen die beiden lutherischen Fürsten Pfalzgraf Wolfgang Wilhelm von Pfalz-Neuburg und Kurfürst Johann Sigismund von Brandenburg gemeinsam die Regierung seiner Erbländer, der Herzogtümer Jülich, Kleve und Berg und der Grafschaften Mark und Ravensberg. Als „possidierende Fürsten“ beließen sie den damaligen Zustand der Konfessionsverteilung und garantierten ihren Untertanen Freiheit des Gewissens und der Religionsausübung. Nun gab es in Oberkassel sowohl einen katholischen als auch einen reformierten Pfarrer, die die alte romanische Pfarrkirche im Wechsel für den Gottesdienst nutzten. Ein Jahr später teilte die reformierte Synode des Herzogtums Berg die reformierte Gemeinde Oberkassel der Mülheimer Classis zu. Als aber 1614 Pfalzgraf Wolfgang Wilhelm zum Katholizismus übertrat, teilten er und der inzwischen kalvinistische Kurfürst Johann Sigismund von Brandenburg ihre Länder auf: Der Pfalz-Neuburger erhielt Jülich und Berg, der Brandenburger Kleve, Mark und Ravensberg, damit die folgenreiche Herrschaft Brandenburg-Preußens am Niederrhein begründend. Oberkassel kam mithin mit dem Herzogtum Berg an den katholischen Pfalz-Neuburger, womit wieder heftige Auseinandersetzungen zwischen den Konfessionen begannen. Sie endeten vollends erst 1682 in den Rheinberger Rezessen mit einem Religionsvergleich der beiden

Fürstenhäuser. Jetzt war auch den Reformierten in Oberkassel, etwa einem Drittel der Bevölkerung, die freie Religionsausübung gestattet, ja sogar erlaubt, eine eigene Kirche zu bauen. Obwohl sich auch in Bonn 1816 eine evangelische Gemeinde gründete, blieb die 1685 fertiggestellte Kirche in Oberkassel für fast zwei Jahrhunderte das einzige evangelische Gotteshaus in unserem Raum bis zum Bau der Kreuzkirche am Kaiserplatz 1870/71.

Doch zurück zur 'katholischen' Geschichte der Stadt Bonn: Hier gründeten 1618 Kölner Kapuziner ihr Kloster. Sechs Jahre später genehmigte Kurfürst Ferdinand den Franziskanern die Ansiedlung in Bonn. Ihre vom damals berühmten Architekten Christoph Wambeßer – er baute die einzigartige Jesuitenkirche Mariä Himmelfahrt in Köln – beeinflußte Kirche machte er zur Hofkirche. 1629 holte er Kapuzinerordensfrauen nach Bonn. Auf dem Kreuzberg, der schon seit Jahrhunderten eine Wallfahrtsstätte gewesen war, legte er zwei Jahre zuvor den Grundstein für eine neue Kirche. Um die Wallfahrt zu fördern, schenkte er eine Kreuzreliquie und ließ vor allem für die Kirche aus dem Holz des „vielwunderthätigen sehr weltberühmten Baums zu Foy"-Notre-Dame bei Dinant in der Diözese Lüttich „ein schönes kunstreich Versperbild" schnitzen, jahrhundertelang das eigentliche Gnadenbild der Kirche. Er berief Mönche des Servitenordens zur Betreuung der Pilger. In der Gruft unter der Kirche gruseln ihre Mumien.

Später, 1664, gründete der lothringische Schulorden der Kongregation Notre Dame das Welschnonnenkloster mit Kirche und Waisenhaus. Die Nonnen widmeten sich vor allem der Mädchenerziehung. Rechtsrheinisch entstand 1688 und in den folgenden Jahren am Adelheidisbrunnen in Pützchen ein Karmeliterkonvent, jüngst aufgelöst. Nachdem die Vilicher Stiftskirche 1632 von schwedischen Truppen zerstört und über ein Jahrzehnt hinweg nicht benutzt werden konnte, verlagerte sich die Wallfahrt vom Grab der hl. Adelheid nach Pützchen, dessen Name sich von lateinisch 'puteus' =

Brunnen ableitet. Ein Pilgerblatt von 1678 mit zwölf dargestellten Heilungen, davon mehrere von Blindheit, zeigt die Heilige „nebst dem H. Bronnen, woselbsten ... unzalbar Miraculen geschen“. Drei Eremiten betreuten die Pilger und errichteten neben der Quelle ein kleines Badehaus und eine Kapelle. Zusammen mit der von den Karmelitern auf Maria Geburt (8. September) verlegten Wallfahrt entwickelte sich dort die 1732/33 erstmals bezeugte „Kirmes ahm Adelheidis Brünngen“, wo „eine große Menge Volcks erschienen undt sich zugleich auch einige Wirth und Krämer mit einfinden thäten“. 1821 zählte der Jahrmarkt bereits 860 Buden und 70 Marketender. Jetzt in diesem Jahr 2000 fanden sich hier über 500 Schausteller ein, etwa eine Million Schaulustige wurden erwartet. Von 1367 an gerechnet, der erstmaligen Erwähnung des Adelheidisbrunnens, feierte Bonn und das ganze Rheinland den 633. Pützchensmarkt. Eine Legende liefert die Begründung für diese Zählung nach: Damals habe nämlich eine große Dürre und folgend Wassermangel geherrscht. Die Äbtissin von Vilich aber habe die dürstenden Menschen und Tiere zu ihrem Brunnen in Pützchen geführt. Aus Dankbarkeit sei die Wallfahrt dorthin und in ihrem Gefolge der Markt enstanden.

Pilgerblatt mit der hl. Adelheid 1678, Kölner Druck von 1717

Kurfürst Ferdinand baute Bonn als seine Haupt- und Residenzstadt konsequent aus, es wurde Sitz der zentralen Behörden. 1603 kam das Landesarchiv nach Bonn. Der Hofrat (dem heutigen Regierungskabinettt vergleichbar) war die zentrale Verwaltungsbehörde aller kurkölnischen Territorien, nämlich des Erzstifts, des Herzogtums Westfalen und des Vests Recklinghausen. Seine sachliche Kompetenz umfaßte auch die gesamte Justizverwaltung einschließlich der Aufgaben eines Revisions- und Appellationsgerichts. Allein die Finanzverwaltung war verselbständigt und in der Hofkammer organisiert. Schon unter Ferdinand entstand der Geheime Rat (vergleichbar heute dem Kanzleramt und Außenministerium), seit 1748 Geheime Staatskonferenz genannt. Er zog die wichtigsten Angelegenheiten an sich, vor allem auch die der auswärtigen Politik. Von ihm ging wesentlich die politische Willensbildung aus. Alle drei kurkölnischen Zentralbehörden waren im Schloß untergebracht. Ihr Rückgrat bildeten die gelehrten Räte, meist an Universitäten studierte Juristen. Gleichzeitig waren sie häufig städtische Schöffen und Schöffenbürgermeister, ihre Angehörigen begegnen oft als Kanoniker im Cassiusstift. Sie entstammten im wesentlichen dem gehobenen Bürgertum, waren eng miteinander verwandt, mitunter geadelt und adlig versippt. Die wirklichen, gelehrten Räte bildeten eine mit der Stadt Bonn eng verwachsene Oberschichtgruppe, anders als die Schicht der höchsten, meist adligen Hof- und Staatsbeamten, deren Beziehungen zur Stadt sehr viel weniger ausgeprägt waren. Im Gegensatz zu ihnen wohnten sie vorwiegend in der Stadt selbst.

Pützchens Markt, lithographierte Ansichtskarte, um 1900

Der Ausbau Bonns zur Haupt- und Residenzstadt und damit zum Sitz der zentralen Behörden bewirkte nicht nur ein kräftiges Bevölkerungswachstum – 1620 lebten in Bonn etwa 4000, 1790 innerhalb der Mauern 10 135 Menschen in 1121 Häusern -, sondern bescherte der Stadt auch einen erheblichen Wohlstand. Der kurfürstliche Hof wollte mit Luxusgütern versorgt sein und gab damit das Vorbild der allgemeinen Verfeinerung der Lebenshaltung ab, die Adelshöfe und anspruchsvollen Beamtenhaushaltungen wollten entsprechend beliefert werden. Diese wirtschaftliche Nachfrage und der Ausbau der Stadt zur Festung und Barockresidenz sowie die Zunahme der Bevölkerung ließen die Zahl der

Kaufleute anwachsen und zogen im 17. und 18. Jahrhundert vor allem Italiener nach Bonn, denen meist die volle Integration in die Bürgerschaft gelang.

Die großen Aufträge des Hofs führten allerdings wegen des damit verbundenen hohen Kreditbedarfs die jüdischen Hoffaktoren und exemte, d.h. von städtischen Steuern befreite Hoflieferanten aus. Aus dem jüdischen Kreditgeschäft gingen später bedeutende Bankhäuser hervor, so etwa das längst in Köln blühende Bankhaus Salomon Oppenheim und das Bankhaus Jonas Cahn, Vorläufer der Niederlassung der Deutschen Bank am Kaiserplatz in Bonn. Kurfürstliche Manufakturen als staatliche Regiebetriebe entstanden zwar auch, doch konnten sie sich meist nicht halten. Am bekanntesten war die Poppelsdorfer Porzellanmanufaktur. Sie erwies sich zwar als Fehlgründung, doch machte sie die keramische Industrie in Bonn heimisch. Aus ihr gingen die späteren Firmen Wessel und Mehlem hervor.

Nur wenige Jahrzehnte nach dem für Bonn verheerenden Kölnischen Krieg drohte die Stadt in den auf deutschem Boden ausgetragenen europäischen Krieg, den Dreißigjährigen Krieg (1618-1648), einbezogen zu werden. In diesem schrecklichsten aller Kriege bis in unser Jahrhundert hinein verlor ein Drittel der Deutschen ihr Leben, in den Hauptkampfgebieten waren es bis weit über die Hälfte der Menschen. Es vermischten sich in ihm die machtpolitischen Auseinandersetzungen zwischen Frankreich und der habsburgisch-spanischen Monarchie, des protestantischen Schwedens Kampf um die Vorherrschaft rund um die Ostsee, Spaniens Behauptung der abtrünnigen kalvinistischen Niederlande, die ihre Unabhängigkeit zu erringen suchten. Überlagert wurden die Kriege von den religiösen Auseinandersetzungen zwischen Katholiken, Lutheranern und Kalvinisten und von den Bestrebungen der größeren Staaten des Reichs, ihre Macht zu erweitern. Der protestantischen Union unter Führung Schwedens stand die katholische Liga unter Führung des Kaisers bzw. seiner Feldherren Wallenstein und Tilly gegenüber.

Kurfürst Ferdinand war zwar aus tiefster religiöser Überzeugung bestrebt, der katholischen Religion zum Sieg zu verhelfen, doch versuchte er angesichts der verhältnismäßig schwachen militärischen Macht und finanziellen Kraft seines geistlichen Kurfürstentums, sich möglichst von den kriegerischen Auseinandersetzungen durch eine Politik der bewaffneten Neutralität vor allem gegenüber den kalvinistischen niederländischen Generalstaaten fernzuhalten. Gleichwohl konnte er nicht verhindern, daß sich die Niederländer auf einer Insel vor Graurheindorf 1620 die „Pfaffenmütze", eine ihrer Form wegen so benannten Schanze, erbauten, um den Rhein zu sperren. Von hier aus bedrängten die niederländischen Truppen die Dörfer in der Umgebung Bonns, besonders Graurheindorf, konnten aber schon 1623 von den Katholischen vertrieben werden. Jahre der Ruhe folgten. Tillys Niederlage 1631 jedoch öffnete Schwedens König Gustav Adolf den Weg nach Süd- und Westdeutschland. Seine Truppen erreichten den Rhein und eroberten alle Städte zwischen Siegburg und Andernach, zweimal äscherten sie Mehlem ein. Kurfürst Ferdinand wahrte wenigstens kurzfristig die Neutralität. Da der mittelalterliche Mauerring Bonn keinen Schutz mehr gegen Artilleriebeschuß bot, begann er mit dem Ausbau der Festungswerke. Vor den mittelalterlichen Mauerring ließ er moderne Bastionen anlegen, drei von ihnen zeugen noch heute davon im Stadtbild. Trotz des Ausbaus des Festungsgürtels um seine Stadt Bonn flüchtete Ferdinand selbst in das sichere Köln.

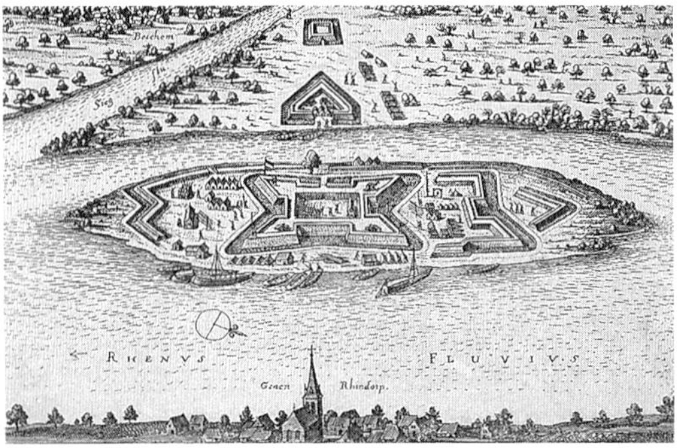

Pfaffenmütze, im Vordergrund Graurheindorf, Kupferstich von Matthäus Merian, 1620

Aber nun trat Frankreich offiziell in den Krieg ein, der „Hessen-Krieg" am Niederrhein begann, die feindlichen Truppen bedrohten die kurkölnische Residenz Bonn.

1642 erreichten hessische Truppen den Tannenbusch, steckten in Endenich einige Häuser an. Drei Jahre später erschienen sie vor Bonn, wurden aber von kurkölnischem Militär abgewiesen, verbrannten daraufhin die Dörfer Dransdorf, Meßdorf und Lessenich „im Angesicht ihrer churfürstlichen Durchlaucht". Bonns Bastionen waren höchst unvollkommen, vermochten aber kleinere umherstreifende Truppen abzuhalten. Erst im letzten Kriegsjahr verließen die Hessen gegen Zahlung einer gewaltigen Abfindung das kurkölnische Oberstift.

Bonn war von Zerstörung und Tod bewahrt geblieben, litt aber doch stark unter Kontributionen, Einquartierung und Flüchtlingselend. So schildert Meister Leonhard Mesdorf vom St.-Ägidius-Hospital zum Jahre 1636: „Anfang Winters strömten gleich Wassermassen" Flüchtlinge vom Oberrhein, „aufs stärkste vom Hunger getrieben, in solcher Zahl zusammen, daß in Dörfern Ställe und Scheunen, in Städtchen und Hauptorten Hospitäler, öffentliche Winkel und Ecken auf Plätzen vollständig mit Menschen jeden Alters überfüllt waren".

Trotz Kriegsnot und Geldmangel baute Kurfürst Ferdinand mitten im Dreißigjährigen Krieg sein Bonner Residenzschloß weiter aus und umgab es mit einem prächtigen Renaissancegarten mit Wasserkünsten, Statuen, Grotten, mit Zitronen- und Pomeranzenbäumen im Sommer. Die ausgeprägte Musikliebe der Fürsten aus dem Hause Wittelsbach zeigte sich nicht nur am Münchener Hof unter Orlando di Lasso, sondern ließ auch die Bonner Residenz zu einem Zentrum der Musik aufsteigen. Ferdinand gründete die Bonner Hofkapelle, 1628 erstmals belegt, berief Lütticher und italienische Musiker und Kapellmeister und leitete damit fast zwei Jahrhunderte kurfürstlicher Musikpflege ein, auf deren Boden Ludwig van Beethoven heranwachsen konnte. Die ursprünglich nur 12 – 17 Musiker umfassende Hofkapelle war nicht nur für das Schloß und die Hofkirche tätig, sondern übernahm auch die musikalische Gestaltung festlicher Gottesdienste im Münster und in anderen Kirchen in Gegenwart des Hofs. Auch auf Reisen begleitete sie den Kurfürsten.

Der Westfälische Frieden anerkannte die Souveränität der kalvinistischen niederländischen Generalstaaten. Spanien verlor damit an Macht, seine Umklammerung Frankreichs lockerte sich. Im Südosten Europas band den Kaiser die Abwehr der Türken von seinen habsburgischen Landen und dem Reich militärisch und politisch. Diese Situation nutzte der selbstbewußte, von Gloire, Reputation und Magnificence durchdrungene Sonnenkönig Ludwig XIV. von Frankreich dazu aus, die französische Herrschaft über Mitteleuropa auszudehnen, den Rhein zu Frankreichs Grenze zu machen und die Hegemonie im europäischen Mächtesystem zu erringen. Die rheinischen Staaten waren dem französischen Druck nicht gewachsen, ja Ludwig XIV. zwang ihnen einzelne Bündnisse mit Frankreich auf. Indem er Kurköln zum Mittelpunkt dieses Allianzsystems machte, wurde es zum Instrument französischer Rheinpolitik.

Auf Kurfürst Ferdinand war Max Heinrich gefolgt, ein schwacher Fürst, als „Eremit von St. Pantaleon" zog er sich in das Kölner Kloster zurück, mit frommen Übungen und alchimistischen Experimenten beschäftigt. Die praktische Leitung des kurkölnischen Territoriums vertraute er den franzosenfreundlichen Brüdern Franz Egon und Wilhelm Egon von Fürstenberg an. Indem sie mit König Ludwig XIV. von Frankreich schon 1658 einen Geheimbund abschlossen, um ihre ehrgeizigen persönlichen Ziele durchzusetzen, zogen die von ihren Gegnern als „Pestbeulen des Reiches" verschrienen „Egoniten" Max Heinrich und Kurköln vollends in die französische Machtpolitik hinein. Als der Sonnenkönig 1672 den Holländischen Krieg begann –

Kurfürst Max Heinrich von Bayern, Kupferstich von I. Sandrart, 1653

Wilhelm Egon von Fürstenberg hatte an seiner Vorbereitung wesentlichen Anteil -, kämpften auf seiner Seite kurkölnische und Münsteraner Truppen. Bei Neuss trafen sich Max Heinrich, die Fürstenbergs und Ludwig XIV. Zum erstenmal seit Jahrhunderten hielt sich ein französischer König auf deutschem Boden auf. Als die Niederländer unter Führung Wilhelms III. von Oranien die Nordseedämme durchstachen und die Schleusen öffneten, so daß ihr Land überflutet wurde, mußte sich Ludwig XIV. nach anfänglich großem Erfolg zurückziehen.

Die Rheinlande wurden wieder europäischer Kriegsschauplatz. An den Bonner Bastionen war in den Jahren zuvor intensiv gearbeitet worden, mit ihren großen Magazinen stellte die Stadt einen wichtigen französischen Stützpunkt dar. Die hier garnisonierten französischen Truppen sprengten Kirche und Stift Dietkirchen, um sich ein Festungsglacis und offenes Schußfeld zu schaffen. Unter dem österreichischen General Raimund Montecuccoli kreiste ein kaiserlich-sächsisches Heer die Festung Bonn im Herbst 1673 ein, nach viertägiger Beschießung kapitulierte die französische Besatzung der Stadt. Kurfürst Max Heinrich vergrub sich wieder in Köln im Kloster St. Pantaleon für ein Jahrzehnt. Nachdem die Kaiserlichen Bonn verlassen hatten, baute Wilhelm Egon von Fürstenberg, inzwischen zum Kardinal und Bischof von Straßburg erhoben, Bonn mit französischem Geld erneut zur modernen Festung aus, diesmal unter der Leitung französischer Ingenieure. Wieder entstand auf der rechten Rheinseite bei Beuel ein Fort, durch fliegende Brücken mit Bonn verbunden.

Der Sieg über die gewaltigen, Wien belagernden türkischen Heere am Kahlenberg 1683 befreite das Abendland von der Türkengefahr und gab Habsburg mehr Bewegungsfreiheit gegen Frankreich. Als Ludwig XIV. das die Religionsfreiheit in Frankreich ein Jahrhundert lang garantierende Edikt von Nantes aufhob, machte er sich die protestantischen Mächte Brandenburg und Schweden zu Feinden. Der Widerstand gegen den Sonnenkönig wuchs. Ludwig XIV. ver-

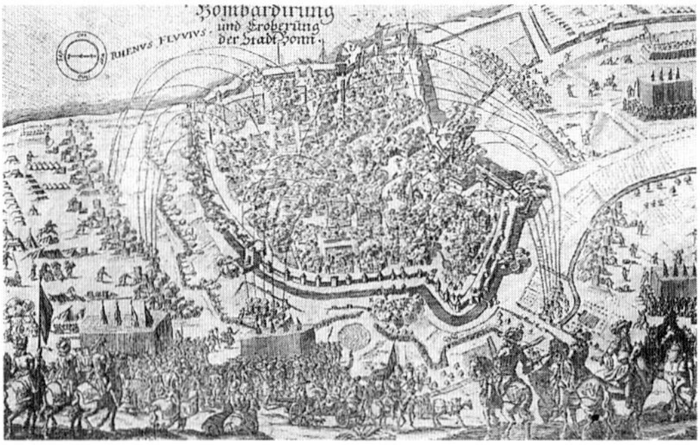

Bombardierung und Eroberung der Stadt Bonn 1689, Kupferstich nach Matthäus Merian und J. J. Senfftel

größerte ihn noch, als er, um Erbansprüche seiner Schwägerin Lieselotte von der Pfalz auf pfälzische Gebietsteile geltend zu machen, den Pfälzischen Krieg begann und die Kandidatur seines Parteigängers Wilhelm Egon von Fürstenberg auf den Kölner Kurstuhl betrieb, nachdem Kurfürst Max Heinrich 1688 gestorben war. Gegenkandidat war dessen Neffe Joseph Clemens. Da weder Kaiser Leopold noch das Reich den „Reichsverräter“ Kardinal von Fürstenberg auf dem Kölner Kurstuhl sehen wollten, fiel die Wahl des Domkapitels unentschieden aus. Der vom Papst erwarteten Entscheidung zugunsten des Wittelsbachers kam Ludwig XIV. zuvor. Fürstenberg bemächtigte sich des Erzstifts, der französische König entsandte Truppen nach Bonn. Etwa 4000 Mann richteten sich hier auf eine längere Belagerung ein. Anfang 1689 erklärte der deutsche Reichstag Frankreich den Krieg, das Reich, Spanien, Holland und England schlossen eine große Allianz gegen Ludwig XIV. Im März begannen die Kriegshandlungen auf kurkölnischem Boden. Die Truppen der Allianz, brandenburgische, holländische und Münsteraner Kontingente, eroberten zuerst die Beueler Schanze. Kurfürst Friedrich III. von Brandenburg – der spätere erste König in Preußen – führte das Kommando, er richtete seinen Befehlsstand in dem leergeräumten Kloster auf dem Kreuzberg ein. Am 24. Juli 1689 begann die Beschießung der Stadt. Tagelang feuerten die Kanonen. Bonn versank in Schutt und Asche, doch erst am 12. Oktober kapitulierte die französische Besatzung. Allein das Münster und die anderen Kirchen hatten das Bombardement überstanden. „So kann man Bonn so wohl das andere Troja nennen“, beklagte Hofrat von Bernsau die zerstörte Stadt.

Auch rechtsrheinisch zeigte der Krieg verheerende Folgen. Um sich ein offenes Schußfeld zu schaffen, hatten die Franzosen die Umgebung von Bonn im Mai verwüstet und die rechtsrheinischen Dörfer abgebrannt, darunter bis auf vier Häuser Oberkassel mitsamt der kurz zuvor eingeweihten evangelischen Kirche. Der gelehrte Pfarrer von Honnef, Franz Xaver Trips, berichtet, daß die Franzosen auf einer fliegenden Brücke mit 600 Mann, Fußvolk und Reiter, über den Rhein setzten. „Zuerst fielen sie voll Wut in Oberkassel ein, wo die Bauern die Zufahrt verbarrikadiert hatten. Nach schwachem Widerstand besetzten sie das Dorf, stürmten wie ein Ungewitter hindurch und plünderten es ganz aus." Im Juni schnitten sie beidseits des Rheins das unreife Korn ab und verbrannten es, um eine Hungersnot hervorzurufen.

Der Rat, der die Stadt in der Zwischenzeit mit vielen Bürgern hatte verlassen dürfen, kehrte von Köln nach Bonn zurück. Außer den kurfürstlichen Schlössern zeugen etwa die spitzgiebeligen schmalen Häuser in der Sternstraße vom langsam einsetzenden Wiederaufbau von Stadt und Residenz.

Als sich der neue Kurfürst, der erst 20jährige Joseph Clemens, zwei Jahre nach dem Bombardement seinen Bonner Untertanen zeigte, lag sein Residenzschloß noch gänzlich in Trümmern. Er ging nach Bayern zurück und überließ die Regierung seines rheinischen Kurstaats seinem bayerischen Bevollmächtigten und späteren Kanzler Johann Friedrich Karg von Bebenburg. Erst kurz vor der Jahrhundertwende siedelte er nach Bonn um. Trotz Geldmangels begann er eine der umfangreichsten Bauunternehmungen seiner Zeit in Deutschland: Unter Verwendung älterer Teile baute Joseph Clemens sein Bonner Residenzschloß wieder, jetzt weiter aus und berief dazu den aus Italien stammenden bayerischen Hofarchitekten Enrico Zuccali. Um einen rechteckigen Innenhof sollte eine durch turmartige Eckpavillons betonte Vierflügelanlage entstehen, doch hinderte der Spanische Erbfolgekrieg den Kurfürsten an der Vollendung seines Schlosses. Auf das Erbe des letzten spanischen Habsburgers erhoben Kaiser Leopold und

Kurfürst Joseph Clemens von Bayern, Kupferstich

Ludwig XIV. ihren Anspruch. Bayern und Kurköln schlugen sich diesmal auf die Seite Frankreichs, die Folge war die Reichsacht. Joseph Clemens mußte 1702 Bonn verlassen; er ging nach Frankreich ins Exil. Im Jahr darauf wurde Bonn von einer Armee unter dem Oberbefehl des englischen Herzogs von Marlborough zum drittenmal belagert. Es kapitulierte und erhielt eine holländische Besatzung.

Im Exil lernte Joseph Clemens, der noch nicht die höheren geistlichen Weihen empfangen hatte, nicht nur die in Lille geborene Bürgerliche Constance Desgroseilliers, später als Madame de Ruysbeck geadelt, kennen, die ihm zwei Söhne gebar, sondern die Architektur Frankreichs schätzen. Mit Hilfe des Pariser Hofarchitekten Robert de Cotte, dem Schüler und Nachfolger von Ludwigs XIV. Oberhofbaumeister Jules Hardouin-Mansart, entwickelte er in einer Korrespondenz von über 500 Briefen seine Pläne zum gewaltigen Ausbau der Bonner Residenz, die de Cotte übrigens nie gesehen hat. Voraussetzung dafür war die von den Holländern erzwungene Niederlegung der barocken Festungswerke.

Als der Kurfürst nach 14 Jahren nach Bonn zurückkehrte, ließ er die geschlossene zuccalische Vierflügelanlage im Westen durch das Buenretiro, die kurfürstlichen Privatgemächer, und im Osten durch das Neue Quartier erweitern, dessen Verlängerung zum Rhein beginnen, den südlich anschließenden Hofgarten nach französischem Vorbild kostbar gestalten.

Wohl inspiriert vom zeremoniellen Prunk des königlichen Hofs Ludwigs XIV., aber auch seines bayerischen

Bruders und des kaiserlichen Hofs zu Wien gestaltete Joseph Clemens alle seine kurfüstlichen Lebensbereiche in Hofordnungen entsprechend aus. Er mahnte eindringlich seinen Neffen Clemens August, „zu größerem Glanz und Ansehen der auß dem Churhauß Bayern entsprossenen oder entspriessenden ... Nachfolger dieses Erzstiffts“ nur ja nicht von den „Ceremonial- und anderen Hofsachen“ abzulassen. Dazu gehörte nach dem Vorbild Kaiser Karls VI., der viermal jährlich im Rittersaal der Wiener Hofburg öffentlich speiste, auch im Bonner Residenzschloß eine „Ceremonie-Außspeißung“. Unter den Augen der stehenden „Principalzuseher“, wohl Angehörige des Hofstaats, der Hofmusikanten und anderer „gemeiner Zuseher, jedoch von fassonlichen Leuthen“, womit „ehrliche, sauber und wohlgekleidete Leuthe beiderlei Geschlechts“ gemeint waren, trugen Bedienstete unter Pauken- und Trompetenschall die Speisen auf. Frauen mit Regentüchern, Männer mit umgeschlagenen Mänteln und sonstwie „vermummte“ Personen, Kinder, Diener, Mägde oder Kranke schloß die Hofordnung von der Zeremonie aus.

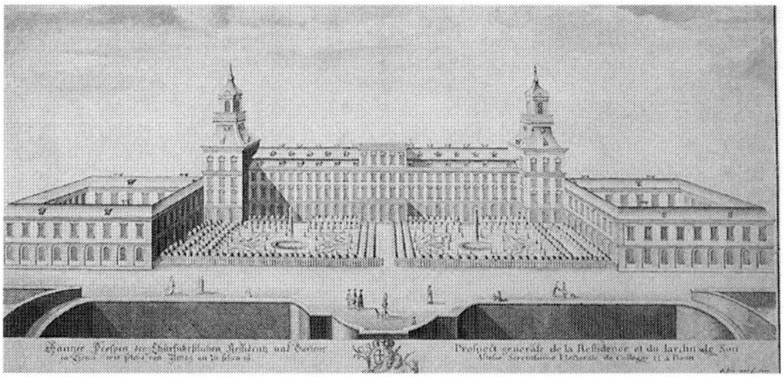

Kurfürstliches Residenzschloß, Zeichnung von J. C. Haas, um 1770

Das kurfürstliche, ausgedehnte Residenzschloß zog die umliegende Landschaft bewußt mit ein: Im Süden als Blickpunkt das Siebengebirge, im Westen das von Joseph Clemens ebenfalls nach Entwürfen von Robert de Cotte als Maison de Campagne begonnene Poppelsdorfer Schloß Clemensruh – ein

Schloß Clemensruh in Poppelsdorf, Guckkastenbild, Kupferstich von B. F. Leizel, um 1780

ländliches Lustschloß, in das er sich vom Getriebe des Lebens in der Residenz zurückziehen konnte – und den Kreuzberg mit seiner Wallfahrtskirche. Residenz und Poppelsdorfer Schloß, deren Ausführung dem örtlichen Baumeister Guillaume Hauberat, einem Schüler de Cottes, oblag, sollten durch einen Kanal als Blickachse verbunden werden. Von der genialen Bauidee Robert de Cottes zeugt das neugebaute Poppelsdorfer Schloß. Im Stile des französischen Klassizismus gehalten, umschließen vier Flügel eines Quadrats einen runden Innenhof, dessen umlaufende Arkaden italienischen Einfluß verraten.

Hauberat anvertraute Kurfürst Joseph Clemens auch den Bau eines kleinen Weinbergschlößchens vor den Toren Bonns an, der im Zweiten Weltkrieg zerstörten Vinea Domini an der Stelle des heutigen Beethoven-Gymnasiums. Der achteckige Speisesaal war umgeben von Spielzimmern. Zur Überraschung der Gäste stieg aus dem Boden ein gedeckter Tisch empor, eine seltene Attraktion. Das Schlößchen konnte bei Abwesenheit des Kurfürsten übrigens auch von anderen genutzt werden. Am Fuße der Godesburg ließ Joseph Clemens die außen recht schlichte Kapelle des von ihm gegründeten hochadeligen Michaelsordens kostbar ausstatten. Sie ist das einzige erhaltene Zeugnis der kurkölnischen Hofkunst vom Ende des 17. Jahrhunderts.

Vinea Domini, Kupferstich von Nikolaus Mettely nach Johann Martin Metz, um 1780

1715 ließ der Kurfürst am Rhein parallel zur Josefstraße ein Ghetto, die „Judengaß“ (später Tempelstraße genannt), mit Synagoge, Gemeinde- oder Rabbinerhaus errichten und die Gasse an ihren Enden mit Toren verschließen. Allabendlich schlossen Wachen die Tore ab, die „stadtbönnische Judenschaft“ von der Bevölkerung absondernd und gleichzeitig schützend. 1786 lebten hier 296 „Köpfe“. Ihre Toten bestatteten die Bonner Familien jenseits des Rheins auf dem jüdischen Friedhof in Schwarzrheindorf. Mit 445 erhaltenen Grabsteinen, deren ältester von 1623 datiert, ist er einer der größten und besterhaltenen in Nordrhein-Westfalen. Er diente der Bonner und Beueler Synagogengemeinde gemeinsam, bis die Bonner 1872 an der Römerstraße endlich einen auf Bonner Stadtgebiet einweihen konnte. Die Godesberger jüdischen Familien begruben ihre Verstorbenen am Südosthang des Godesbergs. 1895 wies ihnen Bürgermeister Dengler eine Parzelle auf dem Burgfriedhof zu, hier sind jetzt auch die alten Grabsteine aufgestellt.

Hatte der musikbegeisterte Joseph Clemens schon vor seinem Exil Opern und szenische Oratorien sowie von seinen Hofbediensteten, also Laien, Theaterstücke auf einer ersten dafür errichteten Bühne spielen lassen, so vergrößerte er die Hofkapelle nach seiner Rückkehr auf etwa 40 Musiker, auf eine Größe, wie sie kaum einem anderen vergleichbaren Landesfürsten zur Verfügung stand. Als er 1723 starb, hinterließ er aufgrund seiner von ihm selbst beklagten ‘Bauwut’ hohe Schulden. Um allein sein Begräbnis bezahlen zu können, standen seine Pferde zum Verkauf.

Sein Nachfolger Clemens August war ein glänzender Rokokofürst, Mäzen, Kunstsammler, einer der leidenschaftlichsten Jäger seines Jahrhunderts, eitel und leichtlebig. Höchste Prachtentfaltung diente seinem Bedürfnis nach Genuß und Repräsentation. Er kam im August 1700 in Brüssel zur Welt, wo sein Vater Kurfürst Max Emanuel von Bayern als Statthalter des spanischen Königs residierte. Seine Mutter war eine Tochter des berühmten polnischen Königs Johann Sobieski, der 1683 an der Befreiung Wiens von den Türken entscheidend mitgewirkt hatte. Durch den Spanischen Erbfolgekrieg neun lange Jahre von seinen Eltern getrennt, wuchs Clemens August standesgemäß im österreichischen Klagenfurt und Graz auf. Anschließend in Rom auf die

Kurfürst Clemens August, Kupferstich von Johann Esaias Nilson nach Georg Desmarées, um 1750

geistliche Laufbahn vorbereitet, befaßte er sich u.a. mit Architektur, lernte tanzen, Cello spielen, vergnügte sich mit Ball- und Ritterspielen, vor allem aber übte er sich im Waidwerk.

Obgleich Clemens August von seinem Vater aus Hausmacht-, Kirchen- und reichspolitischen Prestigegründen und durch die bereits empfangene Weihe zum Subdiakon vorbereitet war, höchste geistliche Ämter zu übernehmen, scheute er sich offensichtlich vor der damit verbundenen Verantwortung. Den schon vom Kölner Domkapitel zum Nachfolger seines Onkels Joseph Clemens gewählten drängte der Papst, unverzüglich die Priesterweihe abzulegen. In einem Brief aus Arnsberg an seinen Vater Max Emanuel trug Clemens August im August 1724 seine Bedenken vor. Er würde das Priesteramt unwürdig vertreten, sei im Messelesen sehr skrupulös, so daß sie eine Stunde dauern würde. Außerdem: „Kein Wein kan ich in der Fruhe eben so wohl nicht vertragen, ich hab ein rechten Grausen darvor." Er würde sich lieber in ein Kloster zurückziehen und auf alle Würden zugunsten seines Bruders Johann Theodor verzichten. Den Brief schloß er mit dem stolzen Hinweis, er habe hier schon zwölf Hirsche geschossen, Prinz Wilhelm von Düsseldorf hingegen nur zwei. Väterlich tat Max Emanuel die Bedenken seines Sohns als Flausen ab und verwies auf den Beichtvater. Er würde doch sonst den Wein recht gut vertragen, an das bißchen Messwein werde er sich wohl leicht gewöhnen, und warf ihm „Schwachheit in einer so wichtigen Sach, warzu Gott in dem höchsten Geheimbnuß seine Gnad absonderlich mitthaillet", vor.

Binnen weniger Jahre vereinigte Clemens August mit des Kaisers und des Papstes Zustimmung die fünf Bistümer Paderborn und Münster, Köln, Hildesheim und Osnabrück in seiner Hand, als „Monsieur de Cinq Églises" fast das ganze katholische Nordwestdeutschland. 1732 erlangte er die von ihm hochgeschätzte Würde des 52. Hochmeisters des Deutschen Ordens, der seit zwei Jahrhunderten seinen Hauptsitz in Bad Mergentheim an der Tauber hatte. Die bayerische Hausmachtpolitik erreichte ihren Höhepunkt, als Karl Albrecht zehn Jahre später in Frankfurt als Karl VII. zum deutschen Kaiser gekrönt wurde, durch die Hand seines Bruders Clemens August. In 70 Galakutschen und mit 750 Pferden zog der Kölner Erzbischof und Kurfürst mit einem riesigen Gefolge von rund 1600 Personen zu diesem Anlaß höchster Prachtentfaltung in die Stadt am Main ein.

Anläßlich der Hochzeitsfeierlichkeiten Ludwigs XV., zu denen der 25jährige Clemens August nach Fontainebleau eingeladen war, lernte er Versailles und die Schloß- und Gartenanlagen von Marly und Chantilly kennen. Kaum konnte er sich von Paris und dem jungen König lösen, so daß ihm sein Vater mahnend schrieb: „Ein Fürst, sonderlich der regiert, kann nicht sein, wo er es am lustigsten findet, sondern wo es seine Obliegenheit mit sich bringt, denn Land und Leute sind von Gott gegeben und anvertraut."

In denselben Jahrzehnten, als die Kriege der mächtigen Staaten England, Frankreich, Österreich, Preußen, Rußland und Polen um die Erbfolge in Österreich und Polen, um Schlesien Europa erschütterten, nicht nur hier um die Vorherrschaft geführt wurden, sondern auch zur See und in den nordamerikanischen Kolonien, schien sich Clemens August mit nichts anderem zu beschäftigen als mit seinen Schlössern, Reisen und einem ruinösen Repräsentationsaufwand. Obgleich die Einkünfte aus seinen fünf Bistümern, dem Deutschen Ritterorden und die eigentlich zur Truppenaushebung bestimmten zuerst französischen, dann englischen und holländischen finanziellen Subsidien reichlich flossen, wuchsen die Schulden der „wahren Wetterfahne“, so Kaiser Franz I. über ihn, in schwindelnde Höhen.

Das Residenzschloß, in dem noch die Inneneinrichtung fehlte, bereicherte Clemens August durch das Michaelstor, später Koblenzer Tor genannt. In Gestalt eines landseitig herrlich ausgeführten Triumphbogens für den in die Stadt einziehenden Kurfürsten war es Sitz des von seinem Vorgänger gegründeten Michaelsordens. Das Tor krönt ein vergoldeter Bleiguß des Erzengels Michael von dem Holländer Wilhelm Rottermondt. Den einst doppelt so großen Hofgarten seiner Bonner Residenz mit eingefaßten Rasenflächen und Blumenbeeten kunstvoll angelegter parterres à broderie begleiteten doppelte Lindenalleen und exakt geschnittene Hecken von Boskettgärten. Eine „Hauptwasserkunst“, ein großer Springbrunnen an der Stelle des späteren Akademischen Kunstmuseums, teilte den Hofgarten. Das Poppelsdorfer Schloß Clemensruh – hier geruhte Durchlaucht nach anstrengender Regierung und Repräsentation zu schlafen und „in Ruhe die gute Luft und die unschuldigen Vergnügungen des Landlebens zu genießen“ – vollendete er mit Unterstützung des berühmten fränkischen Baumeisters Balthasar Neumann. Es entstand die charakteristische Blickachse der Poppelsdorfer Allee mit den doppelten Kastanienreihen und dem dazwischenliegenden Rasenteppich. Die seitliche Bebauung der Allee war zwar vorgesehen, erfolgte aber erst im späten 19. Jahrhundert. Von der Prachtalleee, die die Schlösser Poppelsdorf und Brühl verbinden sollte, zeugen nur die Nußallee und das Brühler Teilstück.

Koblenzer Tor, Stahlstich von Ernst Grünewald nach Bernhard Hundeshagen, 1832

Auf dem Kreuzberg schuf Balthasar Neumann ein besonderes Kleinod unter den Baudenkmälern des Clemens August, die Heilige Stiege nach dem Vorbild der Scala Santa am Lateranpalast in Rom. Kreuzpartikel, Märtyrer- und Heiligenreliquien sind in die 28 Stufen der mittleren Treppe eingelassen. Der Gläubige kniete sie betend empor, auf jeder Stufe eine andere Szene des Leidensweges Christi betrachtend, bis er oben vor dem Altar der Kreuzkapelle anlangte, gleichsam den menschlichen Weg zur himmlischen Vollendung vollziehend. Der Legende nach hatte die hl. Helena nicht nur das Kreuz Christi auf dem Berge Golgatha in Jerusalem aufgefunden, sondern auch die Treppe zum Palast des römischen Staathalters Pontius Pilatus, auf der Christus zum Verhör durch Pilatus hinaufgestiegen war, abbauen und nach Rom bringen lassen. Unter den weit über 70 barocken Nachbildungen der Scala Santa ist die Heilige Stiege auf dem Kreuzberg vielleicht die schönste, in der Ausgestaltung gewiß die reichste. Auf dem Balkon zeigt die Ecce-Homo-Szene Pilatus und einen römischen Soldaten neben dem dornengekrönten Christus.

Heilige Stiege auf dem Kreuzberg, Stahlstich von E. Besnard nach Bernhard Hundeshagen, um 1830

Ein Bonner Bau Clemens Augusts ist verschwanden: Schloß Herzogsfreude bei Röttgen, als Maison de plaisance und Jagdschloß Mittel- und Ausgangspunkt der Parforcejagd im dafür mit schnurgeraden Schneisen versehenen Kottenforst. Ein Inventar von 1761 zählt nach des Kurfürsten Tod anläßlich der Versteigerung der Einrichtungsgegenstände fast 100 Räume auf. Schloß Herzogsfreude verfiel. 1804 erwarb ein Bonner Dach-

Heilige Stiege, Foto von Michael Sondermann, um 1995

decker seine Reste auf Abbruch. Keinen Bestand hatten auch die bedeutenden Kunstsammlungen des Kurfürsten, unter denen sich Rembrandts Gemälde vom „Verlorenen Sohn" und der „Mann mit dem Goldhelm" (tatsächlich von einem Schüler gemalt) befanden. Sie mußten ebenfalls nach seinem Tode versteigert werden, um die durch seine Bau- und Verschwendungssucht ruinierten Staatsfinanzen aufzubessern. Wie hatte doch einst Abbate Manzoni über Clemens August und seinen Hof vernichtend geurteilt: „Im übrigen Geschwätz und immer wieder Geschwätz. Außerdem Speichelleckerei, indem man ihm das Ebenmaß der Paläste, die Vornehmheit der Ausstattung, die Seltenheit der Kleinode, die Schönheit des Silberzeugs, den Reichtum der Festmähler, die Anmut der Schaustellungen, die Großartigkeit und den guten Geschmack von allem rühmt. Er sei der erfolgreichste Spieler, der beste Jäger von der Welt." Zu den berühmtesten Gästen der Stadt Bonn im 18. Jahrhundert zählten gewiß Montesquieu und Casanova. Der große französische Staatsphilosoph, dem wir die Lehre von der Gewaltenteilung in unserer demokratischen Ver-

Schloß Herzogsfreude in Röttgen, Zeichnung von Schmidt, um 1790/1800

fassung danken, beurteilte Clemens August bei seinem Besuch 1729 vernichtend: „Dieser Kurfürst ändert so leicht seine Meinungen, wie er den Ort wechselt, er ist immer auf der Jagd.“ Bonn fand er klein und häßlich im Gegensatz zum großen und schönen Köln. Die vernünftigen Minister des Kurfürsten, so fand Montesquieu, fänden es besser, wenn er Köln zu seiner Residenz machen würde.

Als der gefeiertste Berufsliebhaber der Welt, Giacomo Casanova, am Fastnachtsdienstag 1760 an einem Maskenball im kurfürstlichen Residenzschloß teilnahm, lag dies am Wunsch einer schönen Frau, der Gattin eines Kölner Bürgermeisters, unbedingt den Ball besuchen zu wollen. Casanova berichtet darüber in seinen Memoiren. Da er Clemens August bisher nicht gesehen hatte, erkannte er ihn nicht inmitten seiner Hofleute. Der Kurfürst bemerkte seine Verlegenheit und sprach ihn „in schlechtem Venezianisch“ an: „Ich trage heute das Kleid eines Großmeisters des Deutschritterordens“ und fuhr fort „Ich war in Venedig, als Sie unter den Bleidächern saßen... Ich hoffe, Sie werden uns nach Tisch die Geschichte ihrer Flucht erzählen, zum Abendessen bleiben und an einer kleinen Maskerade teilnehmen, bei der es lustig hergehen wird.“ „Der kleine Ball beim Kurfürsten verlief sehr angenehm. Wir waren alle als Bauern kostümiert, und die Kleider wurden uns aus der Privatgarderobe des Kurfürsten geliefert. Die Damen hatten sich in einem anstoßenden Salon angekleidet... Meine Schöne war zum Entzücken. Man tanzte nur Kontertänze und Allemanden. Es waren nur vier oder fünf Damen der vornehmen Gesellschaft ein-

Maskenfest im Theater der Residenz, Gemälde von Franz Rousseau, 1754

geladen, die übrigen, mehr oder weniger hübschen gehörten zum intimen Kreis des Fürsten, der sein ganzes Leben lang ein großer Liebhaber des schönen Geschlechts war." Davon zeugen nicht nur einige Affären mit adeligen Damen, sondern vor allem seine Tochter Anna Maria, spätere geadelt als Gräfin von Löwenfeld, aus der Verbindung mit einer Harfenistin seiner Hofkapelle, der Bonner Bürgerlichen Mechthild Brion vom Viereckspiatz. „Zwei seiner Damen", erzählt Casanova weiter, „konnten die Furlana (ein venezianischer äußerst ungestümer Tanz) tanzen... Da die beiden Tänzerinnen ein Vergnügen darin fanden, sich abzulösen, so ermatteten sie mich zu Tode... Bald darauf wurde ein Reigen getanzt, in dem man bei einer gewissen Tour eine Tänzerin ergreift und küßt; ich war nicht zurückhaltend und fand jedesmal Gelegenheit, meine Schöne zu erwischen und zu küssen; das tat ich mit großem Feuer, worüber der Bauern-Kurfürst laut lachte... Er war ein heiterer, jovialer, gutmütiger Herr. Seine ganze Erscheinung machte den Eindruck blühender Gesundheit, man hätte ihm kaum sein nahe bevorstehendes Ende voraussagen können; er starb schon im folgenden Jahr." Beim Tanz auf einem Karnevalsball auf Schloß Philippsburg in Koblenz-Ehrenbreitstein holte er sich eine Lungenentzündung, der er erlag. Seine Gebeine ruhen im Kölner Dom, sein Herz in Altötting, seine Eingeweide in St. Remigius in Bonn.

Während in Bonn die Heilige Stiege, in Brühl die weltberühmten Schlösser Augustusburg und Falkenlust – zu dessen berühmtesten Besuchern der damals sechsjährige Wolfgang Amadeus Mozart zählt – sich der bewundernden Nachwelt unverändert darbieten, wurde das Bonner Residenzschloß durch eine fünftägige Feuersbrunst 1777 innen und außen weitgehend verwüstet. Nur teilweise wiedererrichtet, wurde es erst 1926 wenigstens äußerlich ganz wiederhergestellt, ebenso wie das im Zweiten Weltkrieg zerstörte Poppelsdorfer Schloß vereinfacht wiederaufgebaut wurde.

Vermochten die genannten Architekten und Baumeister am kurkölnischen Hof Clemens Augusts dank ihrer

Schöpfungen den Ruhm der Nachwelt zu erringen, so blieben die in Bonn wirkenden Maler Georg Desmarées und François Rousseau allgemein eher unbekannt. Ähnliches gilt für die am Hofe wirkenden Kapellmeister und Komponisten Guiseppe Clemente dall'Abaco, Francesco Zoppi, Guiseppe Touchemoulin und später Gaettano Matteoli sowie für den wohl bedeutendsten Andrea Luchesi und unter den jüngeren die Lehrer Beethovens, den evangelischen Christian Gottlob Neefe und Franz Anton Ries, obgleich sie in ihrer Zeit durchaus bekannt, ja berühmt waren. Dank des Kölner Kammerorchesters, der von Heribert Beissel als 'Talentschmiede' für junge Musiker- und Musikerinnen gegründeten Klassischen Philharmonie Bonn, des Collegium Musicum der Universität Bonn und inzwischen auch anderer rheinischer Orchester werden ihre Werke heute wieder aufgeführt. Dabei genoß die Bonner Oper unter Clemens August europäischen Ruf, wie die regelmäßigen Gastspiele der damals besten Sängerinnen und Sänger bezeugen. Unter ihnen war für ein Jahrzehnt lang der berühmteste Tenor des 18. Jahrhunderts, der in Gelsdorf bei Bonn geborene Anton Raaff – er sang u.a. die Titelrolle in Mozarts „Idomeneo" bei der Uraufführung 1781 in München. Fast gleichzeitig mit der Aufführung italienischer Opern blühte unter Clemens August – er hatte endlich eine eigene Bonner Bühne im Schloß errichten lassen – das französische Sprechtheater mit Werken von Corneille und Voltaire.

Kurfürst Max Friedrich von Königsegg-Rothenfels, Kupferstich von Johann Michael Söckler nach A. Stradtmann

Wenige Wochen nach dem Tode Clemens Augusts sahen sich seine Untertanen nun doch in den Siebenjährigen

Krieg hineingezogen. Von März bis Mitte Juli 1761 besetzten 6000 Franzosen die Stadt und quartierten sich in die Schlösser Poppelsdorf und Herzogsfreude, die allmählich verfielen, sowie in Brühl ein. Seinem kurfürstlichen Nachfolger, dem schwäbischen Reichsgraf Max Friedrich von Königsegg-Rothenfels, blieb nichts anderes übrig, als eisern zu sparen, um die ruinierte Staatskasse wieder zu füllen. Seine kluge und erfolgreiche Politik verlangte Opfer, so daß die Bonner jammerten: „Bei Clemens August trug man Blau und Weiß, da lebt' man wie im Paradeis. Bei Max Friedrich trägt man Schwarz und Rot, da leidt man Hunger, wie die schwere Not.“ Er hatte zudem das Unglück, daß in seine Regierungszeit 1771 eine Hungersnot mitteleuropäischen Ausmaßes fiel, sein Bonner Residenzschloß sechs Jahre später ein Opfer der Flammen wurde sowie das mit mehr als 13 m über NN höchste aller je gemessenen Rheinhochwasser Bonn und Beuel vernichtend traf. Die zweite Treppenstufe des Südportals des Bonner Münsters zum Kreuzgang hin hält es mit der Inschrift „RHEINHÖHE A. 1784 DEN 27. FEBVARI“ fest.

Unter den Nachfolgern der Wittelsbacher entstanden nur noch wenige kurfürstliche Bauten in Bonn: Max Friedrich von Königsegg ordnete „gnädigst new“ den Marktbrunnen mit seinem Obelisken an, ließ jedoch das ihm zu Ehren errichtete „Danckmahl“ von der Stadt bezahlen. Ein im Januar 1777 in der Pulverkammer des Residenzschlosses ausgebrochenes Feuer brannte das prachtvolle Vierflügelschloß Zucallis bis auf die Grundmauern nieder. Wegen Geldmangels ließ der Kurfürst nur die Hofgartenseite wieder aufbauen und die Stadtseite nur noch eingeschossig herrichten.

Brand des Residenzschlosses 1777, Radierung von Franz Rousseau

Neu fügte er dem Bau die klassizistische Schloßkirche hinzu.

Auf den Habsburger Max Franz geht die klassizistische Redoute als Ball- und Konzertsaal mit links anschließendem Theater für die Besucher des von ihm 1790 erworbenen und ausgestalteten Draitschbrunnens in dem damit beginnenden „Bad" Godesberg und die dort geschlossene Gestaltung der Kurfürstenallee zurück. Die Bauten entwarf der Poppelsdorfer Baumeister Michael Leydel, die gärtnerische Gestaltung übernahm der kurfürstliche Hofgärtner Peter Joseph Maria Lenné, der Vater des berühmtesten deutschen Gartenarchitekten des 19. Jahrhunderts. Der 1789 wohl im Hause zwischen dem Alten Zoll und dem Ostflügel des Residenzschlosses geborene Peter Joseph Lenné verließ wie Beethoven im Alter von 22 Jahren seine Vaterstadt Bonn, um in Paris die französische Gartenkunst zu studieren. Ab 1816 in Postdam tätig, wo er dem Park von Sanssouci ein halbes Jahrhundert widmete, stieg er später zum Generaldirektor der königlichen Gärten in Preußen auf. Bonn besuchte er mehrmals. 1863 erarbeitete er einen Verschönerungsplan für den Hofgarten. Während dieser nicht ausgeführt wurde, trägt ein Teil des Alten Friedhofs seine Handschrift: Nach Lennés Idee, so berichtete Oberbürgermeister Leopold Kaufmann 1869 an die Königliche Regierung in Köln, gestaltete Garteninspektor Wilhelm Sinning hier einen Park im englischen Stil, der später als 'Westanlage' in den angrenzenden Alten Friedhofs einbezogen wurde. Mehr ist von Lenné in Bonn nicht gesichert.

Kurfürst Max Franz von Österreich, Kupferstich von J. E. Mansfeld nach C. Vinazer, 1782

„Köstliches Godesberg", ruft Ann Radcliffe in ihrem 1795 erschienenen Rheinbuch aus, „erhabene Schönheit der Landschaft, Charme der Musik und die Vergnügungen einer heiteren und eleganten Gesellschaft sind bei dir zu finden. Ernste Sorge wegen der Kriegsereignisse hat dich nun befallen." Die englische Reise- und Romanautorin war auf ihrer Fahrt von Bonn nach Godesberg auf einen Zug französischer Kriegsgefangener gestoßen, doch fährt sie fort: „Zweimal in der Woche gibt es musikalische Veranstaltungen und wird vom Kurfürsten [Max Franz] ein Ball gegeben, der häufig dazu erscheint und dies mit der Gelassenheit und Schlichtheit eines privaten Gentleman. Bei diesen Unterhaltungen schließen sich der Gesellschaft, die die Quelle besucht, die Familien aus der Nachbarschaft an, so daß sechzig bis hundert Personen anwesend sind. Entsprechend der deutschen Vorliebe für einen frühen Anfang beginnen die Bälle um sechs Uhr... Die Gesellschaft zog sich dann zu einem jeden zugänglichen Glücksspiel zurück, bei dem eine Menge Goldmünzen eingesetzt wurden. Die Spielleidenschaft hatte kein Ohr mehr für die Feinheiten Mozartscher Musik, die weiterhin von einem ausgezeichneten Orchester vorgetragen wurde. Die Kleidung der Gesellschaft verriet englischen Geschmack und die Stoffe, wie wir mit Genugtuung vermuten durften, waren vornehmlich englischer Provenienz."

Draitschbrunnen in Bad Godesberg, Radierung von Johann Ziegler nach Lorenz Janscha, 1798

Neben den Bauten der Kurfürsten und Erzbischöfe von Köln als Landesherren der Stadt Bonn – hierzu zählen auch der verschwundene Marstall vor dem Sterntor und die Kasernen – haben sich auch repräsentative Häuser anderer Bauherren erhalten. Da sind zunächst einmal die Stiftskurien der Kanoniker des Cassiusstifts zu nennen, die rund um den Münsterplatz entstanden waren. Ein einziges dieser prächtigen Gebäude hat sich zumindest äußerlich erhalten: das von dem Stiftsdechanten Radermacher 1751–1753 errichtete schöne Barockpalais, bekannter unter dem Namen der späteren Besitzer, der Freiherren von Fürstenberg-Stammheim. Seit 1876 Hauptpostamt, preist sein Giebelrelief die Segnungen der Post. Das Damenstift Dietkirchen erhielt eine neue Kirche auf dem Stiftsplatz, und auch die Welschnonnen- und die Kapuzinerkirche wurden im barocken Stil neu gebaut: Sie sind alle verschwunden.

Redoute in Bad Godesberg, Radierung von Johann Ziegler nach Lorenz Janscha, 1798

Von den Stadtpalais des Kurkölner Hofadels, etwa dem Metternicher, Belderbuscher und Boeselager Hof mit seinem kunstvollen französischen Garten, hat sich keiner erhalten, von den schloßartigen Burgen in den Vororten Bonns steht allein noch Graurheindorf. Anders in der weiteren Umgebung Bonns, hier zeugen etwa die Gudenau, die Schlösser Lüftelberg und Morenhoven, besonders aber das einzigartig original erhaltene, jüngst behutsam restaurierte Schloß Miel in der heutigen Gemeinde Swisttal vom höfischen Glanz Kurkölns. Kurfürst Max Friedrichs Premier-, Hof- und Staatsminister Caspar Anton Graf von Belderbusch, schon von Clemens August in seiner Karriere als Deutschordensritter gefördert, bekleidete nicht nur kurkölnische Ämter. Nachdem der zur Ehelosigkeit verpflichtete Geistliche 1766 zum Landkomtur der reichen

Das Radermachersche bzw. Fürstenbergsche Palais als Hauptpost, Lithographie von C. Hindorf, 1879

Ordensballei Altenbiesen bei Maastricht ernannt war, ließ er den alten Rittersitz Miel durch den Architekten Johann Georg Leydel zur zauberhaften Maison de plaisance, zum Lustschloß umwandeln und dort ein eigenes Appartement für seine Geliebte, die Vilicher Äbtissin Gräfin Caroline von Satzenhoven einrichten. Bahnbrechend, denn erstmals auf dem europäischen Kontinent, ließ Belderbusch einen eigenen Anbau für die Dienerschaft mit Ofenheizung und wassergespülten Toiletten an das Herrenhaus anbauen. (Übrigens Belderbuschs Ordensbruder Franz Theodor Freiherr von Croix brachte es noch viel weiter: 1770/71 Komtur von Ramersdorf, stieg er später zum Gouverneur von Kalifornien, ja zum Vizekönig von Peru und Chile auf.)

Unter den Bauten der bürgerlichen Stadt ist das repräsentative Rathaus an erster Stelle zu nennen. Es entstand 1737 nach Plänen des französischen Baumeisters Michael Leveilly, den Kurfürst Clemens August aus München mitgebracht hatte und den Bonner Stadtvätern für ihr Bauvorhaben 'auslieh'. Leveillys Rathaus ist eigentlich ein Stadtpalais mit doppelter Freitreppe, von deren Stufen bedeutende Politiker des 20. Jahrhunderts ihre Grüße entboten und Reden an die Bonner Bevölkerung hielten. Mit seiner einzigartigen großen Pilasterordnung erzielt es auf der Stirnseite des Marktplatzes bis heute bedeutende Wirkung. Es diente damals nicht nur als Rathaus, sondern auch als Festhaus, Kaufhaus und Warenspeicher. Im Innern des im Zweiten Weltkriegs niedergebrannten „gemeynen Bürgerhauses" schauen unserer jetzigen Oberbürgermeisterin nicht etwa – was in einem städtischen Rathaus wie überall sonst zu erwarten wäre – ihre Amtsvorgänger bei ihrem regierlichen Handeln zu, nicht einmal allegorische Darstellungen preisen bürgerlich-selbstbestimmende Tugenden oder städtischen Gewerbefleiß, nein, hier

Altes Rathaus, Stahlstich, um 1875

blicken die alten Kurfürsten von Köln als einstige Landesherren von den Wänden herab. Die von ihnen als der „gnädigsten Herrschaft" bei den Bonner Hofmalern bestellten, aber von der Stadt bezahlten Porträts geleitete auch stets ein feierlicher Zug der Bürgerschaft in ihr Rathaus. Kein Bonner Bürgerstolz also ? Kein bürgerliches Selbstbewußtsein jedenfalls, das auf stolze Distanz, ja vielleicht sogar auf Loslösung vom Staate drängte, sondern ein ausgeprägt kurkölnisches Lebensgefühl, das sogar die preußischen Könige als neue Landesherren durchstand. War Bonn doch Haupt- und Residenzstadt des alten Kurfürstentums Köln und damit gewiß mehr als so manche selbständige Reichsstadt gewesen..

Von den vielen privaten bürgerlichen Bauten seien einige stellvertretend genannt, darunter das Wasserträgerhaus in der Clemens-August-Straße in Poppelsdorf und das Geburtshaus Ludwig van Beethovens. Das Wirken der Kurfürsten in Poppelsdorf bedingte, daß sich auch Hofbedienstete und Künstler hier niederließen, unter ihnen die Familien der Gartenarchitekten Lenné und der Baumeister Leydel. Dem kurfürstlichen Wasserträger Peter Blentz oblag es, täglich reines Brunnenwasser aus Poppelsdorf in das Bonner Residenzschloß zu bringen. 1750 erbaute er mit seiner zweiten Gemahlin Ursula geb. Mostart das steinerne zweigeschossige Haus. Es war sein drittes in Poppelsdorf. Auch die Fassade des Hauses mit der hübschen Rokokonische – sie barg eine Marienstatue – läßt auf einen wohlhabenden Besitzer schließen. Das Haus wurde in den 70er Jahren des 20. Jahrhunderts ein Symbol des

Haus von Peter Blentz, Foto von Bernhard Berzheim, 1982

Denkmalschutzes in Bonn. Seine Rettung verdankt es vor allem dem Arbeitskreis zur Erhaltung des historischen Stadtgefüges von Bonn.

Rechtsrheinisch besitzt Bonn das 1785 errichtete Mehlemsche Haus. In ihm hatten zwei Brückenmeister aus der Familie Mehlem, Vater und Sohn, gewohnt. Aufgabe der Brückenmeister war es, den Betrieb der „Fliegenden Brücke" im Auftrag der „Fährbeerbten" zu leiten. Auch dieses Haus wurde in den 70er Jahren des 20. Jahrhunderts ein Symbol der Denkmalpflege in Bonn. Ein engagierter Dankmalschutzverein trägt seinen Namen. In Oberkassel, das wie Beuel ebenfalls zum Herzogtum Berg gehörte, erbauten sich die Fürsten zur Lippe 1764 wahrscheinlich nach Plänen Johann Conrad Schlauns ihr prächtiges Landhaus. Nahe bei ihm steht die 1685 fertiggestellte evangelische Pfarrkirche, nicht nur das älteste, sondern bis 1815 auch einzige evangelische Gotteshaus Bonns.

„L. v. Beethoven, kurf. kölnischer Hoforganist“

Im Gartenhaus der Bonngasse 20 wurde Ludwig van Beethoven geboren. In dem schön gegliederten Vorderhaus mit seiner prächtigen frühklassizistischen Haustüre wohnten damals Angehörige der kurfürstlichen Kapelle. Alfred Kerr besuchte Beethovens Geburtshaus 1920 und fand „ein Zimmerchen, so klein wie ein Verschlag, und man stößt mit der Hand an die Decke. Man denkt, es ist ein Aufenthalt für Hühner.

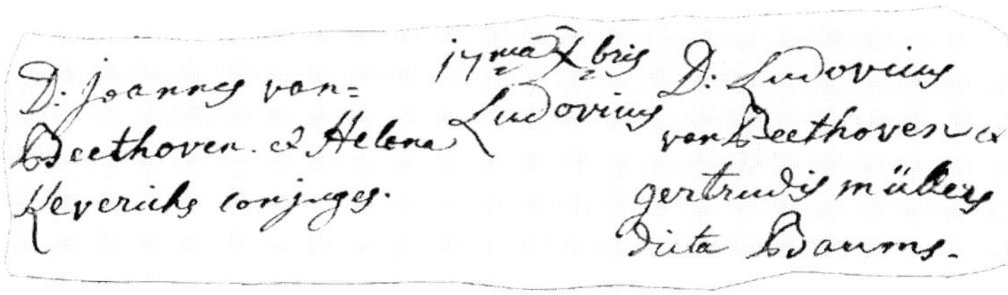
D: Joannes von= Beethoven & Helena Keverichs conjuges.
17ma Xbris Ludovicus
D: Ludovicus van Beethoven et gertrudis müllers dicta Baums.

Ludwig van Beethovens Taufeintrag im Kirchenbuch von St. Remigius, 17. Dezember 1770

Hier hat ihn seine Mutter zur Welt gebracht – eines Lakaien junge Witwe, die darauf einen trunksüchtigen Musikus nahm.“ Getauft ist Ludwig in der ehemaligen Pfarrkirche St. Remigius eine Woche vor Heiligabend 1770, am 17. Dezember. Wie Lennés Familie waren auch die Beethovens schon in der dritten Generation in Bonn ansässig. Kurfürst Clemens August hatte den gleichnamigen Großvater des großen Komponisten von Mecheln im belgischen Herzogtum Brabant nach Bonn berufen, wo dieser in Oper, Konzert und Kirche als Gesangssolist wirkte und später zum Kapellmeister der Hofkapelle aufstieg. Das Gartenhaus war die erste Wohnung seines Sohns, des Hoftenoristen Johann van Beethoven. Dieser heiratete 1767 die aus Koblenz-Ehrenbreitstein stammende 21jährige Witwe eines kurtrierischen Leibkammerdieners, Maria Magdalena Keverich, die ihm sieben Kinder gebar. Von ihnen überlebten nur drei ihre Eltern, darunter Ludwig. 1776 zogen die Eltern in das stattliche

Giebelhaus des Bäckermeisters Gottfried Fischer, Rheingasse 7, um. Hier und später in der Wenzelgasse 25 verlebte der junge Beethoven seine Jugendjahre, über die wir dank der Erinnerungen des Bäckermeisters und seiner Frau Cäcilia recht gut Bescheid wissen.

Beethovenhaus, Bonngasse 20, Radierung von A. Gebhardt, um 1920

Vater Johann erkannte sehr früh die musikalische Begabung seines Sohnes Ludwig und unterrichtete ihn zunächst selbst. Cäcilia Fischer erinnert sich, wie das „kleine Bübchen auf einem Bänkchen vor dem Clavier stand, woran die unerbittliche Strenge seines Vaters ihn schon so früh festbannte". Johann van Beethoven wollte seinen Sohn wie Mozart als 'Wunderknaben' präsentieren und ließ ihn 1778 erstmals öffentlich in einem Konzert in Köln auftreten, sein Alter um zwei Jahre jünger angebend. Der Violoncellist Mäurer erinnerte sich, daß im Jahr darauf Vater Johann den Pianisten Tobias Pfeiffer ersuchte, „Louis Unterricht zu geben. Dazu wurde aber keine ordentliche Zeit festgesetzt. Oft, wenn Pfeiffer mit Beethovens Vater in einer Weinschenke bis 11 oder 12 Uhr gezecht hatte, ging er mit ihm nach Hause, wo Louis im Bette lag und schlief. Der Vater rüttelte ihn ungestüm auf. Weinend sammelte sich der Knabe und ging ans Klavier, wo Pfeiffer bis zum frühen Morgen bei ihm sitzen blieb, da er das ungewöhnliche Talent desselben erkannte... Als er (Beethoven) so weit war, daß er sich mit Beifall vor Kennern hören lassen konnte, lud sein exaltirter Vater jeden ein, seinen Louis zu bewundern, der aber gegen jedes Lob gleichgiltig blieb." Ludwig, so berichtet sein

Freund und Schüler in Wien, Ferdinand Ries, denn auch, „sprach von seiner Mutter mit Liebe und Gemüthlichkeit, nannte sie öfters eine brave, eine herzensgute Frau. Von seinem Vater, der am meisten am häuslichen Unglück schuld war, sprach er wenig und ungern." Als Pfeiffer Bonn verlassen mußte, übernahm Christian Gottlob Neefe die musikalische Ausbildung des zehnjährigen Ludwig, Franz Anton Ries unterwies ihn auf der Violine.

Prophetisch lobte Neefe 1783 den jugendlichen Beethoven in Cramers „Magazin der Musik" – von sich in der dritten Person sprechend: „Er spielt sehr fertig und mit Kraft das Clavier, ließt sehr gut vom Blatt, und um alles in einem zu sagen: Er spielt größtentheils das wohltemperierte Klavier von [Johann] Sebastian Bach, welches ihm Herr Neefe unter die Hände gegeben... Herr Neefe hat ihm auch ... einige Anleitung zum Generalbaß gegeben. Jetzt übt er ihn in der Composition, und zu seiner Ermunterung hat er 9 Variationen von ihm fürs Clavier über einen Marsch in Mannheim stechen lassen. Dieses junge Genie verdient Unterstützung, daß er reisen könnte. Er würde gewiß ein zweiter Wolfgang Amadeus Mozart werden, wenn er so fortschritte, wie er angefangen." Die 1782 im Druck erschienenen „Variations pour le Clavecin sur une Marche de Mr Dressler, composées ... par un jeune amateur Louis van Beethoven, agé de dix ans" – auch hier verschweigt Beethoven sein wirkliches Alter – und die im Jahr darauf in Speyer veröffentlichten, Kurfürst Max Friedrich von Königsegg gewidmeten „Kurfürstensonaten" sind die einzigen gedruckten Werke aus Beethovens Bonner Jahren, in denen er, soweit bekannt, insgesamt etwa 40 erhaltene Kompositionen schuf.

Da die ältere Schloßkirche mit dem Brand des Schlosses 1777 untergegangen war, diente die gegenüberliegende, im Zweiten Weltkrieg zerstörte Franziskanerkirche – hier befindet sich heute das Stadtmuseum Bonn – vorübergehend als Hofkirche. Hier unterrichtete ihn Bruder Willibald Koch an der Orgel „und in der Kirche Rittuße", doch bald wollte der Junge an einer größeren

Orgel wirken. Ludwig, damals gerade mal zehn Jahre alt, befreundete sich mit dem Organisten der Minoritenkirche in der Brüdergasse an, wo er in der morgendlichen 6-Uhr-Messe die Orgel spielte. Ihr von der berühmten Bonner Orgelbaufirma Klais vor wenigen Jahren restaurierter Spieltisch bestaunt der Besucher im Beethovenhaus. Ludwig glänzte im übrigen auch im Bonner Münster, an der Kirche des Klosters Marienforst in Bad Godesberg und wohl auch an der nach dem Schloßbrand noch unter Kurfürst Max Friedrich von Königsegg wiederaufgebauten Schloßkirche und an der Dietkirche. Zwei Jahre, nachdem er seinen Lehrer Neefe und Kapellmeister Luchesi als Hoforganist vertrat, ernannte der neue Kurfürst Max Franz 1784 den knapp 14jährigen zum ordentlichen besoldeten Hoforganisten. Der fortan in den Hofkalendern offiziell aufgeführte Ludwig van Beethoven diente nicht nur in Bonn als Orchestermusiker in Hofkapelle und Theater, sondern begleitete seinen kurfüstlichen Herrn auch auf Reisen, so etwa 1791 nach Bad Mergentheim, dem damaligen Sitz des Deutschen Ordens, dessen Hochmeisterwürde Max Franz schon wie Clemens August voller Stolz bekleidete.

Innenansicht der Schloßkirche, Stahlstich von J. Jung nach Christian Hohe

Schon in diesen Jahren schloß der junge Hoforganist Freundschaften, die sein Leben lang hielten. Franz Gerhard Wegeler führte Ludwig in das Breuningsche Haus ein, das am Münsterplatz an der Stelle des heutigen Kaufhofs stand. Die Witwe des beim Brand des Residenzschlosses ums Leben gekommenen Deutschordensritters Hofrat von Breuning, Helene, und ihre vier

Kinder boten dem „oft störrischen, unfreundlichen Jüngling" familiäre Geborgenheit, „hier fühlte er sich frei", wie sich Wegeler erinnerte. Mit Sohn Stephan und Tochter Eleonore, Wegelers späterer Gattin und wohl Beethovens frühe Liebe, verband ihn eine innige Freundschaft. Hier entstand das erste und einzige Bild des jungen Musikers aus seiner Bonner Zeit, ein Schattenriß des knapp 16jährigen, erteilte Ludwig Klavierunterricht und lernte seinerseits die jüngere deutsche Dichtung kennen: Goethes „Leiden des jungen Werther", Klopstock, Schiller, Herder. Theaterstücke von Shakespeare und Schiller erlebte er auf der Residenzbühne, die alten Griechen Homer, Plutarch und Platon brachte ihm Neefe nahe.

Schattenriß Ludwig van Beethovens von Joseph von Neesen, lithographiert, 1838

1787 wurde ihm ein Schicksalsjahr. Max Franz von Österreich hatte sieben Jahre zuvor als Koadjutor des kranken Kurfürsten Max Friedrich von Königsegg feierlich Einzug in seine spätere Residenzstadt Bonn gehalten, war aber dann nach Wien zurückgekehrt. Selbst mehrere Streichinstrumente spielend, schätzte er neben Gluck und Haydn besonders Mozart, ja hielt sich dort eine eigene Kapelle. Mozart vertraute seinem Vater Leopold 1782 an, daß er sich Hoffnungen mache, in Bonn als Hofkapellmeister angestellt zu werden. Aber leider, so möchte man meinen, mußte Max Franz noch vier Jahre warten, um als neuer Kurfürst an den Rhein zu kommen. Wenn nun schon nicht Mozart nach Bonn kam, so sollte wenigstens Beethoven nach Wien reisen, um bei Mozart in die Lehre zu gehen. 1787 schickte ihn der Kurfürst dorthin, doch brach Ludwig nach einer nur kurzen Begegnung mit Mozart seinen Aufenthalt überstürzt ab. Seine „so gute liebenswürdige Mutter,... beste Freundin" war im Sommer ernsthaft erkrankt. Beethoven erreichte Bonn gerade noch rechtzeitig vor ihrem Tod am 17. Juli. Witwer Johann verfiel immer mehr dem Alkohol und mußte schließlich gnadenhalber frühpensioniert werden. Die Hälfte seines Gehalts erhielt nunmehr Ludwig ausgezahlt, der sich rührend um den Vater und seine jüngeren Geschwister sorgte.

Zwei Jahre später schrieb er sich an der kurfürstlichen Universität in Bonn ein, besuchte sie aber nur kurz. Bei Eulogius Schneider hörte er Vorlesungen über deutsche Literatur. Mit anderen Hofmusikern und Studenten verkehrte er gerne im renommierten „Zehrgarten" der Witwe Koch am Markt, die nebenan eine Buchhandlung mit der typischen Literatur des Zeitalters der Aufklärung führte. Tochter Babette verehrte der junge Ludwig offensichtlich sehr. Wie die Widmungen früher Werke Beethovens bezeugen, hatte er auch Zugang zu adligen Kreisen des kurkölnischen Hofs wie denen der Grafen Metternich und Hatzfeld. Seinen späteren Musikverleger Nikolaus Simrock, der den bis heute in Bonn blühenden Notendruck – erinnert sei hier an einen der größten deutschen Musikverlage, Voggenreiter – begründete, kannte er von der Hofkapelle her. Über Simrock, Neefe und Ries lernte Beethoven die Bonner Niederlassung des Geheimordens der Illuminaten mit dem Namen „Stagira" kennen, der sich in weltbürgerlicher Gesinnung den Prinzipien der Aufklärung verpflichtet sah. Für die Bonner Freimaurerloge der „Frères courageux à l'Orient" skizzierte er die Liedfassung „Wer, wer ist ein freier Mann", mit anderen Bonner Liedern im Druck erschienen 1808 bei Simrock.

1787 hatten sich aufgeklärte Geister jenseits von Standesgrenzen zur heute noch bestehenden Bonner Lesegesellschaft zusammengeschlossen, unter ihnen Kurfürst Max Franz selbst. Ihr Ziel war, „die Lichstrahlen der Aufklärung auch außer unserer Vaterstadt" zu verbreiten durch Lektüre einschlägiger Bücher und Zeitschriften, besonders auch französischer, durch geistigen Austausch und publizistisches Wirken in die Bürgerschaft hinein. Im gesellschaftlichen und geistigen Leben Bonns spielte die „Lese" eine herausragende Rolle. Berühmte Persönlichkeiten trugen sich in ihr Gästebuch ein, so 1788 Wilhelm von Humboldt und Weihnachten 1790 auf seiner ersten Reise nach London Joseph Haydn, den Kurfürst Max Franz in seiner Residenz ehrenvoll empfing. Gleich nach seiner Ankunft in Bonn war der Deutschordensritter Ferdinand

Graf Waldstein in die Lese eingetreten und wurde später ihr Direktor. Der begeisterte Musikliebhaber und Komponist, mit Mozart und Haydn bekannt, wurde im Hause von Breuning auf den um acht Jahre jüngeren Ludwig van Beethoven aufmerksam und erwies sich bald als sein wichtigster adliger Freund und Gönner. Wohl musikalische Ideen Waldsteins aufgreifend, komponierte Beethoven unter dessen Namen ein „Ritterballett", das als Gebrauchsmusik für ein Gesellschaftsfest zu Karneval 1791 in „altdeutscher Tracht" in der Redoute in Godesberg, „einem Lustorte nahe bei Bonn", aufgeführt wurde. Hier kam es ein Jahr später auf Haydns Rückreise von London nach Wien zu der denkwürdigen Begegnung mit Beethoven. Das kurfürstliche Orchester gab Haydn zu Ehren ein Frühstück, der junge Bonner Komponist legte ihm bei dieser Gelegenheit „eine Cantate vor, welche von Haydn besonders beachtet und ihr Verfasser zu fortdauerndem Studium aufgemuntert wurde", wie Wegeler überliefert. Es handelte sich dabei wohl um die 'Kaiserkantaten' „auf den Tod Josephs II." und „auf die Erhebung Leopolds II. zur Kaiserwürde".

Beethoven verdankte wohl Ansehen und Einfluß Graf Waldsteins beim Kurfürsten, daß dieser ihn von seinen Dienstverpflichtungen am Bonner Hof – unter weiterer Gewährung seines Gehalts – entband und nach Wien entsandte, um erneut bei Mozart in die Lehre zu gehen. Bevor jedoch Beethoven die Reise antreten konnte, starb Mozart Anfang Dezember 1791. Elf Monate später feierte Ludwig Abschied von Bonn und bestieg die Postkutsche nach Wien. Seine Freunde widmeten ihm ein Stammbuch mit Versen und guten Wünschen. Graf Waldstein trug darin am 29. Oktober 1792 ein: „Lieber Beethoven ! Sie reisen itzt nach Wien zur Erfüllung ihrer so lange bestrittenen Wünsche. Mozart's Genius trauert noch und beweinet den Tod seines Zöglinges. Bey dem unerschöpflichen Hayden fand er [der Genius] Zuflucht, aber keine Beschäftigung; durch ihn wünscht er noch einmal mit jemanden vereinigt zu werden. Durch ununterbrochenen Fleiß erhalten Sie: Mozart's Geist aus Haydens Händen. Ihr warer Freund Waldstein."

Ludwig dankte, indem er Waldstein mit der Widmung seiner Klaviersonate op. 53 unsterblich machte. Und Haydn ? Er sah wohl recht, daß Ludwig van Beethoven „mit der Zeit die Stelle der größten Tonkünstler in Europa vertreten werde“.

So gerne Beethoven seine Vaterstadt einmal besucht hätte, es kam nicht dazu. Seinem Jugendfreund Franz Gerhard Wegeler bekannte er in einem Brief vom Juni 1800: „Mein Vaterland, die schöne Gegend, in der ich das Licht der Welt erblickte, ist mir auch immer so schön und deutlich vor meinen Augen, als da ich euch verließ; kurz ich werde diese Zeit als eine der glücklichsten Begebenheiten meines Lebens betrachten, wo ich euch wieder sehen und unseren Vater Rhein begrüßen kann.“ Da sich die Bonner Hofkapelle nach dem Einmarsch der französischen Revolutionstruppen 1794 auflöste, hätte er hier auch gewiß keine Zukunft mehr gehabt. Immer aber freute er sich über Besuch aus dem Rheinland. Als ihn Peter Joseph Lenné 1812 in Wien besuchte, rief er aus: „Dich versteh ich, Du sprichst bönnsch!

Beethovens Geburtshaus geriet später in verschiedene Hände. Zwischen 1816 und 1836 – also noch zu Lebzeiten Beethovens – beherbergte das Vorderhaus eine wohlangesehene, von den Studentencorps Rhenania und Westphalia bevorzugte Gast- und Weinwirtschaft des von der Mosel zugewanderten Alois Bau(e)r, in dessen Familie der Verfasser eingeheiratet hat. 1888 war das Haus zu einem „Tingeltangel“, einer billigen Bierkneipe, heruntergekommen. Etwa 60 Menschen wohnten damals darin. Zu seiner Rettung gründeten 1889 zwölf hochmögende Bonner Bürger den „Verein Beethoven-Haus“. Sie kauften Garten- und Vorderhaus, verbanden sie miteinander und errichteten darin eine Gedenkstätte. Hier erklangen schon im folgenden Jahr Beethovensche Kompositionen. Es war das erste der 30 bis 1956 vom Verein Beethoven-Haus durchgeführten Kammermusikfeste, die Bonn bald zum „Mekka der Kammermusik“ erhoben. Die lange Reihe der bis heute berühmten Ehrenmitglieder des Vereins Beethoven-Haus führte damals der mit Bonn verbundene Joseph Joachim an, einer der größten Violinvirtuosen seines Jahrhunderts. Im später erworbenen Nachbarhaus „Im Mohren" wuchs das Beethoven-Archiv samt Bibliothek vor allem dank der Großzügigkeit der Prieger, Bodmer, Unger und Wegeler zur weltweit größten Beethoven-Sammlung heran. Anläßlich seiner Hundertjahrfeier konnte der Verein 1989 nebenan den von dem Architekten Thomas van den Valentyn entworfenen, hinreißend schönen Kammermusiksaal Hermann J. Abs einweihen. Das Haus hütet jetzt auch Archiv und Bibliothek.

Letzte Jahre der kurfürstlich-kölnischen Haupt- und Residenzstadt

Nicht nur die Tage höfischen Prunks, der Bälle, Maskeraden, Bauernfeste und Parforcejagden sind vergangen, auch die kostbare Ausstattung der kurfürstlichen Schlösser ist verloren. Geblieben sind die großen Bauwerke der Wittelsbacher, sie bestimmen bis heute Bonns Charakter als Barockstadt, und die besonders ausgeprägte Musikpflege in Bonn. Hier wirkten bedeutende Musiker, Komponisten und Sänger, wuchs Beethoven heran. Mozarts Werke fanden früh Aufnahme in der kurkölnischen Residenzstadt. Schon 1783, nur ein Jahr nach der Wiener Uraufführung, wurde hier „Die Entführung aus dem Serail“ gespielt. Unter dem Habsburger Max Franz erklangen „Don Giovanni“ und „Die Hochzeit des Figaro“ noch zu Mozarts Lebzeiten, seine „Zauberflöte“ 1793. Das von Kurfürst Clemens August erbaute barocke Hoftheater im östlichen Flügel des Bonner Residenzschlosses widmete sich unter der Intendanz des mächtigen Staatsministers Caspar Anton Graf von Belderbusch den Werken Voltaires, Molières, Goldonis, Shakespeares, Lessings und Schillers. Belderbusch berief dazu den Dramatiker, Schauspieler und Theateragenten Gustav Friedrich Wilhelm Großmann nach Bonn und übertrug ihm 1778 die Direktion eines ständigen Bonner „Nationaltheaters“, dessen Aufgabe es sein sollte, „die deutsche Schauspielkunst zu einer Sittenschule für das deutsche Volk zu erheben“. 1783 wurde hier Schillers „Fiesco von Genua“ in der ersten Fassung uraufgeführt. Schillers Frau und Sohn sind auf dem Alten Friedhof in Bonn bestattet, hier findet sich auch das Grab von Beethovens Mutter. 1774 und 1792 besuchte übrigens Goethe unerkannt, unbemerkt und nur für wenige Stunden Bonn; als der „Olympier“ 1815 zum drittenmal Bonn besuchte, war das Rheinland preußisch geworden.

Ehemaliges Jesuitengymnasium, dann Maxische Akademie in der Bonngasse, Foto von Carl Schaaf, um 1900

Die Ideen der Aufklärung, die sich im Frankreich des 18. Jahrhunderts entwickelt hatten und 1789 zur Französischen Revolution, wenige Jahre danach zum Sturz der Monarchie beitrugen, fanden dank des fortschrittlichen kurkölnischen Ministers Belderbusch, aber auch dank der Illuminaten, der Freimaurer und der „Lese" auch in Bonn Eingang. Auf Belderbuschs Betreiben hin gründete Kurfürst Max Friedrich von Königsegg 1777 die „Maxische Akademie", von seinem Nachfolger Max Franz 1786 zur Universität mit den vier Fakultäten Theologie, Jura, Medizin und Philosophie-/Philologie erhoben. Im Jahr zuvor hatte er schon die Hofbibliothek für die Öffentlichkeit zugänglich gemacht. Die Vorlesungen an der Universität waren kostenlos, Stipendien unterstützten arme Studenten. Bald studierten hier an die 300 junge Männer.

Wegweisend war auch die Gründung einer „Normalschule", einer Lehrerbildungsanstalt, der Max Franz große Aufmerksamkeit widmete. Ihr geistiger Kopf Bonifaz Oberthür – er war auch der Gründungsrektor der Universität – erkannte, daß „der gemeine Mann mehr unterrichtet sein muß, wenn er glücklicher werden soll". Die Alphabetisierung der Kinder und ihre Erziehung zu Handfertigkeiten sah er nur durch eine neue „Lehrart" ermöglicht. Die „Normallehranstalt" sollte sie den kurkölnischen Lehrern nahebringen, sie darin einüben, damit sie als Boten einer volkspädagogisch verstandenen Aufklärung vor Ort das Wohl der Untertanen zu befördern in der Lage waren.

Franzosen setzen Freiheitsbaum

Der revolutionäre Umsturz in Frankreich hatte zunächst keinerlei Auswirkungen auf Bonn. Erst als sich 1794 die französischen Truppen der Sambre-Maas-Armee unter General Marceau Bonn näherten, erteilte der fähige, uneigennützige aufgeklärte Kurfürst Max Franz der Bonner Bevölkerung von der Rathaustreppe unter Tränen seinen bischöflichen Segen, bevor er sich nach Wien flüchtete. Im Alter von 44 Jahren 1801 gestorben, erlebte er nicht mehr den zwei Jahre später gefaßten Reichsdeputationshauptschluß mit, der das Heilige Römische Reich Deutscher Nation beendete und die geistlichen Fürstentümer auflöste.

Eulogius Schneider, Kupferstich von Ketterlinus nach Lohbauer

Von den Professoren seiner Universität, des Bollwerks der Aufklärung am Niederrhein, starb im selben Jahr 1794 Eulogius Schneider unter der Guillotine. Der ehemalige Franziskaner, der ein Lobgedicht auf den Fall der Bastille verfaßt und als erster die Marseillaise ins Deutsche übersetzt hatte, wurde selbst Opfer der von ihm rigoros in Straßburg durchgesetzten Revolution. Zwei Jahre später fiel in Paris der Kopf von Max Franzens königlicher Schwester Marie Antoinette, wenige Monate nach der Hinrichtung ihres Gemahls Ludwig XVI.

Die Welt des Ancien régime, des geistlichen Kurstaats, versank für immer. Nachdem die Franzosen im Oktober 1794 Bonn ohne jede Kampfhandlung eingenommen hatten, errichteten sie auf dem Marktplatz einen Freiheitsbaum, geschmückt mit der Jakobinermütze und der blau-weiß-roten Kokarde. Der republikanische

Bonner Publizist Johann Baptist Geich hatte den Einmarsch der Revolutionstruppen begeistert begrüßt, überzeugt von Liberté, Égalite, Fraternité. Er und der ehemalige kurfürstliche Mundkoch Johann Jakob Eichhoff übernahmen wichtige Regierungsaufgaben, Maire wurde der ehemalige Hofkammerrat Peter Joseph Maria Boosfeld. Ihm folgten im Amt Eichhoff und Anton Maria Graf von Belderbusch.

Errichtung des Freiheitsbaums auf dem Bonner Marktplatz 1794, Gemälde von Franz oder Jakob Rousseau

Die einst blühende Residenzstadt verarmte, weil die wohlhabende Konsumentenschicht des Hofes und der kurkölnischen Beamtenschaft ausfiel. Die Zahl der registrierten Armen verdreifachte sich. Zahlreiche Gebäude und Wohnhäuser standen leer und drohten zu verfallen. Die Bevölkerung verminderte sich um fast ein Fünftel auf etwas über 8800 Einwohner. Die erste Volkszählung in der Stadt Bonn 1798 zeigte einen erstaunlich hohen Überschuß von 11 % von Frauen und Mädchen an. Die ländliche Umgebung Bonns hingegen dürfte kaum an Bevölkerung verloren haben. Nach 1790 mitgeteilten Zahlen lebten damals, umgerechnet auf die heutigen Stadtbezirke, außerhalb der Bonner Stadtmauern etwa 2300 Menschen, im Stadtbezirk Bad Godesberg ebensoviele, im Stadtbezirk Hardtberg etwa 850, im rechtsrheinischen Stadtbezirk Beuel etwa 2550 Menschen, so daß die gesamte Bevölkerung Bonns in der Franzosenzeit rund 17 000 Menschen umfaßte – das waren nicht mehr als zu Beginn des 2. Jahrhunderts in der Römerzeit! Verhältnismäßig groß waren damals nur die Dörfer Endenich und Kessenich mit mehr als 600, Duisdorf und Oberkassel mit mehr als 500 sowie Friesdorf und Godesberg einschließlich Schweinheim mit mehr als 400 Einwohnern.

Bestrebungen entschieden republikanischer Rheinländer, eine selbständige „Cisrhenanische Republik“ zu errichten, führten 1797 zur neuerlichen Aufrichtung eines Freiheitsbaums, diesmal geschmückt mit den cisrhenanischen Farben Grün-Rot-Weiß. Da jedoch im Frieden von Campo Formio das gesamte Rheinland faktisch an Frankreich abgetreten wurde – von Kaiser und Reich 1801 im Frieden von Lunéville anerkannt -, zerschlug sich die Unabhängigkeitsbewegung. 1798 schlug der Bonner Schreiner Fingerhut das Symbol der kurfürstlichen Zeit, den Kurhut, von dem Marktobelisken unter dem Ruf „Vive la république“ ab. Im gleichen Jahr wurde auf dem Hofgarten der Altar des Vaterlandes errichtet, die Göttin der Vernunft – eine hübsche junge Frau aus Rheinbach – in feierlichem Zug geführt. Als der französische Kommissar Rudler die besetzten Rheinlande in vier Departements einteilte, verlor Bonn auch seine Hauptstadtfunktion und wurde aus seinen alten Raumbeziehungen gerissen, indem es dem Rhein-Mosel-Departement mit der Hauptstadt Koblenz zugeschlagen wurde. Bonn sank zunächst zum Kantonssitz ab, wurde etwas später jedoch zum Sitz einer Unterpräfektur erhoben, Eichhoff feierlich als Unterpräfekt eingeführt.

Das erste Papiergeld in Bonn: französischer Assignat über 50 Sous

Jetzt erst gewannen die Bonner Einwohner das französische egalitäre Bürgerrecht, das sie vor dem Gesetz gleich machte. Entsprechend fielen die ständischen Vorrechte des Adels und des Klerus weg, die Bauern wurden von jeder persönlichen Abhängigkeit befreit, Feudalrechte und Zehnten abgeschafft, die Zünfte aufgehoben und die Gewerbefreiheit eingeführt. Juden und Protestanten – jetzt erst siedelten sich überhaupt erst wieder evangelische Christen in Bonn an – konnten nun auch hier uneingeschränkt ihre Religion ausüben. Bonner Bürger zogen in einem Festzug zur Judengasse und zerschlugen unter dem Jubel der Bewohner das Tor zum jüdischen

Ghetto mit Äxten. Alle Bonner Stifte und Klöster wurden aufgelöst, ihr Grund- und Hausbesitz eingezogen und versteigert.

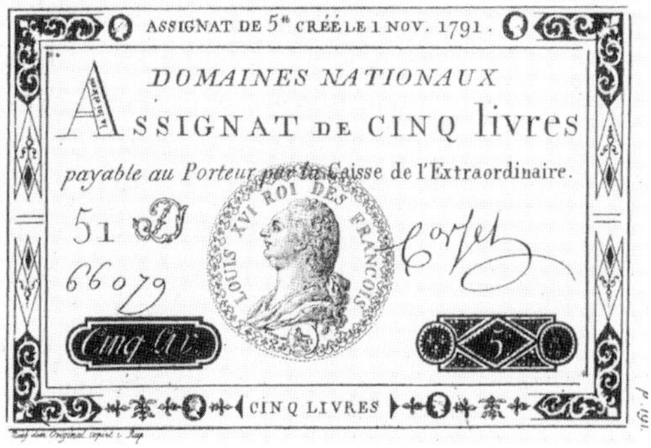

Wertloses Papiergeld: Assignat über 5 Livres

Wenigstens vorübergehend entwickelte sich Bonn zu einem günstigen Industriestandort. Die französische Wirtschaftspolitik erschloß den linksrheinischen für ihre Produkte neue Absatzmärkte in Frankreich und Spanien und erhob gleichzeitig Schutzzölle auf alle eingeführten englische und deutsche Waren. Vor allem bergische Fabrikanten verlegten daher ihre Textilfabriken auf die linke Rheinseite, hier zudem praktisch subventioniert durch preislich günstigen Erwerb ehemaligen Kirchenbesitzes. Die beiden bedeutendsten Bonner Unternehmen kamen aus Wuppertal-Barmen: Die Firma Frowein, Berg & Co. richtete im aufgehobenen Franziskanerkloster ihre Baumwollspinnerei ein mit anfangs 90 Arbeitern. Hier ratterte und zischte Bonns erste Dampfmaschine, ein Pariser Fabrikat von 20 PS. In das ehemalige Kapuzinerkloster zog die Firma Weerth und Peill ein, sie gab 72 Arbeitern Verdienst. Nachdem Napoleon 1806 in der sog. Kontinentalsperre den Handel mit Großbritannien und britischen Waren verbot und somit die englische Konkurrenz vom europäischen Festland ausschloß, blühten die Bonner Textilunternehmen erst recht auf. 1810 beschäftigten sie 1200 Personen. Die Fabrikanten Weerth und Frowein richteten ihre Wohnungen prächtig ein und schmückten ihre Wände mit kostbaren Gemälden wie vordem Kurfürst Clemens August. Die Froweinsche Sammlung zählte allein 116 Gemälde, darunter Werke von Anthonis van Dyck, Pieter Breughel, Philips Wouverman und David Teniers. Sie wurde später versteigert. Dasselbe Schicksal traf die größte, von Goethe und August Wilhelm von Schlegel bewunderte Bonner Kunstsammlung des Kanonikers Franz Pick.

Der Sohn eines Bonner Hofschneiders hatte wie Ferdinand Franz Walraff in Köln durch die Säkularisation zum Verkauf stehende Kunstschätze gesammelt, vom römischen Altar der Victoria, der sog. Ara Ubiorum, über die Cappenberger Taufschale Kaiser Barabarossas bis hin zu Kupferstichen von Dürer und Rembrandt. Unter seinen 150 Gemälden fanden sich Werke von Rogier van der Weyden, Jan van Eyck, Albrecht Dürer, Hans Holbein und Lucas Cranach. Die berühmten Kölner Kunstgelehrten und Kunstsammler Sulpiz und Melchior Boisserée verbrachten zwar ihren Lebensabend in Bonn, aus ihrer hochberühmten Sammlung deutscher und niederländischer Malerei des Mittelalters jedoch hatten sie 213 Tafeln 1827 an König Ludwig I. von Bayern für seine Alte Pinakothek in München verkauft.

Im westlichen Teil des ehemaligen Residenzschlosses, dem Buenretiro, gewann der Fabrikant d'Anthoin Rohzucker aus Runkelrüben oder rheinisch Knollen. Es war die einzige Zuckerrübenfabrik im Arrondissement Bonn, ein von Napoleon sehr geförderter Industriezweig, um von der Einfuhr mittelamerikanischen Rohrzuckers unabhängig zu sein, die die Kontinentalsperre ohnehin verhinderte. Als sie mit dem Sturz Napoleons fiel, konnten sich die meisten Textilfabriken nicht mehr halten und gingen unter.

Dem Juristen und Beigeordneten Jakob Müller verdanken wir ausführliche Berichte über die 20jährige Bonner Franzosenzeit. „Niemals hat man so viel von Kirmes-Lustbarkeiten und neu erbauten Tanzsälen auf den Dörfern gehört wie jetzt", schreibt er im Sommer 1803. Im Winter 1805 notiert er: „In den schlechten Zeiten, wo jeder über Geldmangel klagt, ist doch alle Sonntags Gesellschaftsball, Montags Redoute oder Konzert bei Simrock, Dienstags Casino-Gesellschaft, Mittwochs Schauspiel, Donnerstags Casino-Ball, Freitags Freimaurer-Versammlung, Samstags wieder Schauspiel und dabei alles so zahlreich und glänzend, als wenn man die besten Zeiten erlebte." Zur Fastnacht des Jahres 1810 berichtet er: „In diesen drei Tagen fehlt es nicht an

Maskeraden und Karnevals-Lustbarkeiten", und kritisiert: „Mit verkleideten Personen, die teils zu Fuß herumliefen, teils aber auf Karren fuhren, und deren letzter eine Weiberklatscherei vorstellte, waren fast alle Straßen angefüllt." Aber: „Erfreuende Nachricht. Die bönnische Klatsch- und Waschgesellschaft beiderlei Geschlechts hat gestern bei Gelegenheit des Karnevals auf Dreck- und Mistkarren ihr eigenes Sündenbekenntnis abgelegt. Wir Gutgesinnte dürfen nun endlich hoffen, daß alle entehrende sittenverderbende Klatscherei von jetzt an ein Ende nehmen wird."

Als in den ersten Jahren des 19. Jahrhunderts das mittelalterliche Kaisertum endete und das Kurfürstentum Köln auch rechtsrheinisch aufgelöst wurde, fielen die einstmals kurkölnischen Exklaven der Stiftsherrlichkeiten Vilich und Schwarzrheindorf an den Herzog von Nassau-Usingen und später an das zum Großherzogtum erhobene und Napoleon persönlich unterstellte Berg, so daß auch hier französisches Gesetz und Verwaltung herrschten. Rechtsrheinisch zeichneten sich wirtschaftlich zukunftsträchtige Entwicklungen ab. Nach Blätterbraunkohle wurde zwischen Niederholtorf, Pützchen und Roleber seit etwa 1760 geschürft, doch eignete sie sich nur für den Hausbrand. Bergmeister Leopold Bleibtreu erwarb die Braunkohlengrube auf dem Ennert für die von seinem Vater geerbten woanders gelegenen Kupfer-, Blei- und Eisenhütten. Zwar erwies sich die Braunkohle als ungeeignet für die Metallverhüttung, doch entdeckte Bleibtreu ihren hohen Gehalt an Alaun, eine für das Gerben von Leder und Färben von Stoffen wichtige Schwefelverbindung. 1806 gründete er die erste Alaunhütte auf der Hardt, drei Jahre später die zweite bei Holzlar. Als er 1839 starb, waren seine Alaunhütten die

Alaunhütte auf der Hardt, Zeichnung von Henry, nach 1853

größten Preußens. Seine Söhne Dr. Hermann und Gustav Bleibtreu schlossen ihre sämtlichen Unternehmen zum „Bonner Bergwerks-und Hüttenverein“ zusammen. Hermann gründete 1855 die erste Portland-Zementfabrik Deutschlands in Stettin, im Jahr darauf die zweite in Oberkassel. Die für den Massentransport des Rohmaterials (Kalkstein, Ton und Kohle) als auch des Endprodukts Zement ausgezeichnete Verkehrslage seiner Fabrik am Rheinufer in Oberkassel ließ das Unternehmen schnell aufblühen, um so mehr als die zunehmende Verwendung von Eisenkonstruktionen besonders im Hoch-, Tief- und Brückenbau das Jahrhundert des Eisenbetons als wichtigsten Baumaterials einleitete. Der „Bonner Zement“ leistete nach dem Zweiten Weltkrieg einen bedeutenden Beitrag zum Wiederaufbau der zerstörten rheinischen Städte. 1985 fusionierte das Werk mit der Dyckerhoff-Zementwerke AG Wiesbaden, die zwei Jahre später die Produktion in Oberkassel einstellte und die Fabrikanlagen teilweise in die Türkei verkaufte. Nur wenige der Industriebauten blieben denkmalgeschützt erhalten, darunter vor allem die weithin sichtbare markante Rohmühle.

Zementfabrik in Oberkassel, Ansichtskarte, um 1925

Ein für Beuel bezeichnender Berufszweig war die Lohnbleiche, bezeugt 1809, als eine größere Rheinwiese an Lohnwäscher und Bleicher verpachtet wurde. Das fast 1 km lange und flache grüne Rheinufer ermöglichte, die aus den Textilfabriken und Hauswebereien kommenden Stoffballen auszurollen und die Gewebe vom Licht der Sonne zu bleichen. Als sich in den 40er Jahren des 19. Jahrhunderts das preiswertere Bleichen mit Chlor durchsetzte, betrieben die „Rhingsche“, die

Anwohner der am Rhein gelegenen Straßen, oft bis heute über Generationen hinweg wie etwa die Thiebes die Lohnwäscherei. Beuel wurde zum weitbekannten Wäscherdorf am Mittelrhein, auf den Rheinwiesen trocknete und bleichte nun die Wäsche weithin sichtbar.

Die französische Kommunalverfassung teilte das gesamte Land in Mairien (später Bürgermeistereien genannt) ein, die von einem Maire (Bürgermeister) verwaltet wurden. Dem Maire oblag die gesamte Kommunal- wie auch die unmittelbare Staatsverwaltung in der Mairie zu. Ihm stand ein Munizipalrat zur Seite, der weitgehend nur beratende Funktion hatte. Der Munizipalrat bestand aus 8 – 30 ernannten Bürgern. In den Mairien über 5000 Einwohner, also in der Stadt Bonn, wurde der Munizipalrat aus den 100 höchstbesteuerten Bürgern auf Vorschlag berufen, den Bürgermeister ernannte Napoleon selbst. Die staatliche Ernennung der Beamten und Räte, die Weisungsgebundenheit des Maire an die übergeordneten staatlichen Instanzen stellten gegenüber der Kommunalverfasssung der kurfürstlichen Zeit eindeutig einen Rückschritt dar. Die wichtigste Neuerung bestand jedoch darin, daß der seit dem Mittelalter bestehende rechtliche Unterschied zwischen Stadt und Land aufgehoben wurde, die Stadt der Landgemeinde gleichgestellt und damit auf die Ebene eines bloßen staatlichen Verwaltungsbezirks herabgedrückt wurde.

Kaiser Napoleon besuchte Bonn 1804, 1811 auch Beuel und Limperich, erfreulicherweise erkennend, daß ein Ausbau Bonns zur Festung nicht lohne. Drei Monate nach dem Sieg der verbündeten Mächte über Napoleon bei Leipzig räumten die Franzosen die Stadt. Auf dem Wiener Kongreß fiel das Rheinland an das Königreich Preußen, am 5. April 1815 nahm König Friedrich Wilhelm III. die spätere Rheinprovinz offiziell in Besitz. Zum erstenmal in seiner Geschichte kam der Bonner Raum unter eine Herrschaft, zum Regierungsbezirk Köln, und außer Holzlar und Oberkassel zum Kreis Bonn, aus dem erst 1887 die Stadt Bonn ausschied und sich verselbständigte. Paradoxerweise blieb die französische Kommunalverfassung auch nach Antritt der

Anton Maria Graf von Belderbusch

preußischen Herrschaft im Rheinland bestehen, da sich vor allem das gehobene städtische Bürgertum und die höheren Beamten gegen die Einführung der in Altpreußen geltenden fortschrittlichen Städteordnung des Freiherrn vom Stein zur Wehr setzten, nicht zuletzt wirtschaftlicher Interessen wegen. So kam es, daß französisches Recht und Justizverfassung noch jahrzehntelang bestehen blieben. 1804 hatte Napoleon Anton Maria Graf von Belderbusch, den Neffen des einstigen kurkölnischen Ministers, zum Maire ernannt, der ganz bürgerlich Beethovens Jugendfreundin Babette Koch, das Wirtstöchterlein aus dem „Zehrgarten", geheiratet hatte. Auch nach dem Übergang Bonns an Preußen behielt von Belderbusch dieses Amt, anschließend zum ersten Landrat des Kreises Bonn bestimmt. Zu Beginn der preußischen Herrschaft zählte die Stadtbevölkerung Bonns nur 10 000 Menschen, im jetzigen Stadtgebiet lebten damals insgesamt nur 23 000. Bis zur Jahrhundertwende verfünffachte sich die Zahl. Ende 1934 trat die alte Stadt Bonn mit 100 000 Einwohnern in den Kreis der Großstädte ein. Im Stadtgebiet der heutigen Bundesstadt lebten damals gut 150 000 Menschen, zur Jahrtausendwende hat sich die Zahl verdoppelt.

Preußens König gründet Universität

Von wirtschaftlich und für die geistige Blüte Bonns im 19. und frühen 20. Jahrhundert entscheidender Bedeutung wurde die 1818 vom preußischen König gegründete und später nach ihm benannte Rheinische Friedrich-Wilhelms-Universität. Oberbürgermeister Graf von Belderbusch und der Rat der Stadt Bonn hatten sich bereits in französischer Zeit darum bemüht, Ersatz für die 1798 aufgehobene kurfürstliche Universität zu bekommen. Kein Geringerer als Deutschlands Dichterfürst Johann Wolfgang von Goethe setzte sich – vornehm zurückhaltend – bei seinem dritten Besuch in Bonn für das Anliegen unserer Stadt ein. Im Juli 1815 bereiste er zusammen mit dem Reichsfreiherrn vom Stein im Auftrag des Staatskanzlers Hardenberg die befreiten, jetzt preußischen Rheinlande, um sich über „Kunst und Alterthum am Rhein“ zu unterrichten „Während man nun diese Zeit über mit aufgeklärten und, im echten Sinne, freidenkenden Personen umging, so kam die Angelegenheit der ehemals hier vorhandenen Universität zur Sprache. Da man nämlich schon längst an der Wiederherstellung der veralteten hohen Schule in Köln verzweifelt, habe man den Versuch gemacht, eine neue in Bonn zu gründen... Eine bedeutende Universität am Niederrhein sei höchst wünschenswert, da es der katholischen Geistlichkeit und somit auch dem größten Teil der Gemeinde an einer vielseitigern Geistesbildung fehle... Wenn die Bewohner von Bonn ihre Stadt zum Sitz einer Universität empfehlen, so ist es ihnen nicht zu verargen. Sie rühmen die Beschränktheit ihres Orts, die Ruhe desselben, Sie beteuern die Achtung, welche dem Studierenden hier zuteil würde als notwendigem und nützlichem Mitbewohner; sie schildern die Freiheit, die

König Friedrich Wilhelm III. von Preußen, Doppeltaler Berlin 1839

der Jüngling genießen würde in der herrlichsten Gegend, sowohl landwärts als rheinwärts und überrheinisch... Diese und ähnliche Gespräche wurden auf der Terrasse des Schloßgartens [gemeint ist der Alte Zoll] geführt, und man mußte gestehen, daß die Aussicht von demselben entzückend sei: der Rhein und die Siebengebirge links, eine reich bebaute und lustig bewohnte Gegend rechts. Man vergnügt sich so sehr an dieser Ansicht, daß man sich eines Versuchs, sie mit Worten zu beschreiben, kaum enthalten kann." Den Ausschlag gegenüber der Rivalin Köln gab schließlich vor allem die im Gegensatz zum katholisch-konservativen Köln aufgeklärte Toleranz des Bonner Bürgertums.

Anatomisches Theater, später Akademisches Kunstmuseum, Aquatinta von Rordorf, um 1860

Geeignete umfangreiche Gebäude standen in dem ehemals kurfürstlichen Bonner Residenzschloß und im Lustschloß Clemensruh in Poppelsdorf zur Verfügung, so daß in den ersten Jahrzehnten der jungen Universität nur zwei Gebäude hinzukamen: die Anatomie an der Südseite des Hofgartens und die Sternwarte beim Poppelsdorfer Schloß.

Vorentwürfe des Universitätsbaumeisters Friedrich Waesemann korrigierte der große preußische Baumeister Karl Friedrich Schinkel auf geniale Weise: Um den Seziertisch in der Mitte des „Anatomischen Theaters" besser zu beleuchten, ließ er den fensterreichen Rundbau aufsetzen; so entstand 1824 eine der gelungensten Bauleistungen des preußischen Klassizismus. 1884 zog das Archäologische Institut in das Gebäude ein; es beherbergt seitdem das Akademische Kunstmuseum, die Antikensammlung der Universität Bonn. Jüngst in seinen Schauräumen aufs schönste restauriert, darf es sich einer der weltweit größten und ältesten Gipsabgußsammlungen von 2500 Reliefs und Skulpturen griechisch-römischer Meisterwerke sowie einer eindrucksvollen Sammlung antiker originaler Keramik, vor allem Vasen, rühmen. Den zweiten von Schinkel verbesserten Bau, die alte Sternwarte, hatte der Universitätsbaumeister Peter Joseph Leydel für den berühmten finnischen Astronomen Friedrich Wilhelm August Argelander entworfen. 1845 war er vollendet, über ein Jahrhundert lang diente er seiner Bestimmung. Auf dem Alten Friedhof gestaltete Schinkel das Grabmal Niebuhrs.

Alte Sternwarte, Stahlstich von H. Emden nach Christian Hohe, um 1845

Unter den zahlreichen berühmten Professoren, die den Ruf der Universität Bonn weltweit begründeten, seien hier einige genannt: die Geisteswissenschaftler Ernst Moritz Arndt und August Wilhelm von Schlegel, beide von der Gründung der Universität an lehrend, Friedrich Christoph Dahlmann und Karl Simrock sowie die Naturwissenschaftler Argelander und Heinrich Hertz, stellvertretend für spätere Gelehrtengenerationen.

Arndt, neben Ludwig van Beethoven der wohl bedeutendste Bonner – der eine hier geboren, der andere hier Jahrzehnte wirkend -, wurde 1769 in Groß Schoritz auf der Insel Rügen im damals schwedischen Vorpommern geboren. Unter dem Reichfreiherrn vom Stein, seinem treuen Freund und Mentor, im russischen St. Petersburg als politischer Publizist vom „Deutschen Komitee" angestellt, „durch Wort und Schrift die französische Herrschaft zu bekämpfen", in den Befreiungskriegen für Deutschlands Freiheit und Einheit zu streiten, trug er mutig unter Gefahr für Leib und Leben zum Sturz Napoleons bei. Seine gegen Frankreich gerichtete Flugschrift „Der Rhein, Teutschlands Strom, aber nicht

Teutschlands Gränze" zeigte auf dem Wiener Kongreß Wirkung. Erinnert sei an seinen „Katechismus für den teutschen Kriegs- und Wehrmann", an seine Schrift „Was bedeutet Landsturm und Landwehr?", in der er sich für die unpopuläre Einführung der allgemeinen Wehrpflicht einsetzte, an seine „frisch-fröhlichen" Kriegsgedichte „Was ist des Teutschen Vaterland?" und „Der Gott, der Eisen wachsen ließ". Von seinen zahlreichen geistlichen Liedern des evangelischen Gesangbuchs erklingen heute noch immer „Der Fels des Heils" („Ich weiß, woran ich glaube") und das Abendmahllied „Kommt her, ihr seid geladen", lebt sein Weihnachtsgedicht „Du lieber heil'ger frommer Christ". In seinem vierbändigen Werk „Geist der Zeit" und vielen anderen Schriften forderte er einerseits glühend geistige Freiheit, vor allem Presse- und Versammlungsfreiheit, die Unverletzlichkeit der Person als demokratische Grundrechte, predigte er aber ebenso einen „deutschen Gott", einen „Gott der Rasse und der Rache", den allgemeinen Haß auf die Franzosen als ein Gebot Gottes, machte er sich zu einem Vorläufer des modernen ideologischen Nationalismus in Deutschland – vor allem gegenüber dem „Erbfeind" Frankreich -, trug er mit seiner antijüdischen Haltung zur biologistischen Weltanschauung des Antisemitismus bei.

Ernst Moritz Arndt, Lithographie von A. Schütter nach A. Hohneck, 1840

Im Universitätsstreit beriet Arndt den Bonner Oberbürgermeister, pries er Bonn als von der Natur geschaffenen Musensitz, den „herrlichsten Punkt in Teutschland, wo ich auf der einen Seite die wildeste nördliche Natur, auf der anderen den ganzen lieblichen Süden habe", gegenüber Köln als der „papistischsten Stadt in ganz Teutschland". Staatskanzler Hardenberg berief ihn 1818 zum Professor der Geschichte an die Universität Bonn, deren Gründung Arndt durch seine im 4. Band seines „Geist der Zeit“ enthaltenen Kampfansagen an die aufkommende antidemokratische Reaktion der „Rückschreiter und Rückschleicher“ im letzen Augenblick noch gefährdete.

Arndt heiratete Nanna, die um 17 Jahre jüngere Tochter des Philosophen Schleiermacher, und errichtete damals weitab von der Stadt inmitten von Weingärten sein Haus mit biedermeierlichem Interieur, das einzige erhaltene Professorenhaus aus der Gründungszeit der Universität Bonn, 1933 zum Arndt-Museum eingerichtet. Die Entwürfe für das stilistisch vorpommersche Landhaus – „Lülo ist es zugenannt“ – lieferte Universitätsbaumeister Friedrich Waesemann, dessen Sohn Hermann Friedrich übrigens später das berühmte Rote Rathaus in Berlin-Schöneberg baute.

Ernst-Moritz-Arndt-Haus, Ansichtskarte, 1910

Als im März 1819 der zaristische Spitzel und äußerst erfolgreiche Schriftsteller August von Kotzebue ermordet wurde, begann mit den Karlsbader Beschlüssen die systematische Verfolgung der als „Demagogen“ diffamierten, für politische Freiheit und Fortschritt eintretenden Männer, vor allem an den Universitäten. Eines ihrer prominentesten Opfer wurde Ernst Moritz Arndt. Nach jahrzehntelangem Lehrverbot vom neuen preußischen König Friedrich Wilhelm IV. 1840 endlich rehabilitiert, wollten ihn acht Jahre später fünf Wahlkreise für das erste deutsche demokratische Parlament in der Frankfurter Paulskirche nominieren. Arndt nahm die Solinger Wahl an, wurde im Parlament hochgeehrt, doch spielte er in der demokratischen Revolution von 1848/49 politisch keine entscheidende Rolle mehr, im Gegensatz zu Friedrich Christoph Dahlmann.

König Friedrich Wilhelm IV. von Preußen, Doppeltaler 1850

Ebenfalls als schwedischer Untertan in Wismar geboren, zählte Dahlmann, einer der „Göttinger Sieben", wie Arndt zu den neun Bonner Professoren, die in das Paulskirchenparlament gewählt waren. Im Verfassungsausschuß erwies sich der Historiker und Staatstheoretiker als führender geistiger Kopf. Die erste deutsche demokratische Verfassung und daran anknüpfend das Grundgesetz der Bundesrepublik Deutschland geht in wesentlichen Formulierungen der Grundartikel auf ihn zurück.

Nachdem im April 1849 der preußische König Friedrich Wilhelm IV. die von der Nationalversammlung beschlossene Wahl zum deutschen Kaiser ohne Zustimmung der Fürsten abgelehnt hatte, verließen Arndt und Dahlmann als Mitglieder der nach Berlin entsandten „Kaiserdeputation" enttäuscht Frankfurt. 1860 starb Ernst Moritz Arndt hochbetagt, hochgeehrt. Als Symbolfigur deutschen Patriotismus und Heros demokratischer Gesinnung, aber auch als Verfechter eines vor allem gegen Frankreich gerichteten übersteigerten Nationalismus ging er in die deutsche Geschichte ein, gewiß einseitig mißbraucht von der nationalsozialistischen wie der kommunistischen Ideologie. Literarisch verdankt ihm Bonn besonders seine immer wieder aufgelegten „Wanderungen aus und um Godesberg". Auf das Grab des vor seinen Augen 1834 im Rhein ertrunkenen achtjährigen Söhnchens Willibald pflanzte Arndt eine Eiche aus Rügen. Unter ihrem mächtigen Schatten ruht er selbst. Sein für Willibald

Friedrich Christoph Dahlmann, Lithographie von Paul Rohrbach, 1844

gedichteter Grabspruch ist wohl der anrührendste und auch tröstlichste auf dem Alten Friedhof:

„Gute Nacht, ihr meine Freunde,
Alle meine Lieben,
Alle die ihr um mich weint,
Laßt euch nicht betrüben.
Diesen Absteig, den ich thue,
In die Erde nieder,
Seht, die Sonne geht zur Ruh,
Kommt doch morgen wieder."

August Wilhelm von Schlegel, 1767 in Hannover geboren, begründete mit seinem Bruder Friedrich, mit Novalis und Tieck die Frühromantik in der deutschen Literatur und Geistesgeschichte. Er übersetzte die Werke Shakespeares, Dantes, Cervantes' und die klassischen Schriften Indiens in die deutsche Sprache und bürgerte sie damit im deutschen literarischen Bewußtsein ein. Seine Shakespeare-Übersetzungen beherrschten bis in die zweite Hälfte des 20. Jahrhunderts die deutschen Bühnen. Schlegel starb 1845 in Bonn. Heinrich Heine, sein wohl berühmtester Student, dichtete immerhin drei Oden auf ihn. Verehrungsvoll und spöttisch zugleich erinnerte er sich: „Wie angenehm verwundert war ich daher Anno 1819, als ich, ein ganz junger Mensch, die Universität Bonn besuchte, und dort die Ehre hatte, den Herrn Dichter A. W. Schlegel, das poetische Genie, von Angesicht zu Angesicht zu sehen. Es war, mit Ausnahme des Napoleon, der erste große Mann, den ich damals gesehen, und ich werde nie diesen erhabenen Anblick

August Wilhelm von Schlegel, Lithographie von Peter Busch

vergessen. Noch heute fühle ich den heiligen Schauer, der durch meine Seele zog, wenn ich vor seinem Katheder stand und ihn sprechen hörte." Das mag vielen der damaligen Studenten so ergangen sein, die den Künstler der Selbstinszenierung hörten. „Im modernsten Pariser Anzuge", so Heine nämlich, „mit Glacéhandschuhen und ganz parfümiert von guter Gesellschaft und eau de mille fleurs, aber die Zierlichkeit und Eleganz selbst, bestieg er das Katheder, sein Diener in der freyherrlichst Schlegelschen Hauslivree schritt ihm mit zwei silbernen Armleuchtern ... voraus und blieb während der Vorlesung zur Seite des Herren stehen, um die Wachslichter zu putzen."

Was Schlegel für Shakespeare war, bedeutete sein Schüler Karl Simrock für die altdeutsche Dichtung. 1802 in Bonn als Sohn des bereits genannten Musikverlegers Nikolaus Simrock geboren, hier mit Heinrich Heine und dem Dichter des Deutschlandlieds Hoffmann von Fallersleben befreundet, begründete er als erster ordentlicher Professor 1853 die Bonner Germanistik. Vom altsächsischen Heliand bis zu Walter von der Vogelweide übertrug er fast die gesamte alt- und mittelhochdeutsche Literatur ins Neuhochdeutsche, gab Kinder-, Märchen-, Sagen- und Liederbücher heraus, sammelte Sprichwörter und im „Bonner Idioticon" bönnsche Wörter und Redensarten. Am berühmtesten aber machte ihn seine von Goethe gelobte Übertragung des Nibelungenlieds. Erst 1755 in der Originalhandschrift entdeckt, eine Generation später erstmals ganz publiziert, übersetzte Karl Simrock die „teutsche Ilias" 1827, damals gerade erst 25jährig.

Denkmal für Karl Simrock von Albert Küppers, 1903

Nachdem ihn sein Lobgedicht auf die Pariser Julirevolution 1830 um seine Assessorsstelle am Berliner Kammergericht gebracht hatte, siedelte Simrock nach Bonn über. Hier führte er ein gastliches Haus, im Winter in der Acherstraße, im Sommer auf Gut Menzenberg bei Bad Honnef. Ferdinand Freiligrath erinnerte sich zehn Jahre später: „Ich komme gerade von Simrocks Weinbergen zurück. Ach, es ist doch ein superbes Stück Welt, der Rhein und das Siebengebirge ! Ich beneide Simrock ... um sein Haus daran. Da hat er sich in einer sonnigen, versteckten Bergschlucht ein Häuschen gebaut, läßt den Wein schneiden, legt Spargelbeete an, keltert und übersetzt bei alledem den 'Parzival'. Als ich neulich zu ihm kam, stand er mit seiner altdeutschen Ruhe mitten unter den Arbeitern, das Buch mit dem Epos von 'Iwein' in der Hand." Er goß „aus vollem Horne der Sage flüssiges Gold", urteilte sein Freund Gottfried Kinkel und genoß Simrocks Rotwein „Eckenblut".

1799 in Memel geboren, leitete Friedrich Wilhelm August Argelander bereits in russischem Staatsdienst eine Sternwarte in Finnland. Nachdem er 1837 dem Ruf an die Universität Bonn gefolgt war, erhielt er mit der für ihn erbauten alten Sternwarte das wissenschaftliche Instrument, die „Bonner Durchmusterung" zu schaffen. In ihr katalogisierte er 324 188 Sterne mit genauer Position und Helligkeiten. Er schuf damit ein geniales astronomisches Werk, denn damals waren nicht einmal die mit bloßem Auge sichtbaren Gestirne verzeichnet, geschweige denn Übersichtskarten vom Himmel erstellt. Mit seiner „Durchmusterung" trug er den Namen Bonns in die astronomische Wissenschaft der ganzen Erde und legte das Fundament für die großartige Entwicklung der Bonner

Grabdenkmal für Friedrich Wilhelm August Argelander von Robert Cauer

Astronomie. Mit der Errichtung des Großteleskops in Effelsberg bei Münstereifel tat sie gut ein Jahrhundert später den entscheidenden Schritt in die internationale Spitzenforschung.

Während Arndt, Dahlmann, Schlegel, Simrock und Argelander ein hohes Alter erreichten und wie viele andere bedeutende Bonner Professoren ihre letzte Ruhestätte auf dem Alten Friedhof fanden, ist Heinrich Hertz erst 37jährig am Neujahrstag 1894 zwar in Bonn gestorben, aber im Familiengrab auf dem Ohlsdorfer Friedhof in Hamburg beigesetzt. Der gebürtige Hamburger, ein Schüler Helmholtz', schuf die wissenschaftlichen Grundlagen der Funktechnik sowie der für den Bau von Aggregaten zukunftweisenden technischen Mechanik. Als er 1889 als ordentlicher Professor für Physik nach Bonn berufen wurde, hatte er seine bedeutendsten Forschungen bereits vorgelegt, in Bonn widmete er sich mehr theoretischen Problemen. Sein früher Tod war für die Naturwissenschaft ein schwerer Verlust.

Innerhalb weniger Jahrzehnte wurde Bonn zu einer Hauptstadt des Geistes, zu einem in der ganzen Welt bekannten Mekka der Wissenschaften, zu einer „europäischen Anstalt am Rhein", wie der Universitätsbericht 1833/34 stolz vermerkte. In einigen wissenschaftlichen Fachbereichen vermochte sich die Universität Bonn an die Spitze der Forschung zu stellen. So ist etwa die Geschichte der Klassischen Philologie in Deutschland ein Jahrhundert lang dank Gelehrter wie Friedrich Ritschl, Otto Jahn, Hermann Usener und Franz Bücheler die Geschichte des Bonner Philologischen Seminars gewesen, das sich zu einem weltweit geachteten Mittelpunkt humanistischer Kultur entwickelte. Die kritische Methode der Geschichtswissenschaft führte in Bonn Barthold Georg Niebuhr ein. Friedrich Christian Diez begründete hier die Romanistik. Sie brachte in unserem Jahrhundert den bedeutenden europäischen Geist Ernst Robert Curtius hervor. Seinen Namen trägt der von dem Bonner Verleger und Buchhändler Thomas Grundmann gestiftete Literaturpreis für Essayistik, der inzwischen herausragende Persönlichkeiten wie Golo

Mann, Kurt Sontheimer, François Bondy, Friedrich Dürrenmatt und jüngst Günter de Bruyn ehrt.

Daß die Bonner Universität auch heute noch in einigen Fächern, vor allem den Naturwissenschaften, Weltruf genießt, bezeugt etwa die Verleihung des Nobelpreises für Physik 1989 an Wolfgang Paul, den langjährigen Präsidenten der in Bonn ansässigen Alexander-von-Humboldt-Stiftung, und fünf Jahre später für Wirtschaftswissenschaften an Reinhard Selten. Weltweit anerkannt und hochgeehrt erweisen sich die Mathematiker Friedrich Hirzebruch und jetzt Bernhard Korte. Land, Stadt und Universität Bonn blicken stolz auf Kortes Forschungszentrum für Diskrete Mathematik mit seiner weltgrößten Sammlung historischer Rechenmaschinen seit ihrem Beginn im 17. Jahrhundert. Sein in einem wundervoll luftigen und durchsichtigen Gebäude errichtetes „Arithmeum" verbindet im Namen Arithmetik mit Museum und entwickelt sich zu einem kulturellen Mittelpunkt der Stadt. Noch unabsehbar sind die Anwendungsfelder des von dem Bonner Direktor des Botanischen Gartens Wilhelm Barthlott in zweckfreier Grundlagenforschung entdeckten „Lotus-Effekts", präsentiert auf der ersten in Deutschland gezeigten Weltausstellung 2000 in Hannover.

Gottfried Kinkel und Carl Schurz, Lithographie

Im Gegensatz zur jüngeren Zeit haben sich Bonner Gelehrte im 19. Jahrhundert aktiv am politischen Leben Deutschlands, Preußens und Bonns beteiligt. Allein neun von ihnen saßen in der Frankfurter Paulskirche, dem ersten deutschen demokratischen Parlament 1848/49, darunter Arndt und Dahlmann. Gottfried Kinkel, mit Carl Schurz Bonns demokratischer Revolutionär, war

Mitglied des preußischen Abgeordnetenhauses. Viele andere bis hin zu den Medizinern Alfred Kantorowicz, Paul Martini und dem Kunsthistoriker Heinrich Lützeler gehörten dem Bonner Stadtrat an.

Aber nicht nur die Gelehrten, sondern auch berühmte Studenten vermehrten das Ansehen Bonns in der Welt. Sie kamen aus ganz Deutschland, aus Frankreich, Italien, der Schweiz, England, Schweden. Unter ihnen seien stellvertretend genannt: Heinrich Heine, Karl Marx, Adolf Kolping, Max Bruch, Friedrich Nietzsche, Luigi Pirandello, Konrad Adenauer und Robert Schuman. Auch Joseph Goebbels, Hitlers verbrecherischer Propagandaminister, belegte in Bonn Vorlesungen und Seminare. An der bevorzugten Prinzenuniversität studierten hier ebenso die späteren Kaiser Friedrich III. und Wilhelm II. sowie dessen Söhne. Sie waren Mitglieder des Corps Borussia, des vornehmsten der über 50, das Studentenleben bestimmenden Corps und Verbindungen, die ihre Kommerslieder besonders gern bei „Aennchen" Schumacher, als „Lindenwirtin" in Bad Godesberg weit gerühmt und geliebt, sangen.

Kaiser Wilhelm II. und Kronprinz Wilhelm, Postkarte, 1902

In der zweiten Hälfte des 19. Jahrhunderts vermochten die Naturwissenschaften die Geisteswissenschaften einzuholen und einen gewichtigen Anteil am Ruhm der Bonner Universität zu beanspruchen. Zu ihnen trat die 1847 als selbständige Lehranstalt gegründete, 1861 zur Akademie erhobene Landwirtschaftliche Hochschule in Poppelsdorf, 1934 als siebte Fakultät mit der Universität vereinigt. In den 80er Jahren des 20. Jahrhunderts trat als achte die Pädagogische Fakultät hinzu.

Lehrkörper und Studentenzahlen wuchsen langsam: Am Beginn standen 17 Professoren und 40 Studenten. Erst Ende der 70er Jahre des 19. Jahrhunderts studierten hier mehr als 1000 junge Männer, 1914 waren es dann schon 5000 Studierende, darunter nunmehr ein Zehntel Frauen. 1930 auf knapp 9000 angewachsen, sank die Zahl danach wieder erheblich ab. Erst nach dem Zweiten Weltkrieg stieg sie wieder an. 1968 verzeichnete die Universität 15 000, heute sind es 38 000 Studierende, davon gut 4000 Ausländer. Auf jeden der jetzt 545 Professoren kommen fast fünf wissenschaftliche und neun nichtwissenschaftliche Mitarbeiter und Mitarbeiterinnen.

Aennchen Schumacher, Notgeldschein der Gemeinde Bad Godesberg über 50 Pfennig, 1920

Vergrößerte Studenten- und Professorenzahlen, vermehrte Universitätsinstitute, vor allem der seit der vorigen Jahrhundertmitte mächtige Aufschwung der Medizin und Naturwissenschaften hatten teilweise großartige und vorbildliche Neubauten zur Folge. Beim Poppelsdorfer Schloß entstand in den 60er Jahren das Chemische Institut für den Erfinder des Benzolrings, August Kékulé von Stradonitz, damals nicht nur das größte der Welt, sondern auch als das beste in Deutschland angesehen. Am Rhein wuchs nach 1870 ein Klinikviertel empor mit der in ganz Deutschland bewunderten Frauenklinik. Seit 1950 wächst auf dem Venusberg die universitäre Klinikwelt.

Dank der Universität gewann Bonn den Ruf einer Stadt hohen geistigen und kulturellen Niveaus. Professoren und Studenten prägten vollends das Leben in der Stadt. Ein reichlich verklärtes Hoch auf die Studenten brachte Wilhelm Schmidtbonn heraus: „Wenn sie im Frühjahr und im Herbst, zu den Ferienzeiten, aus den Straßen verschwinden, dann ist Bonn gestorben. Die Straßen sind grau und still, die Fenster geschlossen,... die Wirtshäuser leer. Aber wenn nach einigen Wochen die ersten Studenten wieder in den Straßen auftauchen, dann zeigt sich, daß die Stadt nur geschlafen hat. Jetzt wacht sie wieder auf,... geweckt durch die zweitausend jungen Männer, die mit ihren langen Schritten, ihren lachenden Augen eine Flut von Jugendkraft um sich ausbreiten und alles in ihren Bann ziehen. Alte Leute, die wieder jung werden wollen, sollten nach Bonn kommen, um in diesem Jungbrunnen unterzutauchen. Die, die von selber, mit weiten Armen und frohen Füßen in diesen Bann hineinlaufen, das sind die jungen Mädchen, deren hier so viele wie die Vögel sind. Hinter allen Gardinen schimmern lockige Haare und neugierige Augen... An den Nachmittagen ziehen die Pensionate in langen Reihen ... an den Spiegelscheiben der Läden vorbei... Am Ende des Zuges geht die Erzieherin mit den ältesten der jungen Damen."

Von den Professoren erinnert sich der Jurist Ernst Zitelmann, im Dezember 1883 nach Bonn berufen: „Als wir im April in Bonn eintrafen, kamen wir mitten in den Frühling, der mit Singen und Klingen und Blüten ohne Ende das Rheintal füllte. Rheinischer Frühling! ... Und doch, denke ich an unseren ersten Eintritt in Bonn zurück, so fröstelt mich noch heute. Wir waren durch die heimelige Enge des norddeutschen Familienverkehrs, der sich fast nur im Hause abspielt, verwöhnt... Nun kamen wir in das reiche, freie, ungebundene rheinische Leben, das mit seinen Rheinausflügen und Hümpchen die Menschen zu heiterem Genuß zusammenführte, aber doch im übrigen jeden völlig für sich leben ließ, gleichgültig, ob es ihm gut oder schlecht ging. Die Professoren wohnten fast jeder in seinem eigenen Haus als Freiherr." Zitelmann ärgerte, daß nicht die wissenschaftliche Leistung, sondern „der äußere Rahmen, in dem jemand lebte, für seine Stellung in hohem Maße entscheidend war. Uns, die wir aus der puritanischen Einfachheit guter altpreußischer Beamten- und Offizierskreise stammten, mutete es unerfreulich an, welche Rolle der Reichtum spielte. Endlich waren wir zugewanderte, protestantische Altpreußen und galten doch schließlich mehr oder weniger den Einheimischen als eine Art Eindringlinge... Aber all diese Schwierigkeiten wurden überwunden."

Der glänzende Ruf der Bonner Universität und die seit der Romantik gerühmte landschaftliche Schönheit seiner Lage zog nicht nur viele berühmte Reisende an, sondern bewog viele Adlige, wohlhabende Kaufleute, Bankiers und vor allem Rentiers, Personen, die hier von den Erträgen ihrer Vermögen oder anderer Geldquellen lebten, sich in Bonn und Bad Godesberg niederzulassen und sich prachtvolle Villen zu errichten. Genannt für viele seien stellvertretend das Palais Schaumburg, die Villa Hammerschmidt, die Villa Prieger am Rheinufer in Bonn, die Villa Cahn und Schloß Carstanjen mitsamt dem Mausoleum, die Villa Deichmann, Schloß Deichmannsaue und die Villa Genienaue in Bad Godesberg. Die Kölner Bankiersfamilie Oppenheim erweiterte in den 80er Jahren des 19. Jahrhunderts die ehemalige Deutschordenskommende Ramersdorf zu einem prachtvollen Herrensitz im Stile des Historismus, nachdem Jahrzehnte zuvor in einer Großtat der rheinischen Denkmalpflege die

Deutschordenskommende Ramersdorf, Lithographie von Christian Hohe, um 1850

Die Ramersdorfer Kapelle auf dem Alten Friedhof, Lithographie von Aimé Henry, um 1850

zierliche spätromanische Kapelle auf den Alten Friedhof Stein für Stein übertragen worden war. „SACELLUM RAMERSDORFIO HUC TRANSLATUM 1847" steht denn auch auf dem Türsturz zu lesen.

Neben der Gründung der Rheinischen Friedrich-Wilhelms-Universität wirkte sich für die Stadt Bonn in der Biedermeierzeit wirtschaftlich fördernd und gesellschaftlich bereichernd die Rheinromantik aus. Sie machte Bonn und vor allem das Siebengebirge mit dem Drachenfels zum touristischen Ziel vor allem zahlreicher englischer Reisender und dank unzähliger Reisebücher, Rheinpanoramen, Bildmappen und graphischer Blätter in Europa und Nordamerika bekannt.

Bis zum Ende des 18. Jahrhunderts machten unsere Ahnen immer recht beschwerliche Reisen fast ausschließlich nur aus familiären, geschäftlichen und politischen Gründen oder als Pilger zu den heiligen Stätten der Christenheit. Seit dem frühen 17. Jahrhundert unternahmen zwar vor allem englische junge Adlige und ihrem Beispiel folgend wohlhabende Bürgerliche die Grand Tour, ihre kontinentale Bildungsreise, mit dem Ziel, das klassische Italien zu erleben, doch bedienten sie sich dafür der französischen Route über Saône und Rhone und erst später des Rheinlaufs. Erst als englische Schriftsteller seit den 60er Jahren des 18. Jahrhunderts das lange Zeit verpönte Mittelalter mit seinen „gotischen" Bauten – gemeint war damit der Gegensatz einer barbarischen, unkultivierten zur klassischen griechisch-römischen Architektur – entdeckten und Schauerromane in unheimlichen alten Gemäuern ihr begeistertes Publikum fanden, rückte das Rheintal mit seinen Burgen und Burgruinen, Klöstern, Kirchen und Kapellen in ihr Blickfeld. Und nicht zufällig findet sich bei der ersten

Godesburg, Stahlstich von William Radclyffe nach Robert Batty, 1825

britischen Rheinreisenden, deren Reiseeindrücke überliefert sind, bei der Autorin von ebensolchen Schauer- und Schreckensgeschichten Ann Radcliffe erstmals „the romantic Rhine“ mit seiner „terrible beauty“, weltweit vermarktete Jahreslosung der deutschen Tourismusindustrie für das Jahr 2002 aus Anlaß des 200jährigen Bestehens der Loreleysage Clemens Brentanos. Aber nicht gleich das Mittelrheintal mit seiner Loreley erschien als das angestrebte Ziel der Rheinwallfahrt, sondern zunächst hatte das Tor in das enge Rheintal zwischen dem Siebengebirge und Bad Godesberg es den Reisenden angetan, verständlich, wenn sich nach tagelanger und heute immerhin noch mehrstündiger Reise durch die flachen Lande unvermittelt die sieben Berge vor den Augen der Reiselustigen auftürmen. Spötter behaupten denn auch, der Drachenfels sei der höchste Berg der Niederlande, auf die reisige Liebe unserer Nachbarn zu ihm anspielend.

Als die Franzosen 1794 das linke Rheinufer besetzten, ja später sogar ihrem Staat einverleibten, schreckten zunächst einmal für zwei Jahrzehnte die feindlichen Briten vor einer Rheinreise zurück. Politisch machte erst Napoleons Sturz den Weg frei für die wiederauflebende englische Reiselust auf dem Kontinent. Zum damals einsetzenden modernen Phänomen des Massentourismus trugen jedoch technische Neuerungen entscheidend bei: Die preußische Herrschaft am Rhein schuf schleunigst bessere Straßen und schnellere Postverbindungen, und 1816 befuhr erstmals ein Dampfschiff den Strom. Die Schiffahrtslinien zählten 1829 bereits 36 000 Passagiere, davon zur Hälfte Briten, in den 50er Jahren schon eine Million. Seit 1844 eroberte die Eisenbahn etappenweise die Rheinstrecke von Köln aus bis Mainz, jetzt vermochten auch breitere Kreise zu reisen, dazu bequem und kurzweilig und verglichen mit früher auch preisgünstig.

Zwar erschien 1832 der allererste Baedeker, dem Rhein gewidmet natürlich, eroberten bald englische und andere fremdsprachige Reiseführer den Markt, doch zum unverzichtbaren Begleiter für Rheinreisende machte

Englands berühmter Dichter, Yuppie und griechischer Freiheitskämpfer Lord Byron seine Stanzen im dritten Cantos von „Childe Harold's Pilgrimage". Hymnisch verehrte er in ihnen den burgenbekränzten, sagenumwobenen, geschichtsträchtigen Rhein, erhob er „the castled crag of Drachenfels", seinen ruinenbewehrten steilen Felsen zum unabdingbaren Ziel des Reisenden, ja zum Symbol des Flusses.

Drachenfels von Süden aus, Lithographie von W. Day, um1825

Neben Lord Byron schuf der Schriftsteller Edward Bulwer-Lytton mit seinem „The Pilgrims of the Rhine" ein für seine Zeitgenossen lange Jahre klassisches Werk der Rheinliteratur. Angesichts des Drachenfelses meinte er: „Man beginnt nun den Charakter der deutschen Literatur zu verstehen. Der Rhein ist ein Emblem ihres Reichtums, ihrer Fruchtbarkeit, ihrer romantischen Züge. Der beste Kommentar zum deutschen Genius ist ein Besuch der deutschen Landschaft." Er übersetzte im übrigen Schillers Balladen ins Englische und schrieb den berühmten, mehrfach verfilmten Roman „Die letzten Tage von Pompeji". Über ihre Rheinreisen berichteten auch der amerikanische Autor des „Lederstrumpf", James Fenimore Cooper – er lebte damals in Paris -, und die Autorin Harriet Beecher Stowe, auch sie Generationen von Kindern bekannt durch „Onkel Toms Hütte". Von berühmten französischen Rheinreisenden seien drei genannt. Alexandre Dumas père, der Autor der Abenteuerromane „Die drei Musketiere" und „Der Graf von Monte Cristo", bereiste 1841 den Rhein und verfaßte darüber ein dreibändiges Werk. Ein Jahr später erschien Victor Hugos Schrift „Le Rhin", in der er den Rhein als „Spiegelbild der Zivilisation" geradezu verhimmlichte. Sein berühmtester Roman „Der Glöckner von Notre Dame“ feiert immer wieder Auferstehung im Film, „Les misérables“ jetzt im Musical. Etwas später urteilte der Inspekteur der historischen Denkmäler Frankreichs und Autor der Novelle „Carmen“, der Vorlage für Georges Bizets Oper, Prosper Mérimée, daß die rheinischen Baudenkmäler offenbar noch schlechter dastünden als die französischen: „Man hat das Münster von Bonn verschandelt und die Abtei von Maria Laach dermaßen angestrichen, daß ich Zähneklappern bekommen habe.“

1817 eroberte sich der große englische Landschaftsmaler William Turner erstmals den Rhein, zu Fuß von Köln bis Mainz, und hielt, Byrons Stanzen im Sinne, seine Rheinansichten in zahlreichen Skizzen fest, nach denen er später seine unnachahmlichen Aquarelle schuf. Godesberg und dem Siebengebirge mit dem Drachenfels widmete er schon auf seiner ersten Rheinreise besondere Aufmerksamkeit. Seine zahlreichen britischen Malerkollegen, die ihm folgten, standen gewiß in seinem Schatten, aber sie nutzten üppig die neuen Techniken der Lithographie und des Stahlstichs, um ihre bildlichen Reiseeindrücke geschäftstüchtig zu vermarkten. Ihre teils mehrbändigen Ansichtenalben bestimmten daher das Bild vom Rhein für die erwartungsvollen Reisenden und die Daheimgebliebenen um so mehr. Unter ihnen ragt der markante Bühnen-, Landschafts- und Marinemaler Clarkson Stanfield hervor. Er ließ eine Ansicht der Kirche auf dem Kreuzberg um 180 Grad gedreht vor der Kulisse des Siebengebirges stechen: „Der Kreuzberg ist ein berühmter Ort des Aberglaubens, und viele Leute kommen hierher, um bei seinen [Kreuzweg-]Stationen zu beten und um die mumifizierten Leichen der Mönche in der Krypta der Kirche zu betrachten.“

Von den zahlreichen anderen Malern seien nur die beiden Schweizer Ludwig Bleuler und Conrad Caspar Rordorf genannt. Bleulers drei Ansichten von Bonn und Umgebung entstammten dem ehrgeizigsten Unterfangen in der romantischen Rheindarstellung, den ganzen Lauf des Stroms in 80 großformatigen Aquarellen darzustellen. Rordorf verdanken wir zauberhafte

Stadt Bonn vom Kreuzberg aus, Lithographie von Ludwig Bleuler, um 1840

Panoramen von Bonn und dem Siebengebirge in Aquatinta. Aus Douai stammte Aimé Henry, der 1829 zusammen mit Maximilian Cohen eine Kunsthandlung und ein Steindruckatelier gründete. In einer Anthologie „Erinnerung an Bonn in Liedern und Bildern" erschienen 23 wohl von ihm stammende topographische Ansichten unserer Stadt.

Beherrschend jedoch blieben die Briten in den schriftstellerischen und künstlerischen Darstellungen der Rheinlandschaft in ihrer Atmosphäre düsterer Mauern, zerklüfteter Felsen, tiefer Schluchten, panoramaweiter Ausblicke auf die mal wilde, mal lieblich anmutende Flußlandschaft. Und Bonn war der Ausgangspunkt der romantischen Reise, die letzte Station auf dem Weg zum Ziel, dem Mittelrhein. Der englische Tourismus war indes allgemein so beherrschend, daß Goethe in seinem in den späten 20er Jahren des 19. Jahrhunderts verfaßten „Faust II" Mephisto fein spöttisch in der Walpurgisnacht fragen läßt: „Sind Briten hier ? Sie reisen sonst so viel, Schlachtfeldern nachzuspüren, Wasserfällen, gestürzten Mauern, klassisch dumpfen Stellen." Wenige Jahre später bemerkte Johanna Schopenhauer, die Mutter des Philosophen, recht prosaisch: „Lästiger noch als die reisenden Kinder sind vielleicht die englischen Familien, deren Anzahl, besonders in den Rheingegenden, an das Unglaubliche reicht... Godesberg scheint besonders von ihnen begünstigt zu werden." Und tatsächlich, die Briten bereisten nicht nur in hellen Scharen das Rheinland, sondern ließen sich auch, vornehmlich in Bonn, meist für ein paar Sommermonate, aber auch dauernd häuslich nieder, und zwar vor allem, weil das Leben hier viel preisgünstiger als in ihrer Heimat war.

Das Ansehen der Stadt Bonn jedenfalls wuchs in Großbritannien noch mehr, als hier Albert von Sachsen-Coburg-Gotha 1837/38 an der Universität studierte, erkor ihn doch bald danach die englische Queen Victoria zu ihrem Prinzgemahl, mit dem zusammen sie 1845 an der Einweihungsfeier des Beethovendenkmals auf dem Münsterplatz teilnahm. In engem zeitlichen Zusammenhang mit ihrer Reise erschien in London ein eigenes Handbuch über „The University of Bonn: Its Rise, Progress & Present State", in dem sich Alberts Bonner Studentenzeit beschrieben fand. Hundert Jahre später dürfte die positive britische Erinnerung an Bonn dazu beigetragen haben, daß sich im Londoner Außenministerium die Frage stellte „What about Bonn?", als es darum ging, für Deutschland eine neue Hauptstadt zu finden.

1854 begrüßte das damalige Stadtregiment ausdrücklich den „Zuzug wohlhabender Familien" als „die Hauptquelle des Wohlstandes allgemein und insbesondere unserer Gewerbetreibenden". Und die folgende Einschätzung des Oberbürgermeisters Leopold Kaufmann gilt wohl auch heute nach anderthalb Jahrhunderten noch und jetzt erst recht: „Unsere Stadt ist mehr darauf angewiesen, in dem weitverbreiteten Rufe unserer Hochschule und in den verschiedenen Annehmlichkeiten des Lebens, welche die reizende Lage und die geistigen Genüsse der Kunst und Wissenschaft bieten, die Quellen ihres Wohlstandes zu finden und zu pflegen, als in der Entwicklung einer großartigen industriellen Tätigkeit."

Das Bonner Adreßbuch von 1859/60 wies in der Konfessionsstatistik immerhin 396 Anglikaner bei einer Gesamtbevölkerung von 17 461 Einwohnern auf, so daß die Anglikanische Kirche in Bonn bzw. Godesberg eine eigene Seelsorgestelle für die britische Kolonie einrichtete. 70 Grabstätten halten auf dem Alten Friedhof die Erinnerung an britische Bürger und Bürgerinnen unserer Stadt wach.

1914 wohnten in Bonn 200 Millionäre, sie machten die Stadt nach Berlin-Charlottenburg und Wiesbaden zur drittreichsten Preußens. Zum gesellschaftlichen Glanz Bonns trugen auch die seit 1852 hier einquartierten Königshusaren des Regiments König Wilhelm bei, die bekannten „Lehm ops“, weitgehend aus Adelsfamilien rekrutiert. Bernhard Fürst von Bülow erinnerte sich der merkwürdigen Namengebung der Husaren, „auf die ganz Bonn stolz war“: „Das Exerzieren auf dem ‘Sand’, so hieß der eine kleine halbe Stunde von der Kaserne entfernte Exerzierplatz, gefiel mir noch besser als der Stalldienst... Wenn in Friedenszeiten das Königshusaren-Regiment mit lautem Sang und frohem Mut nach dem ‘Sand’ ritt, kam die Schwadron an zahlreichen Ziegeleien vorbei, die der Stadt Bonn ihr Baumaterial lieferten ... Die Arbeiter pflegten ihren Gehilfen unten in der Grube ‘Lehm op!’ zuzurufen, wenn diese neuen Lehm heraufbefördern sollten. Die Husaren hatten den sonoren Ruf aufgenommen und stimmten ein kräftiges ‘Lehm op!’ an, sobald sie an den Ziegeleien vorüberritten.. Aus dem Marsch zum Exerzierplatz wurde anno 66 ein Ritt gegen den Feind und aus dem lustigen Morgenruf ein Feldgeschrei“ im preußisch-österreichischen Krieg. 1883 trat das Infanteriebataillon Nr. 28, später von Nr. 160 abgelöst, hinzu, damit die Studenten ihre einjährig-freiwillige Dienstzeit weniger kostenträchtig während ihres Studiums ableisten konnten. Viele ehemalige Kasernen und großbürgerlich-herrschaftliche Villen beherbergten in dem halben Jahrhundert Bonns als Bundeshauptstadt Ministerien und Einrichtungen des Bundes, jetzt weitgehend anders genutzt.

Husarendenkmal am Alten Zoll mit Bronzerelief von Ernemann Sander, Foto von Peter Strack, 1962

Letztlich dank seines größten Sohnes, Ludwig van Beethovens, vermochte Bonn außerdem seinen Ruf als Musikstadt zu festigen. Schon ein Jahr nach seinem Tode am 26. März 1827 in Wien kam dem Professor für Musikwissenschaft Heinrich Karl Breidenstein „der Gedanke,... unserm grossen Beethoven in seiner Vaterstadt Bonn ein Monument zu errichten". Wegen der in halb Europa und auch Deutschland grassierenden Cholera aber war „die Zeit der Ausführung einer solchen Idee keineswegs günstig". Den nächsten Anlaß bot dann Beethovens 75. Geburtstag. Vom ersten Beethovenfest 1845 an, anläßlich der Einweihung seines Denkmals auf dem Münsterplatz, wurden hier seine Werke besonders gepflegt. Bei der feierlichen Enthüllung des von dem Dresdner Bildhauer Ernst Hähnel geschaffenen Denkmals waren König Friedrich Wilhelm IV. von Preußen, die englische Königin Victoria, Erzherzog Friedrich von Österreich und Alexander von Humboldt anwesend. Breidenstein notierte dazu: „Gegen 12 Uhr verkündigte das Glockengeläut die Ankunft der Majestäten, welche in dem gräflich Fürstenbergischen Palais [der heutigen Hauptpost] abstiegen. Das engere Komitee begab sich auf Befehl Seiner Majestät dahin und präsentierte Allerhöchstdenselben die... auf Pergament geschriebene Stiftungs-Urkunde mit der untertänigsten Bitte,... sie zu unterzeichnen... Das Komite begab sich sodann wieder auf den Platz zurück, um die feierliche Enthüllung des Denkmals vorzunehmen... In diesem Augenblicke fiel die Hülle, und Tausende von Stimmen begrüßten mit lautem Rufe, begleitet vom Donner der Geschütze und dem Geläute der Glocken, das Abbild des unsterblichen Meisters." Als die Hülle herabglitt, so die beliebte Bonner Anekdote, und Beethoven den illustren Gästen

Einweihung des Beethovendenkmals 1845, Klebebild

unhöflich die Rückenpartie zeigte, entrüstete sich der preußische König: „Ei, ei, er kehrt uns ja den Rücken!“ Doch Alexander von Humboldt rettete die Situation: „Majestät, er ist auch schon in seinem Leben immer ein grober Kerl gewesen.“

Um die Aufstellung des Denkmals hatte sich vor allem Franz Liszt verdient gemacht, der drei Sommer auf der bei Bonn gelegenen Rheininsel Nonnenwerth mit der französischen Gräfin d’Agoult (ihre gemeinsame Tochter Cosima heiratete den Komponisten Richard Wagner in zweiter Ehe) verbrachte und hier im übrigen auch komponierte. In der aus Anlaß der Enthüllung des Beethovendenkmals aus Holz erbauten ersten Beethovenhalle dirigierten neben ihm Louis Spohr und Hector Berlioz. Erstmals erklangen in ihr in Bonn Beethovens Missa solemnis und die Neunte Symphonie. Im Gasthof „Stern“ ging das anschließende Festmahl als „Zank- und Streitessen“ zu Ende. Die damals berühmte Tänzerin und Geliebte König Ludwigs I. von Bayern, die „bayerische Pompadour“ Lola Montez, tanzte dabei auf den Tischen. Trotz aller Ärgernisse war die Enthüllungsfeier ein musikgeschichtlich einzigartiges Fest: Es führte nicht nur zum erstenmal die überragende Bedeutung Ludwig van Beethovens der Weltöffentlichkeit vor Augen, sondern war das glänzendste Ereignis in der Bonner Stadtgeschichte des 19. Jahrhunderts überhaupt. 1870 entstand dann die im Zweiten Weltkrieg zerstörte ältere Beethovenhalle, hier fand im Jahr darauf das zweite Bonner Beethovenfest statt.

Keine schöpferische Ausstrahlung auf Bonn war Robert Schumann mehr vergönnt, der 1856 in Endenich nach zweijährigem Aufenthalt in der Richarz’schen Privatklinik für Gemütskranke starb. Eine Zeitung berichtet dazu: „Bonn. 1. August. Gestern Nachmittag wurde hier der durch seine Compositionen in den weitesten Kreisen und weit über Deutschland hinaus bekannte und hochgeschätzte Tonsetzer Dr. Robert Schumann zu Grabe getragen. Nachdem der Heimgegangene ... so viel Treffliches für Konzertsaal, Kammermusik usw. in den ersten Abschnitten seines Künstlerlebens geschaffen hatte und als eines der gefeiertsten Talente unter seinen Zeitgenossen galt, traf ihn bekanntlich im letzten Stadium desselben das harte Geschick, daß sein schöpferischer Geist plötzlich von der Nacht schweren Trüb- und Irrsinns umdüstert wurde. Mehrere Jahre verlebte der tief bedauerte Meister in diesem beklagenswerten Zustande in der Heil-Anstalt zu Endenich bei Bonn." Oberbürgermeister Leopold Kaufmann hatte ein Ehrenbegräbnis angeordnet und selbst die Grabstätte ausgesucht.

Grabdenkmal für Robert Schumann auf dem Alten Friedhof, Foto von Michael Sondermann, um 1995

Obgleich Clara Schumann um ein Begräbnis im engsten Kreise gebeten hatte, begleiteten schon den Trauerzug unzählige Bonnerinnen und Bonner. Der Männergesangverein „Concordia" und die hiesige Garnisonskapelle erwiesen Robert Schumann die letzte Ehre. „Von auswärts waren manche Freunde herbeigeeilt, unter diesen in vorderster Reihe Kapellmeister Ferdinand Hiller, Konzertmeister Joachim, der Pianist Brahms." Schumannverehrer in aller Welt spendeten später für das von dem Dresdner Bildhauer Adolf Donndorf geschaffene Denkmal. Mit seiner feierlichen Einweihung 1880 verbanden sich ein abendliches Festkonzert und eine Matinee in der zehn Jahre zuvor errichteten alten Beethovenhalle unter der Leitung von Brahms und Joachim. Um sich und ihre Kinder zu erhalten, hatte Clara Schumann, selbst eine begabte Komponistin und berühmte Pianistin, nach dem Tode ihres Mannes ihre ganze Kraft daran gesetzt, sein musikalisches Oeuvre in der Welt bekannt zu machen. Und so hat sie am Musikleben Bonns großen Anteil gehabt. Nach 40jähriger Witwenschaft fand sie 1896 an seiner Seite ihre letzte Ruhe, nach tagelanger Fahrt kam der sie hoch verehrende Johannes Brahms noch rechtzeitig zur Beisetzung an. Das Schumanngrab in seinem weißen Carraramarmor leuchtet schon von weitem auf dem Alten Friedhof, vor wenigen Jahren dank des rührigen 1984 gegründeten Vereins Schumannhaus wieder in seinen ursprünglichen Zustand versetzt. Es erinnert an ein in ihren gemeinsamen Jahren weltberühmtes Liebespaar.

In schwierige Lage geriet das Sterbehaus Robert Schumanns. Der kurkölnische Hof- und Hofkammerrat sowie Amtmann der kurfürstlichen Universität Schöffenbürgermeister Mathias Josef Kaufmann hatte es im späten 18. Jahrhundert als Wohnhaus errichtet, 1844 der Psychiater Dr. Richarz in eine private Nervenheilanstalt umgewandelt. 1956, in Schumanns 100. Todesjahr, beschloß der Stadtrat , das im Zweiten Weltkrieg teilzerstörte marode Gebäude niederzulegen. Nicht nur zahlreiche Bonner Bürgerinnen und Bürger, sondern auch die Robert-Schumann-Gesellschaft in Frankfurt protestierten. Wesentlich zum Erhalt der Hauses, so erinnert sich der Bonner Musikwissenschaftler Siegfried Kross, der sich selbst um die Rettung der Gedenkstätte sehr verdient gemacht hatte, trug ein in der „Welt“ veröffentlichtes Spottgedicht des Bonner Satirikers Eckart Hachfeld, besser bekannt unter dem Pseudonym „Amadeus“, bei, dessen beiden letzten Strophen lauten:

„Deutschlands auserwählte Söhne
Geben nichts auf zarte Töne,
Denn wie käme sonst dazu man
Zu der Räumerei von Schumann.

Amadeus aber schreibt,
Liebes Bonn, am Ende bleibt
Dir bei näherer Betrachtung
Schumanns geistige Umnachtung.“

1963 eingeweiht, besuchten und besuchen Schumannverehrer aus aller Welt sein Sterbezimmer, an ihrer Spitze Paul Hindemith. In im Schumannhaus nur möglichen Hauskonzerten brillierte u.a. Paul Badura-Skoda, veranstaltete Dietrich Fischer-Dieskau eine ergreifende Lesung zu Schumanns Leben und Werk. Um der hier von Anfang an untergebrachten Musikbibliothek der Stadt Bonn – eine der meistfrequentierten in Deutschland – mehr Raum zu geben und sie durch einen richtigen Konzertsaal zu ergänzen, bemüht sich seit einigen Jahren intensiv der Verein Schumannhaus.

Elly Ney, Foto von Louis Smith, Chicago um 1935

Eng mit Bonn verbunden blieb auch Johannes Brahms, der Robert Schumann mehrfach in der Richarz'schen Klinik besucht hatte und später oft und gern und einmal für längere Zeit in Bonn weilte und hier auch komponierte, sein „Deutsches Requiem" hier vollendete. Nach ihm haben auch Max Bruch und Max Reger, dessen Witwe 1947 das vor wenigen Jahren leider nach Wiesbaden verzogene Max-Reger-Institut gründete, mehrfach in Bonn musiziert.

Die seit 1890 vom Verein Beethoven-Haus veranstalteten Kammermusikfeste verschafften der Kammermusik eine damals neuartige Stellung im öffentlichen Musikleben. Sie verbanden sich seit 1931 mit den von der Bonner Ehrenbürgerin Elly Ney ins Leben gerufenen, zunächst alljährlichen Beethovenfesten. 1905 gründete Aenne Ziskoven ein privates Konservatorium, das eine Generation später immerhin 30 Lehrkräfte und 400 Schüler zählte. Erst zwei Jahre nach der Gründung des

Konservatoriums raffte sich die Stadt Bonn zu einem eigenen städtischen Orchester auf, dem heutigen Orchester der Beethovenhalle: 1907 stellte sie Kapellmeister Heinrich Sauer mitsamt seinem ganzen Orchester in ihren Dienst. Auch das Bonner Theater war jahrzehntelang auf privates Engagement angewiesen. Es wurde von Köln aus mitbespielt, darunter von Engelbert Humperdinck. Erst Anfang unseres Jahrhunderts kam ein eigenes Ensemble zustande. Agnes Straub, Emil Jannings und Willy Birgel wirkten hier in jungen Jahren. Paul Kemp hingegen ist in Bad Godesberg geboren und hier auf dem Burgfriedhof wie die „Lindenwirtin" Aennchen Schumacher auch begraben.

Plakatentwurf von August Macke, 1913

Auf dem Gebiet der bildenden Kunst präsentierten sich 1913 im Buch- und Kunstsalon Friedrich Cohen, Vorgänger der Universitätsbuchhandlung Bouvier, 16 Maler unter dem Gruppennamen „Rheinische Expressionisten", unter ihnen die heute weltweit anerkannten August Macke und Max Ernst. Dank des nimmermüden Engagements des nahegelegenen „Bonner Kunstvereins" unter Margarethe Jochimsen ist das Wohnhaus des im Oktober 1914 in der Champagne im Ersten Weltkrieg gefallenen August Macke unter Denkmalschutz gestellt. Als Forschungsstelle zum rheinischen Expressionismus genutzt, finden hier vielbeachtete Ausstellungen statt. Macke hatte Wohnung und Atelier mit Blick auf die Kirche St. Marien sehr geliebt: „Dieses Bonn ist eine rechte Rentnerstadt. Alles sehr still, seriös, unauffällig. Die Gegend, in der wir wohnen, hat viel Anreizendes. Hundemeuten, Reiter und Reiterinnen, Kinder, die sich zerschlagen. Dann sehen einen ringsum die Häuser mit lebendigen Augen an. Mir ist dieser Teil der Stadt ganz außerordentlich lieb."

Vermochten das Musikleben, Theater und Malerei – die letztere dank der Rheinischen Expressionisten – große Namen aufzuweisen, so erlangte Bonns Literaturszene keine überregionale, geschweige denn nationale Bedeutung. Zwar führte Max Reinhardt in seinem Deutschen Theater in Berlin das Drama „Der Graf von Gleichen“ von Wilhelm Schmidtbonn auf, doch ging von dem gebürtigen Bonner Dichter und Schriftsteller, der in seinen autobiographischen Romanen „Der dreieckige Marktplatz“ und „An einem Strom geboren“ das Bonn der Kaiserzeit bis hin in die 30er Jahre des 20. Jahrhunderts trefflich schildert, keine anhaltende Wirkung aus. Die war eher zwei Vereinigungen verliehen: In der 1898 gegründeten „Dramatischen Gesellschaft“, später in „Gesellschaft für Literatur und Kunst“ umbenannt, lasen Hugo von Hofmannsthal, Thomas Mann, Gerhart Hauptmann. Die von dem Bonner Germanisten Berthold Litzmann ins Leben gerufene „Literarhistorische Gesellschaft“ setzte sich, damals ungewöhnlich, mit der deutschen Gegenwartsliteratur lebender Autoren kritisch auseinander und veröffentlichte ihre hochangesehenen „Mitteilungen“.

August Macke: Kinder im Garten, im Hintergrund die Marienkirche, Gemälde, 1912

Nicht nur die altehrwürdige „Lese“, 1819 zur „Lese- und Erholungsgesellschaft“ erweitert, sondern auch die Buchhandlungen Röhrscheid und Cohen sorgten mit eigenen „Lesekabinetten“ neben städtischen und anderen Institutionen für die Verbreitung von Literatur und legten den Grundstein für Bonns heutigen überregionalen Ruf als ‘Fünf-Sterne-Stadt des Buches’. Nationale Bedeutung für das katholische Deutschland gewann der Borromäus-Verein, dessen Sitz von seiner Gründung 1844 an Bonn war. Von größter Wichtigkeit für die

Wissenschaft sind neben den vielen universitären Instituts- und Seminarbibliotheken selbstverständlich die Universitäts- und Landesbibliothek Bonn, die 1890 schon 220 000 Bände zählte und heute das Zehnfache, und die Deutsche Zentralbibliothek für Landbauwissenschaften in der Nußallee.

Neben den Bonner Professoren und Studenten, die den Ruf Bonns als Universitätsstadt begründeten, Staatsmännern und hohen Militärs – hier ist stellvertretend der Bonner Ehrenbürger und Generalfeldmarschall Walter von Loë zu nennen -, machten sich tüchtige Bonner Oberbürgermeistern wie Windeck, Oppenhoff, Kaufmann, Doetsch, und Spiritus, die Godesberger Bürgermeister Franken, von Groote, Dengler und Zander, die Beueler Stroof, Pfingsten, Schnorrenberg und Breuer, die Oberkasseler von Weise, B. Schmitz und Nücker, die Duisdorfer Hauß und Bongardt und die Poppelsdorfer Cassel und Bennauer der ehrenden Erinnerung verdient. Bedeutende Firmengründer wie Wessel, Mehlem, Bleibtreu, Marquart und Ringsdorff treten hinzu. Hermann Neusser gründete 1889 den nunmehr über 100jährigen Bonner „General-Anzeiger". Einige Firmen erlangten Weltgeltung, so der Hersteller von Büro- und Schreibwarenartikeln Friedrich Soennecken. Orgeln der Firma Klais erklingen vornehmlich in christlichen Kirchen, aber ebenso in Konzertsälen rund um den Globus. In aller Munde erfreuen seit 1922 die Gummibärchen der Firma Haribo Kinder und Erwachsene ebenso, erst recht seit Fernsehstar Thomas Gottschalk allabendlich witziglustvoll für sie wirbt. Der 'ursus latex' macht sich auf der Zunge weltweit als Sympathieträger für unsere Stadt bezahlt, versteckt sich unter dem Firmennamen doch der Namen ihres Gründers Hans Riegel, Bonn.

Mit der Geschichte der Stadt Bonn verbinden sich auch die Namen herausragender Frauen. Genannt sind schon Helene von Breuning, Babette Koch und Aennchen Schumacher.

Johanna Kinkel geb. Mockel war eine begabte Schriftstellerin, Konzertpianistin und Komponistin. Sie und ihr Ehemann Gottfried Kinkel zogen als Mittelpunkt des „Maikäfer-Bundes", des in seiner Zeit bedeutendsten literarischen Zirkels im Rheinland, den berühmten Schweizer Kulturhistoriker Jakob Burckhardt, Emanuel Geibel, Karl Simrock, Ferdinand Freiligrath, Wolfgang Müller von Königswinter und andere an. In der demokratischen Revolution von 1848/49 stand Johanna Kinkel mutig und selbstbewußt an der Seite ihres Mannes. Sie starb 1858 im Londoner Exil nach einem Sturz aus dem Fenster.

Die mit 19 Jahren unglücklich verheiratete „Rheingräfin" Sibylle Mertens-Schaaffhausen war Mittelpunkt eines geistig aufgeschlossenen Kreises, eng befreundet mit der Dichterin Annette von Droste-Hülshoff, Adele Schopenhauer, der Schwester des misanthropischen Philosophen Arthur Schopenhauer, und Goethes verwitweter Schwiegertochter Ottilie. Auf ihrem Gut Auerhof in Plittersdorf, aber auch in ihrer Bonner Stadtwohnung in der Wilhelmstraße trafen sich bedeutende Gelehrte, die Spitzen der Universität und Honoratioren der Stadt und viele durchreisende Fremde, auch zahlreiche Ausländer. Die anerkannte Expertin von 'Altertümern' legte eine bedeutende Sammlung antiker Münzen und Gemmen an. Als Herrscherin eines Salons in Rom, der weit glänzender als ihre Gesellschaften in Bonn war, starb sie dort 1857. „Ihr Geist lebt", steht auf ihrem Grabstein auf dem Campo Santo Teutonico im Schatten des Petersdoms. Adele Schopenhauer beklagte 1831 ein wenig das kulturell stille Leben in unserer Stadt: „An öffentlichen Vergnügungen ist Bonn eigentlich arm; das

Sibylle Mertens-Schaaffhausen, Zeichnung von Ludwig Krevel, um 1834

Schauspielhaus, in welchem ein Teil der Kölner Truppe höchstens einmal die Woche spielt, verdient kaum den Namen eines solchen... Dieser Mangel an öffentlichen Vergnügungen hat indessen wenigstens das Gute, daß er die häusliche Geselligkeit befördert. Auch wird es wenig kleinere Städte in Deutschland geben, wo sie geistreicher und anmutiger sich gestaltet als in Bonn. Die große Anzahl berühmter und hochgebildeter Männer, die aus allen Gegenden Deutschlands mit ihren Familien hier versammelt sind, die täglich ankommenden Fremden, die oft längere Zeit hier verweilen, verbannen jene geisttötende Einseitigkeit, die in aus lauter Eingeborenen bestehenden Zirkeln so leicht fühlbar wird... Gespräch allein muß die geselligen Stunden ausfüllen, aber zum Glück dreht es sich auch noch um andre Gegenstände als um Politik, Zeitungsnachrichten und Stadtgeschichten. Gewöhnlich wird es mit vielem Witz und guter Laune geführt, besonders wenn der Abendtisch die ganze Gesellschaft versammelt."

Amalie von Lasaulx, eine katholische Ordensschwester, leitete jahrzehntelang das Bürgerhospital „Zum hl. Johannes dem Täufer". Als „Barmherzige Schwester" wurde sie auf den Kriegsschauplätzen von 1864 (Dänischer Krieg) und 1866 (Österreichischer Krieg) bekannt. Zu Beginn des 20. Jahrhunderts war das Haus der Charlotte Schumm-Walter, später Presse-Club, ein Mittelpunkt des kulturellen Lebens in Bonn. Hier verkehrten Albert Schweitzer, Hermann Hesse und vor allem der Maler Hans Thoma. Die langjährige Vorsitzende des „Verbandes Bonner Frauenvereine" verstarb 1948 in Bonn, ihr Grab befindet sich auf dem Burgfriedhof in Kessenich. Die Reihe bedeutender Frauen könnte noch reichlich fortgesetzt werden. Aus Anlaß der 2000-

Maria Gräfin von Linden

Jahrfeier der Stadt Bonn hat das FrauenMuseum 1989 unter dem Titel „Die Bonnerinnen" in einer bundesweit beachteten Ausstellung „Szenarien aus Geschichte und zeitgenössischer Kunst" entworfen und etwa noch erinnert an Karoline Großmann, Charlotte von Schiller, Anna Schubring, Hildegard Wegscheider-Ziegler, Berta Lungstras und Prinzessin Viktoria von Preußen.

Gedacht sei hier noch der ersten Professorin der Alma mater Bonnensis, Maria Gräfin von Linden. Da im Deutschen Reich erst 1895 junge Frauen die Reifeprüfung ablegen und sich erstmals 1900 in Baden, 1908 in Preußen gleichberechtigt an den Universitäten und Hochschulen als Studentinnen immatrikulieren lassen konnten – bis dahin war nur die Einschreibung als Gasthörerin möglich -, schrieben sich erstmals im Wintersemester 1908/9 70 Studentinnen in Bonn ein. Gräfin Linden, 1895 in Tübingen promoviert, sah sich vier Jahre später als erste Assistentin an der Universität Bonn angestellt. Ihr Gesuch von 1906 aber, zur Habilitation an der Philosophischen Fakultät zugelassen zu werden, lehnte der preußische Kultusminister aus grundsätzlichen Bedenken ab. Gleichwohl: 1910 erhielt Gräfin Linden „in Anerkennung ihrer wissenschaftlichen Leistungen" als erste den Titel Professor und ging damit in die deutsche Universitätsgeschichte ein. Allerdings handelte es sich nur um eine Titularprofessur ohne Lehrauftrag. Obgleich sich erstmals nach 1919/20 Frauen in Deutschland habilitieren konnten, wagte diesen Schritt in Bonn erst 1934 Wilhelmine Hagen für das Fach Numismatik. Sie leitete das Münzkabinett am Rheinischen Landesmuseum und wurde meine akademische Lehrerin in dieser ausgefallenen historischen Hilfswissenschaft.

Das gesellschaftliche, kulturelle und auch politische Leben spielte sich im bürgerlichen 19. Jahrhundert weit mehr als heute in Vereinen ab. Gehörten die Menschen bis zum Ende der kurfürstlichen Zeit durch Geburt oder Beruf Ständen, Zünften, kirchlichen Bruderschaften an, so vermochten sie sich jetzt freiwillig zusammenzuschließen, um bestimmte Zwecke und Ziele zu erreichen.

Zu den frühesten in Bonn zählen die Karnevalsvereine. Nach dem rauschenden Kölner Rosenmontagszug von 1823, dem ersten im Rheinland, vereinigten sich ein Jahr später Beueler Wäscherinnen zu dem (Alten) Damenkomitee mit Schultheissin, der ersten karnevalistischen Vereinigung rheinischer Frauen, um die Weiberfastnacht 1824 durchzuführen, ein Fest ausschließlich der Frauen, und zwar nur der verheirateten, mit Umzug und Sitzung. Unter karnevalistischer 'Tarnung' lehnten sie sich gegen die im Verhältnis zu ihren Männern ungleiche Belastung in Familie, Haus und Waschbetrieb auf und übernahmen für einen einzigen Tag des Jahres das Regiment. Die Beueler Weiberfastnacht war geboren. Der 1957 frischgewählten Präsidentin des Alten Beueler Damenkomitees Maria Balzer gelang es, jetzt als „Obermöhn“ alle Beueler Damenkomitees (heute 15) zu vereinigen, mit ihnen gemeinsam – auch das war neu – am „Wievefastelovend“ das Beueler Rathaus zu stürmen und dann auch eine Wäscherprinzessin zu küren.

Beim Bonner Karneval sah es anders aus. Zwar hatte es schon zu Clemens Augusts Zeiten Karnevalsumzüge gegeben, so etwa 1731 mit zwölf Wagen, die eine Bauernhochzeit darstellten, und kleine Gruppen, die in bunter Maskerade durch die Straßen zogen, doch verbot Kurfürst Max Franz 1785 das Maskentreiben. Unter preußischer Herrschaft, 1828, schlossen sich verschiedene Musikvereine und Ballgesellschaften zu einem „Karnevals-Festordnenden Komitee“ zusammen, sozusagen dem Vorläufer des Festausschusses Bonner Karneval. Im Gegensatz zu den heutigen Rosenmontagszügen, die zwar ein Motto haben, aber nicht einheitlich durchgehend gestaltet sind, war der erste Bonner Rosenmontagszug einem Thema untergeordnet: „Laetitia, die Huldgöttin des Scherzes und des Frohsinns“, so verrät das gedruckte Programm des „Maskenfestes“ für den 18. Februar, „war einst in unsern Mauern heimisch, sie hatte ihre Tempel, ihre Priester und Priesterinnen... Allmählich aber erkaltete und erlosch ihr öffentlicher Feyerdienst,... kaum opferte man ihr noch in verborgenen Hauskapellen.“ Sie verließ

Bonn gänzlich. Von Bonner Flehen gerührt, ließ sie „durch ihren buntscheckigen Flügelboten und Haushofmeister ihre nahe Rückkehr anzeigen... Billig ist es, daß wir sie in einem glänzenden Triumphzug wieder in unsere Mitte und in ihre Rechte einführen. Alle Anstalten zur Huldigung sind bereits getroffen... Um sich allen ihren Verehrern zu zeigen, wird die Göttin ihren siegreichen Einzug ... durch alle Hauptstraßen der Stadt nehmen und zuletzt auf dem Markte die öffentliche Huldigung ihres neu erworbenen Volkes annehmen." Das Programm enthält die genaue Zugfolge „mit berittenen Charaktermasken aus allen Landen und Ständen (NB. Hier ist noch Raum für viele und der Phantasie ein freies Feld gelassen.)" und nennt die Straßen. „Sowohl während des Zuges als auch auf dem nachfolgenden Maskenballe im Theater werden die zu ihrem Preis verfaßten Carnevals-Märsche und Lieder abgespielt und gesungen werden."

Die Freude der Bonner Karnevalisten währte nur kurz. Der preußische König Friedrich Wilhelm III. erließ im März folgende Kabinettsordre: „In dem vor einigen Tagen eingegangenen Zeitungsbericht ... finde ich die Anzeige, daß in der diesjährigen Karnevalszeit auch in Bonn ein Maskenzug stattgefunden habe. Wo dergleichen anormalische und in polizeilicher Hinsicht nicht unbedenkliche Lustbarkeiten bisher nicht herkömmlich erlaubt gewesen sind, sollen sie nicht gestattet werden, am wenigsten in der Universitätsstadt Bonn." Da steckte Angst vor rheinischem Spott am neuen Landesherrn hinter, womöglich sogar vor Aufruhr, gewiß Sorge um die Moral der Studenten. Vergeblich sandten Bonner Bürger Bittschriften nach Berlin, erst 15 Jahre später, 1843, konnte wieder ein Karnevalszug durch die Straßen der Stadt ziehen.

Vereine wurden zu einem Charakteristikum der Kaiserzeit. Mitgliederversammlungen stimmten mehrheitlich über anstehende Fragen ab, wählten die repräsentierenden Vorstände frei. Demokratische Verfahrensformen konnten so eingeübt werden. Das war um so wichtiger, als sich auch die politische Meinungs- und

Willensbildung in Vereinen vollzog. Da das preußische Vereinsgesetz die politische Arbeit der Parteien außerhalb der Wahlkämpfe stark behinderte, bedienten sich die Parteien zur Austragung ihrer Meinungsverschiedenheiten und Durchsetzung ihrer Programme in einem weit stärkeren Maße als heute von der eigentlichen Zielsetzung her eher unpolitischer Vereine. So erwiesen sich als Rückgrat der politischen Arbeit des Zentrums im Kaiserreich die primär nicht politischen, aber religiös gebundenen Vereine, hier seit 1863 der „Bonner Bürgerverein" des gehobenen katholischen Mittelstands und der „Katholische Verein", auf nationaler Ebene der „Volksverein für das katholische Deutschland". Das kommunalpolitisch tonangebende protestantisch-liberale Bonner Bürgertum organisierte sich im 1887 gegründeten „Liberalen Bürgerverein", bestimmte aber auch den Charakter der alten „Lese- und Erholungsgesellschaft". Ein sozialdemokratischer politischer Verein „Neue Zeit" vermochte sich nicht zu halten.

Gesellschaftshaus des Bonner Bürgervereins, Ansichtskarte, um 1910

Vereine bestimmten auch in Bonn wesentlich das kulturelle Leben. Es war aufgrund des liberalen Denkens der Zeit den Initiativen und dem Engagement der Bürgerschaft überlassen und wurde daher nicht von der öffentlichen Hand, hier der Stadt, finanziell und organisatorisch getragen, wie heute selbstverständlich im Rahmen der freiwilligen Daseinsfürsorge. Neben Theater, Musikpflege und Literatur gilt dies auch für die Museen. Zwar waren das „Akademische Kunstmuseum" 1819 und das „Museum vaterländischer Alterthümer" im Jahr darauf im Zusammenhang mit der Universität durch staatliche Initiative entstanden, doch erwachte dieses erst zu fruchtbarem Leben, als sich der 1841 gegründete „Verein von Alterthumsfreunden im Rheinlande“, der älteste in Deutschland, seiner annahm. Die Museums- und Vereinssammlungen wurden 1876 zum Rheinischen Provinzialmuseum verbunden, vor deren Schätzen vor allem aus der Römerzeit „Du auf den Knien lägest und still wie ein römischer Kaiser betetest... Das Museum herrlich hell und modern“, wie August Macke an Franz Marc schrieb. Durch den Erwerb der Gemäldesammlung Wesendonck – die Freundin Richard Wagners liegt auf dem Alten Friedhof begraben – konnte es sich auch zum Kunstmuseum entwickeln.

Der Bonner Arzt Franz Obernier vermachte 1882 der Stadt Bonn außer seiner Villa mit gesamtem Inventar eine Gemäldesammlung mit der Auflage, sie als „Städtisches Museum Villa Obernier“ einzurichten. Zwei Jahre später geschah dies, doch war die Gemäldesammlung als Grundstock für ein Kunstmuseum weniger geeignet und stellte eher die kultivierte Ausstattung eines wohlhabenden Bürgerhauses dar. Spöttisch bezeichnete Max Ernst als „das beste Bild im Obernier-Museum die Aussicht auf das andere Rheinufer und Siebengebirge“. Gleichwohl bildete die Stiftung die Grundlage für das städtische Kunstmuseum Bonn, das neben Münster die bedeutendste Sammlung des Rheinischen Expressionismus besitzt und jetzt endlich einen großzügigen Neubau an der Friedrich-Ebert-Allee erhalten hat.

Städtisches Museum Villa Obernier, Ansichtskarte, um 1900

Kein Museumsglück war dem Verein „Bonnensia“ beschieden, 1886 u.a. mit dem Ziel gegründet, Sammlungen zur Geschichte und Kultur Bonns anzulegen. Erst über ein Jahrhundert später, nachdem der später in „Bonner

Heimat- und Geschichtsverein“ umbenannte Verein seine Bonnensien schon 1956 der Stadt übereignet hatte, beschloß der Stadtrat, das historisches Stadtmuseum Bonn einzurichten. 1998 konnte es feierlich eröffnet werden.

Synagoge in Beuel, Ansichtskarte, 1907

Internationales Ansehen genießt das Zoologische Forschungsinstitut und Museum Alexander Koenig, in dessen Lichthof 1948 der Parlamentarische Rat seine Eröffnungsfeier abhielt. Im ehemaligen Direktorenzimmer hatte der erste Bundeskanzler Dr. Konrad Adenauer sein Büro, hier befand sich das erste Kanzleramt. Der in St. Petersburg geborene Zoologe und Bonner Ehrenbürger Alexander Koenig hatte auf seinen privaten Forschungsreisen umfangreiches Material gesammelt und 1912 den Grundstein für das nach ihm benannte Museum gelegt. Durch die Geldentwertung nach dem Ersten Weltkrieg verlor er den größten Teil seines Vermögens, das sein Vater in Rußland durch Zuckergewinnung erworben hatte, und übereignete 1929 sein Museum dem Deutschen Reich.

Bonn ändert sein Gesicht

Erst nach der Gründung des Deutschen Reichs verlor Bonn seinen romantischen, noch biedermeierlichen Charakter und entwickelte sich wie die meisten deutschen Städte in der wilhelminischen Kaiserzeit zum modernen Gemeinwesen mit leistungsfähiger Verwaltung. Innerhalb weniger Jahrzehnte wurden Wasserleitung, Kanalisation, Elektrizitäts- und Gasversorgung eingeführt, heute selbstverständliche Annehmlichkeiten.

Obgleich Bonn den Ruf einer Universitäts-, Rentner- und Garnisonsstadt wahrte, ist es vor allem aufgrund des Gewerbes, und hier besonders der Industrie nach der Wende vom 19. zum 20. Jahrhundert gewachsen. Dabei suchte die Stadtverwaltung die Ansiedlung von Industrie mit Rücksicht auf die Rentiers und den Fremdenverkehr eher zu verhindern, ja vor allem lärm- oder geruchsbelästigende Betriebe aus den gepflegten Wohngebieten fernzuhalten, so daß mehrere von ihnen auf die rechte Rheinseite nach Beuel und Oberkassel auswichen. Nachdem der mittelalterliche Mauerring teilweise vor der Jahrhundertmitte gesprengt worden war, dehnte sich die Stadt vor allem nach Süden und Westen aus. Die mittelalterlichen Mauern und Stadttore sowie die Bastionen aus kurkölnischer Zeit

Sterntor, Foto von Joseph Cronenberg, 1880

Synagoge in Bad Godesberg, Foto um 1910

fielen bis auf wenige Ausnahmen der Spitzhacke zum Opfer. Erhalten blieben der Alte Zoll sowie die Festungsmauern und Bastionen am Florentius- und Annagraben. Das abgetragene Sterntor wurde an einen mittelalterlichen Halbturm teilweise wieder angebaut. Der sich ausdehnenden Stadt fügten sich 1904 die Dörfer Dottendorf, Kessenich, Poppelsdorf und Endenich an. Seit 1926 durfte Godesberg den Titel Bad führen. Als es neun Jahre später Stadtrecht erhielt, wurden Lannesdorf und Mehlem als letzte der Bad Godesberg umgebenden Dörfer eingemeindet. Rechtsrheinisch hatte die alte Samtgemeinde Vilich den Namen Beuel angenommen, da sich ihr Schwerpunkt an den Brückenkopf der Rheinbrücke verlagert hatte. Beuel wurde erst 1952 Stadt. Die kommunale Neugliederung des Bonner Raumes vollendete sich 1969.

In den Jahrzehnten nach der Reichsgründung veränderte eine umfangreiche Bautätigkeit das Gesicht der Stadt Bonn erheblich und bestimmte es neben seinem Charakter als Barockstadt bis zum Zweiten Weltkrieg. Zahlreiche Universitätsinstitute, umfangreiche Kliniken und Krankenhäuser, Kasernen, Schulen, das Land- und Amtsgericht, der Hauptbahnhof – errichtet von der 'evangelischen' königlich-preußischen Staatsbahn – und der „katholische“ Rheinuferbahnhof der Köln-Bonner Eisenbahn-Gesellschaft – an ihr waren die 'katholischen' Städte Bonn und Köln und die gleichnamigen Landkreise beteiligt -, das Oberbergamt, die Landwirtschaftskammer Rheinland, das Rheinische Provinzialmuseum (heute Landesmuseum), das Zoologische Museum Alexander Koenig, katholische Kirchen wie die von Heinrich Wiethase entworfene Stiftskirche in Bonn,

Marienkirche in Bad Godesberg, Lithographie von Vinzenz Statz, 1860

die vom Kölner Diözesanbaumeister Vinzenz Statz geplante Marienkirche in Bad Godesberg, die vom autodidaktischen Religionslehrer Joseph Prill entworfenen Kirchen St. Marien in Bonn und St. Josef in Beuel, alle im neugotischen Stil errichtet, und evangelische Kirchen, darunter 1871 die schon genannte, von Universitätsbaumeister August Dieckhoff geplante Kreuzkirche als erster Kirchenbau der evangelischen Gemeinde im linksrheinischen Bonn, Synagogen wie die vom königlichen Bauinspektor Eduard Hermann Maertens im „maurischen" Stil in repräsentativer Lage am Rheinufer geplante, 1879 eingeweihte Bonner, die Beueler, Poppelsdorfer und Mehlemer Synagogen, die Stadthalle in der Gronau, vom Volksmund als „Bierkirche" verspottet, die alte Beethovenhalle anläßlich Beethovens 100. Geburtstag, das Viktoriabad, die Gas- und Elektrizitätswerke, das Wasserwerk, dessen ehemaliges Pumpenhaus bis zum Bau des neuen Plenarsaals zum vorübergehenden Sitz des Deutschen Bundestags aufgestiegen ist, städtischer Fuhrpark und Schlachthof, Straßenbahndepot, Feuerwache, Städtische Sparkasse, große, ästhetisch wohlgestaltete Fabrikanlagen wie die der Steingutfabrik Mehlem, der Wessel- und Soennecken-Werke: Sie alle entstanden erst jetzt.

Kreuzkirche am Kaiserplatz, Lithographie von Reiner Beissel, um 1875

Die „Steingut-Fabrik und Kunsttöpferei Franz Anton Mehlem" präsentierte sich erfolgreich auf der Pariser Weltausstellung 1900 und erreichte Weltgeltung. Sie war damals der größte Arbeitgeber in Bonn. Entwürfe für ihre Produkte verdankte sie u.a. Peter Behrens von der Darmstädter Künstlerkolonie, einem der wichtigsten Zentren des Jugendstils in Europa. Nach dem Ersten Weltkrieg ging sie jedoch in den Besitz des heute noch blühenden Mettlacher Unternehmens Villeroy & Boch über. Die Firma Ludwig Wessel verlegte seit dem späten 19. Jahrhundert ihr Gewicht auf die Fliesenherstellung, es entstand in Dransdorf „Wessel's Wandplattenfabrik".

Stadthalle in der Gronau, „Bierkirche", Foto, 1901

Den öffentlichen Bauten der Kaiserzeit fehlte noch völlig der später von der Bauhausidee durchgesetzte funktionale, sachlich-ökonomische Baustil. Selbst die Fabriken verbargen sich hinter historisierenden Schaufassaden, waren also dem gleichen wilhelminisch-repräsentativen Zeitgeist verpflichtet wie die neugotischen oder neoromanischen Rathäuser etwa in Poppelsdorf und Duisdorf, die schon genannten Kirchen, Schulen wie etwa die ehemalige zauberhafte Münster-Mädchenschule – jetzt Bonn-Information – und alle die anderen Bauten. In architektonischer Geschlossenheit wuchs die fast gänzlich erhaltene Südstadt. Die Straßenzüge des Musikerviertels und der Altstadt entstanden. Die Seiten der Poppelsdorfer Allee wurden bebaut, endlich die kurfürstliche Bauidee vollendend. Herrschaftliche Villen mit großzügigen Parkanlagen und prächtige Bürgerhäuser reihten sich entlang der Koblenzer Straße, der heutigen Adenauerallee.

Blick vom Koblenzer Tor in die Koblenzer Straße (Adenauerallee), Stahlstich von Poppel und Lange, um 1850

Das Repräsentationsbedürfnis des deutschen Bürgertums zeigte sich nicht nur in seinen Bauten, sondern auch in zahlreichen Denkmälern. Wie überall im Deutschen Reich mahnten die Monumente patriotischen Pathos wie die Kriegerdenkmäler und Bismarcksäulen, die Kaiser-Wilhelm-Denkmäler am Kaiserplatz und auf dem Venusberg, die Arndt-Eiche auf dem Münsterplatz des Kaisers treue Untertanen an ihre vaterländische Pflicht. Kaiser Wilhelm „der Große" jedenfalls sorgte noch vor einem Jahrzehnt für Aufregung nicht nur am Deutschen Eck in Koblenz, sondern auch unter Bonner Bürgern: Ob überhaupt und wo, vor allem wie er wiederaufgestellt werden sollte, mit reichlich beschädigtem Haupt – es diente amerikanischen Soldaten nach dem Zweiten Weltkrieg als treffliche Zielscheibe bei Schießübungen -, mit traurig restauriertem oder gar völlig neuem aus feinstem schneeweißem Marmor. Jetzt steht er still mit neuem Kopf im Gastgarten des Hotels Residence am Kaiserplatz.

Nachdem sich Bonns größter Sohn Ludwig van Beethoven schon 1845 durch ein großes Bronzedenkmal auf dem Münsterplatz geehrt sah, fanden spätere Kritiker, unter ihnen der Schöpfer des Schumann-Grabmals auf dem Alten Friedhof, Adolf Donndorf, daß dort nicht der Genius in die Ewigkeit schreite, sondern sich eher ein treuer Ehemann mit schlechtem Gewissen in ärmlichem Mantel vom Stammtisch nach Hause schleiche. Hähnels Denkmal empfand die Zeit nach der Jahrhundertwende als zu kleinbürgerlich. Das Deutsche Beethovenfest von 1927 gab den Anlaß, ein „Nationales Beethoven-Denkmal" zu schaffen. Das „Komitée für ein Ewigkeitsdenkmal" beauftragte den Berliner Bildhauer Peter Breuer mit Entwurf und Ausführung. Mit einem kleinen Beitrag Hitlers aus Mitteln des nationalsozialistischen Propagandaministeriums schuf Breuer das am Aufgang zum Alten Zoll aufgestellte und 1938 eingeweihte Denkmal. Schon damals bespöttelten boshafte Geister Beethovens heroisches Konterfei als sitzend „in der Badewanne". Das „Nazi-Denkmal" beschloß der Stadtrat 1949 zu demontieren. Seit der Bundesgartenschau blickt Beethoven als kindergeliebtes Klettergerüst in der Gronau grimmig drein.

Gedenkblatt zur Einweihung des Arndtdenkmals auf dem Alten Zoll 1865, Lithographie von Aimé Henry,

In der wilhelminischen Kaiserzeit erinnerten sich die Bonner Bürger auch ihrer anderen Söhne – von Töchtern ist da nirgends die Rede – und errichteten Arndt, Schumann und Berghauptmann Brassert ihre Denkmäler. Gelehrte der Universität ehrten die hohe und hehre Wissenschaft und damit sich selbst durch ein Denkmal für den Chemiker August Kekulé von Stradonitz, den Geologen Johann Jacob Noeggerath und den Germanisten Karl Simrock. Das lustige Studentenleben preist der 1985 wieder an der Universität aufgestellte Gaudeamusbrunnen. Das bekannteste Studentenlied „Gaudeamus igitur" läßt grüßen. Auch die Kirche berücksichtigten die Bonner Bürger und schufen den Martins- und den Christusbrunnen. Die Oberkasseler gedachten ihres evangelischen Pfarrersohns Gottfried Kinkel. Nie entstanden auch in Bonn so viele Denkmäler wie damals, „große Buchstaben der Geschichte, mit denen dieselbe sich in die Herzen des Volkes einprägt", wie es ein Kunsthistoriker formulierte.

Nicht alle, aber doch einige der Bonner Dörfer veränderten ihren Charakter, vor allem Godesberg. Schon vom letzten Kurfürsten Max Franz zum Bad auserkoren, wurde es neben Bonn und auf der gegenüberliegenden Rheinseite Königswinter und Honnef zu Füßen des Siebengebirges bevorzugter Sitz, zuweilen auch nur Sommersitz reicher Bankiers, Kaufleute und Rentiers, nachdern es schon in der Biedermeierzeit zahlreiche romantische Seelen, Engländer vor allem, angezogen hatte. Das Villenviertel mit seinen großzügigen Gärten entstand, der Kurpark wurde angelegt, Godesberg wuchs zur vornehmen Wohn- und Badestadt heran,

Industrie dezent von sich weisend. Auch Rüngsdorf und Plittersdorf, teilweise auch Lannesdorf und Mehlem, verloren ihr bäuerlich-dörfliches Aussehen dank prächtiger Villen und stattlicher Bürgerhäuser sowie beliebter vornehmer Hotels wie des „Rheinhotels Dreesen". Muffendorf indes blieb ganz ländlich und sah seit dem Rückgang des Weinbaus in den 30er Jahren des 19. Jahrhunderts Jahrzehnte hinreißender Pfirsichblüte. Es gilt heute wegen seiner romantischen Fachwerk-Gemütlichkeit oft als Ziel und Höhepunkt touristischer Bonnbesuche, um so mehr als es mit dem Kelterhaus aus dem 18. Jahrhundert und der „Kleinen Beethovenhalle" von 1896 über zwei beliebte Kulturzentren verfügt. Außer den großen Ringsdorff-Werken in Mehlem und der Alaunhütte in Friesdorf wiesen Bad Godesberg und seine Umgebung kaum Industrieanlagen auf.

Grabdenkmal für Johann Jacob Noeggerath von Albert Küppers auf dem Alten Friedhof, Foto, 1958

Auf der rechten Rheinseite sah die Entwicklung ganz anders aus. Während die nördlich gelegenen Dörfer ganz landwirtschaftlich bestimmt blieben, siedelten sich in Beuel selbst und in Oberkassel zahlreiche größere Industriebetriebe an. Die Bleibtreus gründeten 1856 die Portland-Zementfabrik, die Basaltbrüche am Ennert wurden ausgebeutet, die Chemische Fabrik Marquart siedelte von Bonn nach Beuel über, die Fabriken Andernach und Didier entstanden. In den verlassenen Hallen der Jutespinnereien wird heute städtisches Theater gespielt. Insgesamt waren es rund 60 Betriebe, die Tausenden von Arbeitern und ihren Familien den Lebensunterhalt ermöglichten. Für Beuel typisch – neben dem alten Fähr- und Schiffahrtswesen – wurde die schon erwähnte Lohnwäscherei. Um 1890 beschäftigte sie mehr als ein Zehntel der Einwohner, ihre Kundschaft reichte von Bonn bis Köln, ja bis Berlin. Liebevoll und höchst anschaulich beleuchtet das Heimatmuseum Beuel Leben und Arbeit vergangener Generationen, so wie auch Oberkassel über eine eigene Heimatsammlung im dortigen alten Rathaus verfügt.

Im westlichen Bonner Stadtbezirk Hardtberg waren nur kleinere Fabriken angesiedelt, zusammen mit zahlreichen Handwerksbetrieben bestimmten sie den halb industriell, halb agrarischen Charakter von Duisdorf, an den das Heimatmuseum Lengsdorf erinnert. Wie überall im Bonner Raum war auch hier der Weinbau zurückgegangen, zu Beginn des Ersten Weltkriegs fast verschwunden. Dabei spielte nicht nur die Umwandlung von Wingerten in Gewerbeflächen eine Rolle, sondern ihn verdrängte vor allem der Obst- und Gemüseanbau, dessen Produkte bis ins Ruhrgebiet abgesetzt werden konnten.

Industrialisierung und weiträumiger Vertrieb leicht verderblicher landwirtschaftlicher Produkte setzten schnelle und zuverlässige Verkehrsverbindungen voraus. Ein dichtes Verkehrsnetz entstand. Zwar war Bonn schon 1844 über Köln an das rheinische Eisenbahnnetz angeschlossen worden – 1858 bis nach Koblenz verlängert –, doch erhielt es erst 1885 seinen heutigen repräsentativen, durch umgebende Baumaßnahmen in seiner Wirkung immer wieder gefährdeten Bahnhof. Die 1880 eröffnete Eisenbahnlinie nach Euskirchen erschloß der Stadt das flache Land. Zehn Jahre zuvor war eine Eisenbahnfähre von Bonn über die Gronau nach Oberkassel eröffnet worden, die Trajektbahn. Bald darauf wurde Oberkassel über Beuel und Troisdorf an Köln angebunden. Die seit 1891 bestehende Bröltalbahn beförderte vor allem Steinmaterial aus dem Westerwald zur Schiffsverladung an

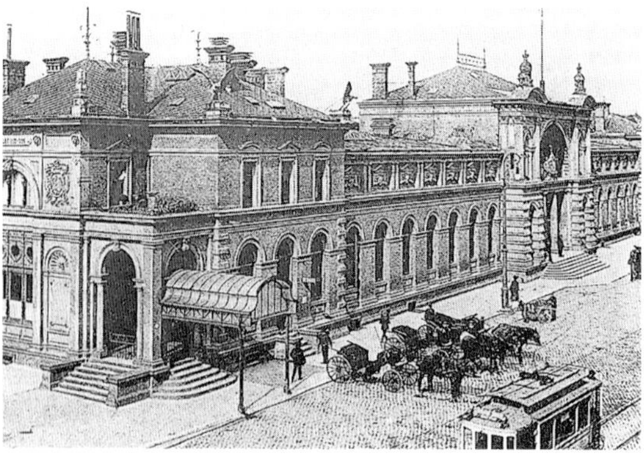

Staatsbahnhof (Hauptbahnhof), Ansichtskarte, 1909

den Rhein. Sie war im übrigen Deutschlands älteste Schmalspurbahn, ihr ehemaliger Bahnhof in Beuel ist heute eine beliebte Gaststätte. Den Nahverkehr bedienten die 1893 eröffnete Straßenbahnlinie nach Mehlem, fünf Jahre später die Vorgebirgsbahn mit dem auf dem Friedensplatz einst endenden „Feurigen Elias" und 1906 die Rheinuferbahn nach Köln.

Vorgebirgsbahn „Feuriger Elias" auf dem Friedensplatz, Foto, um 1925

Erstmals führte eine feste Brücke über den Rhein: Die von Bruno Möhring entworfene, 1898 eingeweihte und zu Ende des Zweiten Weltkriegs gesprengte, als technisches Kunstwerk von den Zeitgenossen bewunderte und von den Bonnern geliebte Vorgängerin der Kennedybrücke, eine reichgeschmückte Eisenkonstruktion. Von der Stadt Bonn allein gebaut, streckte ihr „Bröckemännche" den Beuelern den frechen Hintern entgegen, weil sie sich an der Finanzierung nicht beteiligt hatten. Es ist jetzt gegen Frankfurt gerichtet, Bonns Konkurrentin um den Sitz der Bundesorgane 1948/49. Die Brücke ermöglichte 1902 die Straßenbahnlinie nach Beuel, 1911 nach Siegburg und zwei Jahre später nach Königswinter.

Alte Rheinbrücke, Foto, um 1910

In politischer Hinsicht war es in Bonn immer recht still geblieben, abgesehen von der Revolution von 1848/49, in deren Verlauf Gottfried Kinkel am 20. März von der Rathaustreppe aus eine flammende Rede hielt, die im Arndthaus ruhende, von Jungfrauen der Bonner Bürgerwehr gestickte schwarz-rot-goldene Fahne mit dem Stadtwappen schwingend. Die 1845 erlassene Preußische Gemeindeordnung hatte nach 40 Jahren die französisch-bergische Munizipalverfassung aufgehoben. Wichtigste Neuerung war die Wahl der Mitglieder der Stadt- und Gemeinderäte, allerdings nach einem abgestuften Zensuswahlrecht, das die Steuerleistung und damit das Vermögen zum Maßstab des politischen Einflusses in den Städten und Gemeinden machte. Die Wahlen waren nach demokratischem Verständnis direkt und geheim, aber durch die Einteilung der Wählerschaft in drei Klassen weder allgemein noch gleich. Späte Frucht der 1848er Revolution war in der Preußischen Gemeindeordnung von 1850 die freie Wahl der Gemeindevorsteher, Bürgermeister und Oberbürgermeister, die allerdings bestätigt werden mußten. 1856 hob die Rheinische Städteordnung den Unterschied von Stadt und Land endlich auf. Abgesehen von dem schrittweise geänderten Wahlrecht blieben sie und die Gemeindeordnung von 1845 bis zum Dezember 1933 in Kraft.

Notgeldschein der Gemeinde Beuel mit dem „Bröckemännche", 1923

Das rheinische Dreiklassenwahlrecht – es galt von 1849–1918 auch für die Wahlen zum preußischen Abgeordnetenhaus – begünstigte völlig einseitig das vermögendere protestantisch-liberale Bürgertum, so daß es in Bonn bis 1918 die Mehrheit im Stadtrat wahren konnte, obwohl die Bevölkerung der Stadt überwiegend katholisch war und daher bei den gleichen und allgemeinen Wahlen zum Deutschen Reichstag stets mit großer Mehrheit das Zentrum als Partei des politischen Katholizismus wählte. Die Sozialdemokratie hatte stets nur sehr wenige Stimmen auf sich vereinigen können. Im Bonner Stadtrat war sie bis zum Ende der Kaiserzeit nicht vertreten.

Da bis 1918 die Frauen vom Wahlrecht gänzlich ausgeschlossen waren und das Mindestwahlalter 24 Jahre betrug, war ohnehin nur rund ein Viertel der Bürger überhaupt wahlfähig. Das Dreiklassenwahlrecht schränkte die Wahlberechtigung dazu derart ein, daß etwa 1885 von den 34 746 Einwohnern Bonns nur 3240 Bürger wählen durften, davon 162 = 5 % in der ersten Klasse, 471 = 14,5 % in der zweiten Klasse und 2607 = 80,5 % in der dritten Klasse. Das heißt, daß von allen Männern über 24 Jahre nur knapp zwei Fünftel tatsächlich zu den Gemeindewahlen berechtigt waren. In den Bürgermeistereien Godesberg und Poppelsdorf sowie den angehörigen Gemeinden lagen die Verhältnisse ähnlich. Die Folge war, daß außer in den größeren Städten wie Bonn – der kommunale Wahlkampf konzentrierte sich hier vor allem auf die Wähler der zweiten Klasse – eine Politisierung des Kommunalwesens weitgehend verhindert war, die Zusammensetzung der Gemeinde- und Stadträte also im allgemeinen nicht den bei den Reichstagswahlen zum Ausdruck kommenden parteipolitischen Mehrheitsverhältnissen entsprach. Abgeschwächt gilt dies auch für die Wahlen zum preußischen Abgeordnetenhaus.

Obgleich nicht als Oppositionspartei gegründet, war das Zentrum wenige Tage nach Eröffnung des ersten Reichstags in Gegensatz zur nationalliberal-konservativen Mehrheit und Regierungspolitik Bismarcks geraten. Ausgelöst durch das vom Vatikanischen Konzil 1870 erklärte Dogma von der päpstlichen Unfehlbarkeit in Glaubensfragen, belastete der nun ausbrechende „Kulturkampf", letztlich um die Trennung von Kirche und Staat geführt, das Verhältnis der rheinischen Katholiken zum preußischen Staat schwer und nachhaltig. Bonn stand im Mittelpunkt der Auseinandersetzungen, weil von hier aus nicht nur der Historiker Heinrich von Sybel mit seinem „Deutschen Verein für

Oberbürgermeister Leopold Kaufmann, Lithographie von Caspar Ad. Fögen, 1863

die Rheinprovinz“ den weltanschaulichen Kampf der liberalen Seite gegen die „Ultramontanen“ aufnahm, sondern auch die katholische Seite mit der hier erscheinenden „Deutschen Reichs-Zeitung. Organ für das katholische deutsche Volk“.

Großes, über das Rheinland hinausgehendes Aufsehen erregte 1875 auf dem Höhepunkt des Kulturkampfes die vom preußischen König und Deutschen Kaiser Wilhelm verweigerte Bestätigung des gut katholisch gesinnten, durchaus staatstreuen, schon langjährigen Bonner Oberbürgermeisters Leopold Kaufmann. Er hatte sich nämlich nicht an den allenthalben im Reich veranstalteten Sedanfeiern zur Erinnerung an den Sieg über Frankreich 1870/71 und die Vollendung der Reichseinheit beteiligt, in den Augen der preußischen Regierung ein illoyales Verhalten. Tatsächlich waren die Sedanfeiern eindeutig national und darüber hinaus protestantisch besetzt, was Katholiken und Sozialdemokraten die Teilnahme erschwerte, wenn nicht unmöglich machte.

Die Ablehnung des päpstlichen Dogmas durch die Katholisch-Theologische Fakultät der Universität Bonn führte aber auch zu großen innerkirchlichen Spannungen. Die im Gegensatz zur geistlichen Obrigkeit verharrenden drei von vier Ordinarien schlossen sich der neuen „altkatholischen“ Kirche an. Josef Hubert Reinkens wurde ihr erster Bischof. Bonn ist bis heute Bischofssitz der kleinen altkatholischen Gemeinde.

Das 1878 von Bismarck im Reichstag durchgebrachte „Sozialistengesetz“ verbot zwar nicht die Sozialdemokratische Partei, wohl aber alle ihre Organisationen und Vereine, so daß sich die Partei zur Selbstauflösung gezwungen sah und in den Untergrund ging. Aber auch nachdem das Gesetz 1890 aufgehoben worden war und sich die SPD neu konstituiert hatte, klagte ihr in Bonn führender Kopf, Johann Gockel, daß die Stadt Bonn „ein schweres Feld, eine schwere Aufgabe“ sei. „Bonn ist eine alte Universitäts- und Luxusstadt, ist wenig industriell.“ Erst die Durchsetzung des demokratischen direkten, geheimen, freien, allgemeinen und gleichen Wahlrechts durch die Deutsche Revolution von 1918 brachte die wirklichen Mehrheitsverhältnisse auf allen Wahlebenen von der Gemeinderats- bis zur Reichstagswahl zum Ausdruck.

Bischof Josef Hubert Reinkens, Foto

Krieg bringt Revolution

Auch in Bonn nahm die Bevölkerung die Nachricht von Mobilmachung und Kriegsausbruch Ende Juli 1914 begeistert auf und bejubelte den Auszug des Infanterieregiments Nr. 160 und des Husarenregiments König Wilhelm, der „Lehm ops“. Zwar wurde die Stadt von Fliegerangriffen kaum getroffen, doch griffen die Folgen des Kriegs stark in das Leben der Bevölkerung ein. Das Hauptproblem bildete die Lebensmittelversorgung. Der Hofgarten lieferte als Heuwiese Futter für die Kühe der „Städtischen Abmelkställe“. Hunderte von Menschen starben unterernährt an epidemischen Krankheiten. Alle Kliniken und Krankenhäuser wurden mit Verwundeten belegt, die Beethovenhalle und andere öffentliche Gebäude dienten als Lazarette.

Beethovenhalle als Kriegslazarett, Weihnachtsfeier 1915, Foto von Adolf Plesser

Im November 1918 sprang die Revolution der meuternden Matrosen von Wilhelmshaven und Kiel binnen weniger Tage auf das Rheinland über. Schon am 9. des Monats bildete sich ein revolutionärer Rat in Bonn, allerdings in ungewöhnlicher Zusammensetzung, traten hier nämlich neben Vertretern der Soldaten und Arbeiter, repräsentiert von Sozialdemokraten und Gewerkschaftlern, auch Bürger als Vertreter des Zentrums und der Liberalen zu einem „Arbeiter-, Bürger- und Soldatenrat“ zusammen. Er machte die Aufrechterhaltung der Ordnung zur unbedingten Pflicht jeden Einwohners, sorgte sich um Sicherstellung der Ernährung und Kohleversorgung, Einrichtung von Arbeitsvermittlungen und Demobilisierung der Soldaten.

Im Dezember 1918 fiel in Berlin auf dem Reichskongreß der Arbeiter- und Soldatenräte die endgültige Entscheidung zugunsten der parlamentarischen Demokratie, nachdem die deutsche Niederlage des Ersten Weltkriegs das Ende des wilhelminischen Kaiserreichs besiegelt, Wilhelm II. als Kaiser und König auf den Thron verzichtet, Philipp Scheidemann vom Reichstag aus die „Deutsche Republik" ausgerufen hatte und der Sozialdemokrat Friedrich Ebert zum Reichskanzler ernannt war. Die über eine feste Mehrheit in den Räten verfügende sozialdemokratische Führung stimmte der Einberufung einer Verfassunggebenden Nationalversammlung in Weimar zu und setzte die Wahlen auf den 19. Januar 1919 fest. Die für das sowjetische Rätesystem votierende linke Unabhängige Sozialdemokratische Partei (USPD) radikalisierte sich, ihr äußerster Flügel gründete die Kommunistische Partei Deutschlands (KPD).

In den Wahlen zur Nationalversammlung gewann das Zentrum 49,8 % der Stimmen in Bonn, 50 % in Godesberg und 53,6 % in Vilich/Beuel; die Sozialdemokraten brachten es auf 22,4 %, 20 % und 30,3 %, die liberale Deutsche Demokratische Partei (DDP) und Deutsche Volkspartei (DVP) gewannen zusammen 18,4 %, 13,5 % bzw. 11,7 %, die rechtskonservative Deutschnationale Volkspartei (DNVP) in Bonn 9,3 %, in Godesberg hingegen sogar 16,5 %, in Beuel nur 4,4 %. 0,1 % ging allein in Bonn an die USPD.

Die Nationalversammlung bildete eine Regierung aus Ministern der demokratischen, die Republik bejahenden Parteien, aus SPD, DDP und Zentrum, schuf die Weimarer Verfassung und ließ den von den alliierten Siegermächten erzwungenen, das nationale Ehrgefühl der Deutschen tief verletzenden „Diktatfrieden" von Versailles unterzeichnen.

Englische Truppen besetzten Bonn, 1920 von französischer Besatzung abgelöst. Diese wies Oberbürgermeister Dr. Johannes Falk und den Vorsitzenden der Zentrumsfraktion, Johannes Henry, aus. Für die französischen Verwaltungsstellen mußte die Stadt das jetzt alte Stadthaus am Bottlerplatz errichten, das diese aber selbst nicht mehr bezogen. Gleichzeitig wurde Bonn in die Separatistenbewegung hineingezogen. Ihr erster Anführer, Adam Dorten, stammte aus Endenich. Die Bestrebungen, aus den preußischen Westprovinzen einen eigenen, an Frankreich angelehnten Bundesstaat zu machen, fanden in der Bonner Bevölkerung keine Zustimmung. Die Separatisten gingen jedoch daran, mit Hilfe der französischen Besatzungsmacht ihr Ziel mit Gewalt durchzusetzen, besetzten unter ihrem Schutz die Rathäuser von Bonn, Godesberg und Beuel und hißten dort ihre Fahne. In Oberkassel hingegen hatten bewaffnete Arbeiter den Schutz des Rathauses übernommen. Zwar riefen die Separatisten im Oktober 1923 in Aachen die „Rheinische Republik“ aus, doch setzte die „Siebengebirgsschlacht“ bei Aegidienberg ihrer politischen und militärischen Macht bald darauf ein Ende. Nachdem die rheinische Jahrtausendfeier 1925 zur Erinnerung an den endgültigen Anschluß des lotharingischen Mittelreichs an das entstehende Deutsche Reich auch in Bonn mit großer Begeisterung gefeiert war, begrüßte die Bevölkerung den Abzug der französischen Besatzungstruppen im Januar des folgenden Jahres.

Einen tiefen Einschnitt für Bonn bedeutete die ungeheure Geldentwertung zu Beginn der 20er Jahre, da sie die bürgerlichen Vermögen vernichtete, so daß einst wohlhabende Rentiers, ja selbst Millionäre verarmten und der Stadt zur Last fielen. Außerdem nahm die Erzbergersche Steuerreform der Stadt die ertragreiche Einkommensteuer. Um das mangels Industrie geringe Gewerbesteueraufkommen zu erhöhen, baute die Stadt die Handelswerft in Graurheindorf aus und rief Industrieunternehmen nach Bonn, darunter die späteren Vereinigten Leichtmetallwerke, und richtete den Großmarkt für landwirtschaftliche Produkte am Ellerbahnhof ein. Gleichzeitig versuchte sie mit Erfolg, Bonn zum Fremdenverkehrs- und Tagungsort zu machen. Auch die Godesberger Kurverwaltung zog viele Tagungen an sich, drei- bis viermal mehr als vor dem Ersten Weltkrieg. Dem gesteigerten Verkehrsaufkommen an Kraftfahrzeugen diente die 1932 eröffnete Autostraße Köln-Bonn, zwar nicht als solche deklariert, tatsächlich aber die erste Autobahn Europas.

Das kulturelle Leben erholte sich in Bonn nach der Inflation schnell. Der Schriftsteller Wilhelm Schmidtbonn stand in hohem Ansehen, ebenso die Maler Em Oelieden und Carl Nonn. Indem es Oberbürgermeister Dr. Falk gelang, die Reichsregierung als Mitveranstalter zu gewinnen, sah sich das Bonner Beethovenfest von 1927 anläßlich des 100. Todestags des Komponisten zum „Deutschen Beethovenfest" erhoben und wurde ein großer Erfolg. In Godesberg entstand die spätere „Schauspielbühne" und die „Vereinigung der musikalischen Gesellschaften", sie machten die Badestadt zum zweiten Kulturzentrum im Bonner Raum.

Das „braune" Verhängnis beginnt

Gleichwohl nahm auch in Bonn das politische Verhängnis seinen Lauf. Die nach Kriegsende ungeheure Geldentwertung und die Schwächung der deutschen Wirtschaft hatten das deutsche Volk in bittere Not gestürzt und Millionen von Menschen arbeitslos gemacht. Angesichts dieser Lage radikalisierten sich die Massen. So verloren schon in der ersten Reichstagswahl 1920 im wesentlichen Zentrum und SPD Stimmen an die USPD, die mit 5,7 % in Bonn, 4,8 % in Godesberg und 8,6 % in Beuel aus den Wahlen hervorging. Politischer Terror von rechts und links führte zu bürgerkriegsähnlichen blutigen Auseinandersetzungen vor allem zwischen Kommunisten und Nationalsozialisten.

Die einen suchten im bürgerlichen Kapitalismus die Wurzel allen Übels zu bekämpfen, die anderen machten die Revolution für die militärische Niederlage von 1918 (sog. Dolchstoßlegende), die demokratischen Parteien für den Versailler Frieden und seine Folgen verantwortlich, diffamierten ihre Führer als „Novemberverbrecher" und bekämpften die durch die Revolution entstandene demokratische Republik als „System von Weimar". Die Folge war eine politische Instabilität sondergleichen: Zwischen 1919 und 1932 wechselte dreizehnmal der Reichskanzler, und alle sieben Reichstage löste Reichspräsident Friedrich Ebert, dann Paul von Hindenburg auf. Da die heutige Mindestprozenthürde von 5 % fehlte, begünstigte das reine Verhältniswahlrecht die Entstehung kleiner und kleinster Splitterparteien. Bis zu drei Dutzend bewarben sich um die Gunst der Wähler. Tragfähige Regierungskoalitionen waren nur noch schwer zu bilden. Die demokratischen Parteien, die 1919 drei Viertel der Stimmen und Mandate gewonnen hatten, verloren fast von Wahl zu Wahl Prozente, vor allem an die radikalen Flügelparteien KPD und NSDAP.

Nach einem gewissen wirtschaftlichen und sozialen Aufschwung trieb die 1929 ausbrechende Weltwirtschaftskrise die Arbeitslosenzahl wieder ungeheuer empor und zerstörte die Grundlagen für eine weitere Stabilisierung. Die wirtschaftlichen, sozialen und politischen Gegensätze in Deutschland verschärften sich erneut. Hindenburg, der mühsamen parlamentarischen Kabinettsbildung überdrüssig, beauftragte den Fraktionsführer des Zentrums, Dr. Heinrich Brüning, mit der Regierungsbildung, „die nicht mehr auf einer festen Koalition beruhen, sondern nur noch mit Hilfe eines Stillhalteabkommens zwischen einer Parlamentsmehrheit amtieren sollte. Es war ein nicht wiedergutzumachender Fehler des Reichstags, daß er sich auf dieses Spiel einließ und dadurch selbst half, die Reihe der Präsidialkabinette zu eröffnen, deren letztes von Hitler geleitet werden sollte“ (Albert Schwarz).

Die von Brüning bei Hindenburg durchgesetzte Auflösung des Reichstags führte zu Neuwahlen im September 1930. Das Ergebnis der Wahlen kam einer Katastrophe gleich: Die NSDAP schnellte von knapp 3 auf über 18 % hoch und zog jetzt als zweitstärkste Fraktion nach der SPD in den Reichstag ein. Der Sieg der NSDAP „basierte fast ausschließlich auf der Mobilisierung der bisherigen Nichtwähler und der Masse der mittelständischen Wähler, die in locker gefügten bürgerlichen Interessenparteien eine weit weniger feste politische Heimat besessen hatten als die ideologisch gebundenen Anhänger des Zentrums und der sozialistischen Parteien. Stimmabgabe für die NSDAP bedeutete für die Millionen neuer Hitler-Wähler, die ... mit den marxistischen Parteien nichts zu tun haben wollten und überwiegend einer unpolitischen nur-nationalen Haltung folgten, meist nicht bewußtes Bekenntnis zur NS-Weltanschauung, sondern vor allem Verneinung der bestehenden Verhältnisse und Bejahung der Hitler-Bewegung als der vermeintlich stärksten Kraft der Veränderung“, formulierte Martin Broszat prägnant die Anziehungskraft der Nationalsozialisten. Aber nicht nur an Wählern, sondern auch an Mitgliedern wuchs die Partei: Zwischen Juli 1930 und Februar 1932 verdoppelten sich ihre Anhänger in Bonn auf fast 2500, in Bad Godesberg von knapp 200 auf 240, in Beuel von fast 100 auf 230. Im Juli 1932, nach einem vom politischen Terror von links und rechts gezeichneten blutigen Wahlkampf, erreichte die NSDAP ihren Höhepunkt: Sie gewann über 37 % der Stimmen und wurde mit diesem Ergebnis stärkste Fraktion im Reichstag.

Im weit überwiegend katholischen Rheinland, vor allem im Wahlkreis der Regierungsbezirke Köln-Aachen, hatten die Wahlen auf allen Ebenen andere Ergebnisse gezeigt als das Deutsche Reich, in dem die Katholiken ja nur ein Drittel der Bevölkerung stellten, zwei Drittel hingegen protestantisch waren. Diese anderen Stimmverhältnisse beruhten in allererster Linie darauf, daß im Rheinland das Zentrum als Partei des politischen Katholizismus den Ton angab. Schon 1919 erhielt es im Wahlkreis knapp 60 % der Stimmen, im Reich hingegen nur knapp 20. Sein Wahlkampf war in der Weimarer Republik fast ausschließlich gegen die Sozialdemokratie gerichtet. Etwas verschieden von den Ergebnissen im Wahlkreis Köln-Aachen zeigten sich die Wahlausgänge im Gebiet der heutigen Stadt Bonn. Bezogen auf die heutige Ausdehnung zählte die Bevölkerung 1925 knapp 144 000 Einwohner. Davon wohnten etwa zwei Drittel in Alt-Bonn, knapp 25 000 im Amt Bad Godesberg und fast 18 000 im Amt Beuel. In Bonn selbst waren vier Fünftel der Bevölkerung katholisch, ein Fünftel evangelisch. Überall und aus allen Wahlen ging jedenfalls auch im Bonner Raum das Zentrum als stärkste Partei hervor und stellte in den Stadt- und Gemeinderäten stets die stärkste Fraktion.

Die Nationalsozialisten traten erstmals bei Wahlen 1928 hervor. Völlig unerwartet kamen sie bei den Stadtratswahlen im Jahr darauf aus dem Stand heraus auf über 13 % und lagen damit sogar weit über dem Reichsdurchschnitt und erst recht über dem des Wahlkreises. Der Grund für diesen spektakulären Erfolg läßt sich nicht recht angeben, er lag gewiß nicht in einer besonderen Anfälligkeit der Bonner für die NS-Ideologie, wie die Ergebnisse aller anderen politischen Wahlen bezeugen. Seit 1930 kam es auch in der ruhigen Universitätsstadt laufend zu Schlägereien, Schießereien und

Störungen aller Art, an denen wie überall in erster Linie Nationalsozialisten und Kommunisten beteiligt waren. Mehrfach floß Blut. Der im Dezember 1930 bei einer Schlägerei umgekommene Klaus Clemens aus Küdinghoven wurde von seinen SA-Kameraden in den Rang eines „Märtyrers der Bewegung“ erhoben. Andererseits erschoß ein Mitglied der Bonner SA im Juli 1932 in Wesseling einen unbeteiligten Familienvater. An größeren Kundgebungen war im April eine Versammlung von etwa 3500 Menschen in der Beethovenhalle zu verzeichnen, auf der Dr. Frick sprach. Die erneuten Reichstagswahlen schon im November des gleichen Jahres führten diesmal Hermann Göring, damals Reichstagspräsident, nach Bonn.

Trotz aller Propaganda konnte die NSDAP ihr bisher höchstes Ergebnis in freien Wahlen nicht halten: Im Reich, im Rheinland und in Bonn verlor sie etwa 4% der Stimmen: Die „braune Gefahr“, die „Gefahr einer Machtergreifung“ Hitlers, wie es in einer anderen Bonner Wahlveranstaltung hieß, schien gebannt. Verlierer waren die SPD, vor allem aber die liberalen Parteien DDP und DVP, die zur völligen Bedeutungslosigkeit absanken. Obgleich die konservative, rechtsgerichtete Deutschnationale Volkspartei, seit einem Jahr mit der NSDAP und dem „Stahlhelm. Bund der Frontsoldaten“ zur „Harzburger Front“ zusammengeschlossen, wieder anstieg, war eine rechte wie linke Mehrheitsbildung nach den Novemberwahlen unmöglich, aber ebensowenig eine regierungsfähige Koalition der demokratischen Parteien.

Die im Sommer des Jahres 1932 zurückgehende Wirtschaftsentwicklung ließ die Arbeitslosigkeit im folgenden Winter wieder gewaltig ansteigen: auf rund sechs Millionen Arbeitslose, das waren 30% aller Arbeitnehmer und etwa 20% aller Erwerbspersonen im Deutschen Reich. In Bonn mußten über 25 000 Menschen, mehr als ein Viertel der Bevölkerung, vom städtischen Wohlfahrtsamt unterstützt werden. Zwei Drittel der Einnahmen mußte die Stadt für die Unterstützung aufwenden, kaum mehr konnte sie die Gehälter und Löhne ihrer eigenen Bediensteten auszahlen. Trotzdem blieb es recht ruhig in der Stadt, nur Mitte Januar trat die Standarte 160 der SA, so genannt in Erinnerung an das Bonner Infanterieregiment 160, mit einem Umzug von 800–1000 Personen erstmals seit ihrer Gründung öffentlich in Erscheinung, an ihrer Spitze die Klaus-Clemens-Fahne schwenkend. Am gleichen Tag wehte auf der Godesburg eine „lange rote Fahne mit Hammer und Sichel, als Vorbote einer kommenden Arbeiter- und Bauernrepublik".

Als Reichskanzler Schleicher, erst seit zwei Monaten im Amt, für die Lösung der Arbeitslosigkeit keine breite Parlamentsmehrheit erhielt, trat er am 28. Januar 1933 zurück. Zwei Tage später berief Reichspräsident von Hindenburg eine „Nationale Regierung" und ernannte Adolf Hitler zum Reichskanzler. Am folgenden Tag setzte Hitler eine erneute Auflösung des Reichstags und Neuwahlen für den 5. März durch, und am 4. Februar erwirkte er von Hindenburg aufgrund Artikel 48 der Weimarer Verfassung eine „Notverordnung zum Schutz des deutschen Volkes". Ernennung zum Reichskanzler, Reichstagsauflösung, Notverordnung: das war die deutsche Öffentlichkeit gewöhnt und sah darin nichts Bedrohliches, nichts, was über das 'normale' Maß hinausging. Das war legal, in der Weimarer Verfassung vorgesehen. Gewiß, die Berufung Hitlers war eine Überraschung, die Regierung, die Hitler bildete, „ein Kabinett der Harzburger Front", wie es der „General-Anzeiger" vorstellte. Außer Hitler waren nur zwei Nationalsozialisten in ihm vertreten: Frick als Reichsinnenminister, Göring als Minister ohne Geschäftsbereich. Da dieser aber Reichstagspräsident war und jetzt auch zum kommissarischen Innenminister für Preußen berufen wurde, hielten Hitler und seine beiden Minister entscheidende Ämter in ihren Händen. Dennoch glaubten die meisten anderen Regierungsmitglieder, die Nationalsozialisten noch „zähmen" zu können. Allein die KPD rief zum Sturz der „Hitler-Diktatur" auf, wie es die Bezieher der „Sozialistischen Republik" in Bonn lesen konnten.

Wie in Berlin und den anderen Städten des Reichs fanden an den folgenden Tagen nach der Regierungsübernahme Hitlers große Aufmärsche und Fackelzüge von SA, SS und Stahlhelm auch in Bonn und Bad Godesberg statt, die Godesburg wurde aus diesem Anlaß festlich beleuchtet. Unter dem Jubel Tausender Menschen „brausten Militärmärsche durch die Straßen und aus Tausend Kehlen strömten die Kampflieder in den Abend hinein". Hakenkreuz und Schwarz-Weiß-Rot, die Fahne des Stahlhelms – es war die Fahne des Kaiserreichs – beherrschten das Bild, wie der „General-Anzeiger" zum Aufmarsch der Harzburger in Bonn berichtet.

Mit Hilfe der „Notverordnung zum Schutz des deutschen Volkes" vom 4. Februar, deren Bestimmungen über die Kontrolle von Zeitungen und politischen Versammlungen Hitler nun ganz einseitig zugunsten seiner Partei auslegte, vermochte die NSDAP die Wahlkampfpropaganda für die Neuwahlen im März seitens der gegnerischen Parteien, vor allem der KPD und SPD, weitgehend zu behindern. Die „Sozialistische Republik" der KPD und die „Rheinische Zeitung" der SPD wurden wiederholt verboten, Ende Februar stellten sie ihr Erscheinen ein, ihre Bonner Geschäftsstellen wurden beschlagnahmt. Auch die dem Zentrum nahestehende „Deutsche Reichs-Zeitung" wurde zweimal verboten. Das war die Abkehr von der Legalität.

Am gleichen 4. Februar löste der Reichskommissar für Preußen den preußischen Landtag auf und übertrug alle Befugnisse auf die kommissarische Regierung. Göring übernahm die Polizei. Damit waren die Voraussetzungen für die nationalsozialistische „Machtergreifung" in Preußen geschaffen. Sie wurde ergänzt durch die gleichzeitig verfügte Auflösung sämtlicher kommunaler Vertretungen in Preußen. Neuwahlen sollten am 5. März zum preußischen Landtag und am 12. März für alle Kommunalvertretungen bis hinunter zur kleinsten Gemeinde stattfinden. Da vor Ende März mit der ersten Sitzung der dann neugewählten Parlamente nicht zu rechnen war, schuf sich die NSDAP ein zweimonatiges Machtvakuum, das sie mit aller Gewalt auszufüllen trachtete. Von nun an entfalteten ihre Sturmabteilungen (SA) und Schutzstaffeln (SS) im Wahlkampf ihren von keiner staatlichen Macht mehr gezügelten psychischen und physischen Terror, vor allem gegen die Kommunisten. Der preußische Innenminister Göring richtete an alle Behörden und Beamten einen Runderlaß, daß jede „Betätigung für die nationale Freiheitsbewegung und den Wiederaufbau Deutschlands mit allen Kräften zu unterstützen" sei. Als die NSDAP Ende Februar auf der Godesburg die Hakenkreuzfahne aufzog, ließ sie Bürgermeister Zander durch einen Sozialdemokraten wieder entfernen und verklagte die Godesberger Ortsgruppe wegen Hausfriedensbruch: Grund genug, ihn unmittelbar nach den Märzwahlen aus seinem Amt zu entfernen.

Den Reichstagsbrand vom 27. Februar nutzte Hitler als Vorwand aus, die als Brandstifter diffamierten Kommunisten aus dem Reichstag zu stoßen und die Verdächtigungen auf die Sozialdemokraten auszudehnen. Mit Hilfe von zwei Notverordnungen des folgenden Tages, die die Grundrechte aufhoben und den Ausnahmezustand erklärten, ging Hitler nun massiv gegen seine politischen Gegner vor. Die Abgeordneten und führenden Funktionäre der KPD wurden verhaftet, sofern sie nicht rechtzeitig emigrierten oder untertauchten. Um ihrer schneller habhaft zu werden, erhielt die Polizei Verstärkung durch eine Hilfspolizei aus Mitgliedern der SA, der SS und des Stahlhelms. Am 1. März bezogen sie Wachtposten vor den Bonner öffentlichen Gebäuden und lebensnotwendigen Betrieben, angeblich, um eine in der Nacht geplante größere Aktion der Kommunisten abzuwehren. In der gleichen Nacht nahm die Bonner Polizei und Hilfspolizei in Bonn 24 führende Kommunisten fest, in Beuel waren es 15. Drei Kommunisten und zwei Sozialdemokraten aus Oberkassel kamen in „Schutzhaft", bis zum 1. Juni mindestens 26 Godesberger Kommunisten.

Für die Reichs- und Landtagswahlen am 5. März stellten sich noch alle Parteien zur Wahl. Trotz ihrer Behinderung der gegnerischen Parteien gewann die NSDAP mit 44 % nicht die absolute Mehrheit der

Stimmen, ein eher enttäuschendes Ergebnis. Nur gemeinsam mit der Deutschnationalen Volkspartei, die zusammen mit dem Stahlhelm als „Kampffront Schwarz-Weiß-Rot" 8 % gewann, verfügten die beiden Rechtsparteien nunmehr über eine Regierungsmehrheit im Reichstag. Zentrum und SPD konnten ihre Ergebnisse vom Vorjahr einigermaßen halten. Selbst die KPD erreichte gut 12 %, obgleich ihre Abgeordneten ihr Mandat nicht mehr ausüben konnten. Die zu Beginn der Weimarer Republik starken liberalen Parteien hingegen waren an ihrem Ende angelangt. Die Nationalsozialisten jedenfalls feierten ihren Sieg als Triumpf der „nationalen Erhebung" über das „Weimarer System" und zogen ihre Hakenkreuzfahne und die schwarz-weiß-rote Fahne des Stahlhelms auf den wichtigsten öffentlichen Gebäuden auf: Zeichen der angestrebten Verschmelzung von Staat und Partei. Auf dem Rathaus und dem Landratsamt, auf der Universität in Bonn, auf dem Beueler, Bad Godesberger und Oberkasseler Rathaus wehten die Fahnen des „Dritten Reichs".

Prof. Andreas von Antropoff beim Hissen der Hakenkreuzfahne und der Fahne Schwarz-Weiß-Rot vor der Universität am 11. März 1933, Zeitungsfoto

Die Kommunalwahlen vom kommenden Sonntag, dem 12. März, bewiesen wieder einmal, daß das Zentrum die wichtigste politische Kraft im Rheinland war: In Bonn, Bad Godesberg und Beuel stellte es die stärkste Fraktion mit 18, 15 und 11 Vertretern in Stadt- und Gemeinderat. Die eigentlichen Gewinner der Wahl waren jedoch die Nationalsozialisten: Gegenüber den letzten Kommunalwahlen von 1929 konnten sie nämlich ihre Stimmen und Mandate verdoppeln, ja vervielfachen. In Bonn stellten sie jetzt 17 statt bisher 8, in Bad Godesberg 12 statt 2 und in Beuel 8 statt 2 Vertreter, hauptsächlich zu Lasten der Sozialdemokraten und der liberalen DVP. Die Kommunisten konnten ihre Mandate mit 3 in Bonn und je 2 in Bad Godesberg und Beuel halten. Insgesamt verfügten die demokratischen Parteien Zentrum und SPD zwar über weniger (Bonn, Beuel) bzw. nur über die Hälfte der Sitze (Bad Godesberg), doch hatten sie immer noch mehr als die NSDAP und die Kampffront Schwarz-Weiß-Rot zusammen.

Durch die Auflösung aller Kommunalvertretungen und ihrer Ausschüsse am 4. Februar hatte sich der am Tag der „Machtergreifung" auch zum kommissarischen Innenminister von Preußen ernannte Göring ein Machtvakuum auch auf der untersten Staatsebene geschaffen, das er jetzt ausfüllte. Er wartete nicht die Ende März stattfindenden Neuwahlen der Oberbürgermeister, Bürgermeister und Gemeindevorsteher ab, die für die nationalsozialistischen Bewerber angesichts der Kommunalwahlergebnisse im Rheinland und auch in Bonn eher ungünstig ausgehen konnten. In einem pseudolegalen, tatsächlich aber revolutionären Akt ließ Göring gleich am folgenden Montag die meisten noch im Amt befindlichen Spitzen der Selbstverwaltungskörperschaften durch nationalsozialistische Staatskommissare ersetzen: in Bonn den erst seit einem Jahr amtierenden Oberbürgermeister Dr. Lürken durch Diplom-Handelslehrer Ludwig Rickert, Kreisleiter der NSDAP Bonn-Land, in Bad Godesberg Bürgermeister Zander durch Syndikus Heinrich Alef, Ortsgruppenleiter der Ämter Oedekoven-Duisdorf, in Oberkassel Bürgermeister Richard Nücker durch Polizeihauptmann a.D. Benkowitz. (In Köln mußte Dr. Konrad Adenauer gehen, er zog sich nach Rhöndorf zurück.) In Beuel führte aufgrund der Krankheit von Dr. Otto Schöttler schon seit Monaten der kommissarische Bürgermeister Dr. Möller die Geschäfte. Ohne jeden Zweifel waren diese Vorgänge für die nationalsozialistische Machtübernahme im Bonner Raum entscheidend. Gleichzeitig mit den Spitzen der Bürgerschaft wurden auch politisch mißliebige Beigeordnete und meist höhere Kommunalbeamte festgenommen, ihres Amtes enthoben, in Bonn und Bad Godesberg, in Beuel und Oberkassel.

Das „Gesetz zur Wiederherstellung des Berufsbeamtentums“ diente zum Vorwand, die Verwaltung von Beamten zu „säubern“, die ihre Stellung angeblich allein auf Grund ihrer Zugehörigkeit zu einer der als „Systemparteien“ diffamierten staatstragenden Parteien der Weimarer Republik hatten.

Am selben Montagmorgen, an dem die Staatskommissare ihr Amt antraten, wurden in Bonn der Beigeordnete Franz Marx, der Stadtverordnete Peter Lützig und August Kerger wegen ihrer Zugehörigkeit zur SPD in Schutzhaft genommen. Gleiches widerfuhr in Bad Godesberg und Oberkassel Gemeindeverordneten und Funktionären von KPD, SPD und dem Reichsbanner. Auch ihre Häuser wurden durchsucht. Jedenfalls, und das war entscheidend, die NS-Herrschaft auf der untersten staatlich-kommunalen Ebene durchzusetzen: Innerhalb einer Woche waren die wichtigsten gegnerischen Beamten aus ihren Ämtern entfernt und durch Nationalsozialisten ersetzt.

Noch in derselben Woche ordneten Rickert in Bonn und Alef in Bad Godesberg die Umbenennung von Straßen und Plätzen an: In Bonn wurde aus der Clemensstraße die Klaus-Clemens-Straße, aus dem Friedensplatz der Adolf-Hitler-Platz, der Platz an der Universität wurde zum Horst-Wessel-Platz, ja die Rheinbrücke erhielt erstmals einen Namen: Klaus-Clemens-Brücke. In Godesberg wurde der Ebertplatz in Adolf-Hitler-Platz umgetauft, auch hier erhielten Wessel und Clemens ihre Straßen. Im übrigen wurden alle Bilder von „Revolutionsgrößen“, also auch vom ersten Reichspräsidenten Ebert, aus den Schulen entfernt und im Mai durch Hitler-Bilder ersetzt.

Am Sonntag nach der Kommunalwahl veranstaltete die Bonner Hitler-Jugend einen großen Aufmarsch durch die Straßen der Stadt und hielt eine Großkundgebung auf dem Münsterplatz ab. Mit ungeheurem Geschick verstanden es die Nationalsozialisten, die Menschen begeisternde öffentliche Großveranstaltungen durchzuführen, die sämtlich einen nationalistisch-militärischen Anstrich hatten, von Gleichschritt und Trommelschlag, Fanfarenstoß und Flaggenparade gekennzeichnet waren. Den ersten Anlaß nach der „Machtergreifung" bot der erste Zusammentritt des neugewählten Reichstags am „Tag von Potsdam". In der Garnisonskirche, einer Symbolstätte preußischer militärischer und politischer Tradition, reichten sich in einem feierlichen Staatsakt am Grabe Friedrichs d. Gr. der in seiner Generalfeldmarschallsuniform prangende Hindenburg und der sich barhäuptig tief vor ihm verneigende Hitler die Hände als Zeichen der Zusammenarbeit des „alten" und des „neuen" Deutschland. Durch den Rundfunk, den erstmals die NSDAP ausgiebig für ihre eigenen Propagandazwecke mißbrauchte, wurde der Festakt im ganzen Reich übertragen. Tausende Bonner Schulkinder hörten morgens den Reichspräsidenten und den Reichskanzler durch Lautsprecher auf dem Münsterplatz, abends bewegte sich ein vieltausendköpfiger Fackelzug durch das fahnengeschmückte Bonn. Nur zwei Tage später schaltete sich der Reichstag durch das allein gegen die Stimmen der SPD beschlossene „Ermächtigungsgesetz" vollends selbst aus. Fortan konnten die Nationalsozialisten beschließen, was sie wollten.

Anschließend an den Tag von Potsdam gingen die „Säuberungen" weiter, neue erzwungene Beurlaubungen folgten, so des Direktors der Allgemeinen Ortskrankenkasse Bonn und jetzt auch von Lehrern. Gegen die abgesetzten Beamten leiteten die neuen Dienstherren Disziplinar-, ja zum Teil Strafverfahren ein. Unter fadenscheinigen Begründungen wurden die Pensionen früherer Bürgermeister halbiert, so des Duisdorfer Bürgermeisters Hauß, oder gänzlich einbehalten wie im Falle des Bonner Oberbürgermeisters Dr. Falk und des Duisdorfer Bürgermeisters Bongardt. Alle diese Maßnahmen waren bestens geeignet, unter den verbliebenen Beamten, die sich ihrer alten Führungsspitze beraubt sahen, Angst um Verlust ihrer Stelle samt Pension zu schüren. Keine zwei Wochen nach den Kommunalwahlen gab der Beamtenausschuß als Vertretung der Beamten und Angestellten der Stadt Bonn dem neuen kommissarischen Oberbürgermeister Rickert eine Treueerklärung ab. Viele Beamte, vor allem aus der Polizei, traten den NS-Beamtenorganisationen bei. Ihre „Gleichschaltung“ war als erste abgeschlossen.

Ihr pseudolegales Vorgehen suchten die Nationalsozialisten gegenüber der Bevölkerung mit dem Vorwurf angeblicher Dienstverfehlungen und Veruntreuung öffentlicher Gelder zu legitimieren. Die Abgesetzten wurden zum Teil in Schutzhaft genommen, ihre Dienstzimmer, ja sogar Privatwohnungen versiegelt, ihre Dienst- und Personalakten beschlagnahmt, sie selbst dadurch in die Nähe von Kriminellen gerückt. In publizistischen Hetzkampagnen und großen Schauveranstaltungen Anfang April, zu denen Rickert die Bonner Bevölkerung gegen Entgelt in die Beethovenhalle einlud, wurden die Beschuldigten als „Novemberverbrecher“ gebrandmarkt. In einem „Korruptionssumpf“ sondergleichen hätten sie Steuergelder vor allem auf Festlichkeiten und Dienstreisen verpulvert, während die Steuerzahler in bitterer Not darbten. Zu Gegenäußerungen wurde ihnen keine Gelegenheit gegeben. Die eingeleiteten Disziplinar- und Strafverfahren erwiesen zwar durchweg die Haltlosigkeit der Vorwürfe, doch schwieg sich die inzwischen „gleichgeschaltete“ Presse darüber wohlweislich aus. Allein für Dr. Lürken erfolgte eine baldige Ehrenrettung, er kehrte als Justitiar in die Bonner Stadtverwaltung zurück und ging später nach Aachen.

In denselben Tagen fanden die konstituierenden Stadt- und Gemeinderatssitzungen in bewußt größter Feierlichkeit statt: in Bonn in der Beethovenhalle, in Bad Godesberg im Kurparksaal, in Beuel im großen Saal der „Rheinlust“ anstelle der Rathäuser. Unter einschüchternder Anwesenheit von SA-, SS- und Stahlhelm-Fahnenabteilungen sowie Polizei wurden in allen Versammlungen Hindenburg und Hitler zu Ehrenbürgern ernannt. Wahlen zum Gemeindevorsteher wurden nur in Amt und Gemeinde Bad Godesberg, Mehlem, Lannesdorf, Oberkassel und Buschdorf durchgeführt, sie fielen alle auf Nationalsozialisten.

Allgemein hatten die Nationalsozialisten die Zusammensetzung der Kommunalvertretungen schon vorher zu ihren Gunsten verändert. Die gewählten KPD-Vertreter wurden auf höhere Anweisung hin gar nicht erst eingeladen, ihre Sitze nicht aufgeteilt, so daß dadurch die Opposition gegen die NS-Vertreter gemindert war. Durch die „Verordnung zur Behebung von Mißständen in der gemeindlichen Verwaltung“ wurden vor allem erfahrene altgediente Zentrums- und SPD-Vertreter durch weniger profilierte Ersatzmänner ausgewechselt. In Duisdorf waren nicht einmal die SPD-Vertreter eingeladen worden.

Konstituierende Sitzung des Bonner Stadtrats in der Beethovenhalle am 31. März 1933, Foto

Während in Bonn und Bad Godesberg die gewählten SPD-Rats- und Gemeindeverordneten schon zu der ersten Sitzung trotz Einladung nicht erschienen, nahmen sie in Beuel teil. Von der dritten Sitzung an wurden sie hier unter Berufung auf die erwähnte Verordnung zur Behebung von Mißständen für vier weitere Sitzungen ausgeschlossen, weil sie am Ende der vorausgehenden Sitzung nicht in das Hoch auf Hindenburg und Hitler eingestimmt hatten. Der brutalste Akt der NS-Schergen war die Ermordung des kommunistischen Stadtverordneten Otto Renois. Angeblich, so meldeten es die Zeitungen, war er, um der Verhaftung zu entgehen, „auf der Flucht“ erschossen worden, um Mitternacht vom 3. auf den 4. April. Im Juli wurde in der SS-Dienststelle Viktoriastraße 27 (heute Heerstraße 205) der

Kommunist Josef Messinger zu Tode geprügelt. Er war für die Nationalsozialisten der Mörder ihres SA-Märtyrers Klaus Clemens.

Insgesamt tagten zwischen Ende März und Mitte August nur je ein- bis viermal die Stadt- und Gemeinderäte. Nach dem Verbot der KPD Anfang März und der SPD im Juni lösten sich Zentrum, DNVP und DVP Anfang Juli unter Zwang selbst auf. Sie wollten dem drohenden Verbot mit Beschlagnahme ihres Parteivermögens zuvorzukommen, das am 14. Juli mit dem „Gesetz gegen die Neubildung von Parteien" erging. Die Vertreter der Kampffront Schwarz-Weiß-Rot (DNVP), der DVP und der Beueler Bürgervereinigung traten geschlossen, vom Zentrum zahlreiche Vertreter als Hospitanten den „Hitler-Fraktionen" bei. Mehrheitlich legten jedoch die Zentrumsabgeordneten ihr Mandat nieder. Die Stadt- und Gemeinderäte waren inzwischen stark verkleinert. Seit August traten sie ohnehin nicht mehr zusammen, ihre Befugnisse gingen auf den späteren Hauptausschuß über. Im Dezember wurden die Gemeindevertretungen gesetzlich aufgelöst.

In Bonn wählte der Stadtrat Ende Juni mit den Stimmen des Zentrums den bisherigen kommissarischen Oberbürgermeister Rickert einstimmig zum hauptamtlichen, in Beuel der Gemeinderat Mitte Juli, also nach Auflösung der anderen Parteien, Hausmann zum Bürgermeister. In Oberkassel, Mehlem und Lannesdorf ernannte der Landrat den schon in der ersten Sitzung gewählten Gemeindevorsteher in späteren Sitzungen zum kommissarischen. Daraus läßt sich schließen, daß die ursprünglichen Wahlen ohne vorherige Zustimmung der Aufsichtsbehörde eigenmächtig vor-

Rheinhotel Dreesen, Ansichtskarte von Karl Schröder um 1936/37

genommen waren und jetzt erst unter dem Vorbehalt des Kommissarischen legitimiert wurden. In Duisdorf, Ippendorf und Lengsdorf fanden gar keine Wahlen statt. Hier waren die Gemeindevorsteher sämtlich kommissarisch bestimmt, ohne daß wir wissen, wann dies geschehen war. Auf der kommunalen Ebene waren die Würfel gefallen. Überall standen Nationalsozialisten an der Spitze von Stadt, Amt und Gemeinde. Sowohl Rickert wie Alef blieben während des ganzen „Dritten Reichs" im Amt. Der Beueler Bürgermeister Hausmann mußte 1938 wegen eines schweren, von ihm in Trunkenheit verschuldeten Verkehrsunfalls sein Amt aufgeben.

Mit der Übernahme der politischen Macht, von den Nationalsozialisten als „Machtergreifung", „nationale Erhebung" oder „nationalsozialistische Revolution" propagiert, war die „Gleichschaltung" aufs engste verknüpft. Damit bezeichneten die Nationalsozialisten die Vereinheitlichung nicht nur aller politisch wesentlichen Bereiche und ihre Ausrichtung auf das „Führerprinzip" bei weitgehender Aufhebung des politischen und organisatorischen Pluralismus, sondern fast aller öffentlichen, wirtschaftlichen und gesellschaftlichen Institutionen, Organisationen und Vereine. Zweck der „Gleichschaltung" war die Errichtung eines straff geführten, ständisch organisierten Staatswesens. Die erste Phase der „Machtergreifung" war im wesentlichen mit dem „Gesetz gegen die Neubildung von Parteien" vom 14. Juli 1933 abgeschlossen, das die NSDAP zur einzigen politischen Partei in Deutschland erklärte. Die zweite Phase entwickelte den nunmehr geschaffenen Einparteienstaat konsequent zum „Führerstaat" fort. Sie endete ihrerseits mit der völligen Ausschaltung der noch verbliebenen innerparteilichen Opposition, gekennzeichnet durch den „Röhmputsch" vom 30. Juni 1934, und nach dem Tode Hindenburgs am 2. August durch den Übergang der Befugnisse des Reichspräsidenten auf den „Führer und Reichskanzler Adolf Hitler" sowie die Vereidigung der Wehrmacht auf seine Person. Den Abend vor der Mordnacht des 30. Juni hatte Hitler übrigens noch in Bad Godesberg im Rheinhotel Dreesen verbracht und war dann vom Flugplatz Hangelar nach

München geflogen. Das Dreesen war sein beliebtester Aufenthaltsort im Rheinland, rund fünfzigmal hat er es aufgesucht.

Bonner Bürger und Bürgerinnen entrechtet und ermordet

In der Tat, schon Ende Februar 1933 hatte der Gaupropagandaleiter und spätere Oberbürgermeister von Köln Dr. Winkelnkemper im Bad Godesberger Volksgartensaal erklärt: „Was wir am 30. Januar erlebten, war die schlichte Grundsteinlegung des Dritten Reiches. Nun haben wir die Macht, die wir nie wieder aus den Händen geben werden." Auch nach außen hin wurde Bonn „braun": 48 NS-Dienststellen und -Verbände in Bonn, 36 in Bad Godesberg weisen die Adreßbücher von 1939 bzw. 1937 auf Zu der SS-Dienststelle in der Viktoriastraße kam im April 1938 am Kreuzbergweg 5 die Bonner Außendienststelle der Geheimen Staatspolizei (Gestapo) Köln, des gefürchteten Terrorinstruments der NS-Diktatur. „Verschärfte Vernehmung", Verhängung der „Schutzhaft", Einlieferung in „Konzentrationslager" und „Sonderbehandlungen" waren ihre geläufigen Methoden, die meist Folter und nicht selten das Todesurteil für die Betroffenen bedeuteten.

Schon am 10. Mai 1933 brannten in Deutschland die Scheiterhaufen: In reichsweiten Kundgebungen „wider den undeutschen Geist" wurden in allen deutschen Universitätsstädten „volksfeindliche" Bücher einheitlich erfaßter mißliebiger Autoren verbrannt. Auf dem Bonner Marktplatz, begleitet von den (später gedruckten) „Festreden" der Professoren Hans Naumann und Eugen Lüthgen, loderten inmitten einer „mehrtausendköpfigen Menge" Werke der von dem Kunsthistoriker Lüthgen namentlich aufgeführten Autoren Heinrich Mann, Karl Marx, Kurt Tucholsky, Carl von Ossietzky, Erich Maria Remarque, Alfred Kerr, Erich Kästner und weniger bekannter Schriftsteller, insgesamt eine kleine Auswahl von über hundert in der NS-Zeit verbotenen Autoren, unter ihnen Thomas Mann, Albert Einstein, Sigmund Freud, Franz Kaffka, Carl Zuckmeyer. Der Germanist Naumann führte aus: „So verbrenne denn, akademische Jugend deutscher Nation, heute zur mitternächtigen Stunde an allen Universitäten des Reichs, verbrenne, was du gewiß bisher nicht angebetet hast, aber was doch auch dich wie uns alle verführen konnte und bedrohte... Fliegt ein Buch heute Nacht zuviel ins Feuer, so schadet das nicht so sehr, wie wenn eines zu wenig in die Flammen flöge." „Zu allermeist", so proklamierte er, „ist dies Schrifttum, das wir heute symbolisch vernichten wollen, fremdrassigen und fremdländischen Ursprungs gewesen... und es bildete ... geradezu eine Fortsetzung des Krieges. Das Heilige wollen wir und das Heroische, Kühnheit wollen wir und Geist; so ist es germanische, so ist es deutsche Art." Viele der Autoren wanderten bald aus, besonders nach Frankreich und in die USA. Liest man die Namen der entfernten Schriftsteller, so erfüllte sich Naumanns Ausspruch für die Redner auf unerwartete Weise: „Was gesund ist, steht schon von allein wieder auf."

Die Aberkennung der 1919 verliehenen Bonner Ehrendoktorwürde von Thomas Mann durch den Dekan der Philosophischen Fakultät 1936 erregte weltweites Aufsehen und brachte die ganze Universität in Verruf. Thomas Mann, 1929 mit dem Nobelpreis für Literatur ausgezeichnet, kehrte 1933 nach einer Vortragsreise nicht mehr nach Deutschland zurück und emigrierte erst nach Frankreich, dann nach Küsnacht bei Zürich in die Schweiz, zuletzt in die USA. Anfang Dezember 1936 sprach der Reichsinnenminister ihm seine deutsche Staatsbürgerschaft ab. Ohne Absprache mit seinen Fakultätskollegen teilte der Dekan Justus Obenauer, Mitglied der SS, „Herrn Schriftsteller Thomas Mann" am 19. Dezember mit, „daß die Philosophische Fakultät sich nach Ihrer Ausbürgerung genötigt gesehen hat, Sie aus der Liste der Ehrendoktoren zu streichen". „Auf die trübselige Mitteilung" erwiderte Thomas Mann am Neujahrstag 1937 von Küsnacht aus: „Die schwere Mitschuld an allem gegenwärtigen Unglück, welche die deutschen Universitäten auf sich geladen haben, indem sie aus schrecklichem Mißverstehen der historischen Stunde sich zum Nährboden der verworfenen Mächte machten, die Deutschland moralisch, kulturell und wirtschaftlich verwüsten, – diese Mitschuld hatte mir die Freude an der mir einst verliehenen akademischen Würde längst verleidet und mich gehindert, noch irgendwelchen Gebrauch davon zu machen. Den Ehrentitel eines Doktors der Philosophie führe ich auch heute, da die Harvard-Universität ihn mir aufs neue verliehen hat“ mit der Begründung, daß ich „zusammen mit ganz wenigen Zeitgenossen die hohe Würde der deutschen Kultur“ bewahre. Der lange Antwortbrief an Obenauer endete mit den Worten „Gott helfe unserm verdüsterten und mißbrauchten Lande und lehre es, seinen Frieden zu machen mit der Welt und mit sich selbst.“ Er kursierte bald in Abschriften in Berlin, wo er dem jungen Marcel Reich-Ranicki in einem geheimen Treffen gleichgesinnter Gegner des NS-Regimes Trost spendete.

Von der Universität Bonn, die im Sommersemester 1933 319 Hochschullehrer zählte, wurden bis Kriegsausbruch über 40 Professoren und Dozenten, ferner Assistenten und Assistenzärzte entlassen, in den Ruhestand versetzt oder sonstwie aus dem Amt gedrängt, darunter so bekannte Wissenschaftler wie der evangelische Theologe Karl Barth, der Zahnmediziner und sozialdemokratische Stadtverordnete Alfred Kantorowicz, der Mediziner Erich Hoffmann, der Keltologe Rudolf Hertz und der Orientalist Paul Ernst Kahle sowie vor allem jüdische Gelehrte wie der Historiker Wilhelm Levison (bei ihm hatte Joseph Goebbels mittelalterliche Geschichte belegt), der Geograph Alfred Philippson und die Mathematiker Felix Hausdorff und Otto Toeplitz, der Psychiater Otto Löwenstein, dessen eigener Kollege Walter Poppelreuter schon im März 1933 mit 80 SA-Leuten die von ihm geleitete Rheinische Provinzial-Kinderanstalt stürmte und seine Wohnung verwüstete. Später traf das gleiche Schicksal den Kunsthistoriker Heinrich Lützeler, in Bonn beliebt und bekannt wegen seiner humoristisch-karnevalistischen Bücher und Vorträge. Viele mußten ins Ausland gehen wie Levison, Toeplitz und Löwenstein, andere wurden in Konzentrationslager gebracht wie Kantorowicz und der Chirurg Adolf Nußbaum, der mehrere Lager überlebte. Hausdorff, einer der wissenschaftlichen Väter der Mengenlehre, ging aus Furcht vor der drohenden Deportation am 26. Januar 1942 mit Frau und Schwägerin in den Freitod. Der Philosoph Johannes Maria Verweyen starb im März 1945 im KZ Bergen-Belsen.

Der Widerstand war insgesamt gering. Karl Barth verfaßte 1934 die „Barmer theologische Erklärung" wesentlich mit, das entscheidende Dokument der evangelischen Bekennenden Kirche gegen den Nationalsozialismus. Der katholische Theologe Wilhelm Neuss gab eine Schrift gegen Rosenbergs „Mythus des 20. Jahrhunderts", das theoretische Hauptwerk der nationalsozialistischen Ideologie, heraus. Unter dem Assistenten Dr. Walter Markov, einem der später führenden Historiker der DDR, formierte sich eine sozialistische Widerstandsgruppe, zu der u.a. der Journalist Hannes Schmidt und der Friseurmeister Hans Höfs zählten. Vier Ausgaben ihrer illegalen Flugschrift „Sozialistische Republik" konnten heimlich verteilt werden, dann flog die Gruppe auf. Der berüchtigte Berliner Volksgerichtshof verurteilte Markov als Hauptangeklagten zu zwölf Jahren Zuchthaus, von denen er bis Kriegsende neun in Siegburg vebüßte. Aktiv gegen den NS-Staat war eine Gruppe um den Pfarrer der Münsterkirche, Dechant Johannes Hinsenkamp, und seinen Jugendkaplan Wilhelm Braun tätig, einige Mitglieder der bündischen Jugend um Michael Jovy und eine kleine Gruppe jugendlicher „Edelweißpiraten". Der christliche Gewerkschaftler Heinrich Körner, Andreas Hermes in Bad Godesberg, Konrad Adenauer in Rhöndorf u.a. hielten über Jakob Kaiser Kontakt mit Berliner Widerstandskreisen. Körner starb zwei Stunden nach seiner Befreiung aus dem Berliner Gefängnis Plötzensee durch sowjetische Truppen im Kugelhagel einer SS-Stellung Ende April 1945. An den Haftfolgen starb Joseph Roth, Vorsitzender der Zentrumspartei in Bad Godesberg. Wiederholt verhaftet wurde auch Werner Wichterich, Mitbegründer des SPD-Ortsverbandes Bad Godesberg und wie Bürgermeister Zander Ehrenbürger der Stadt. Ihre Namen stehen stellvertretend für die politischen Opfer der NS-Diktatur. Wegen „defaitistischer" Äußerungen, d.h. „Feindbegünstigung und Wehrkraftzersetzung", wurde der in Bonn geborene bedeutende

27jährige Nachwuchspianist Karlrobert Kreiten im September 1943 in Plötzensee hingerichtet.

Mit der Ernennung Adolf Hitlers zum Reichskanzler begann die fürchterlichste Epoche in der Geschichte des jahrtausendealten jüdischen Volkes. Als sie nach nur einem Dutzend Jahren endete, waren unzählige Juden aus Deutschland und deutscher Herrschaft unterworfenen europäischen Ländern in die Emigration getrieben und sechs Millionen Menschen mosaischen Glaubens ermordet. Von den 1268 Bonner jüdischen Bürgern wohnten 1933 1003 in Bonn, 122 in Bad Godesberg und 135 in Beuel, sechs Jahre später waren es nur noch 679, davon 473 in Bonn, 82 in Bad Godesberg und 79 in Beuel.

Schrittweise, aber systematisch entrechteten die Nationalsozialisten die jüdischen Bürger von Beginn ihrer Herrschaft an, angefangen vom Boykott jüdischer Geschäfte am 1. April 1933 über das schon genannte „Gesetz zur Wiederherstellung des Berufsbeamtentums“, dem nicht nur zahlreiche Hochschullehrer zum Opfer fielen, sondern etwa auch etwa drei Musiker des Städtischen Orchesters, unter ihnen Ludwig Waldmann.

Als im September 1935 die „Nürnberger Gesetze“ erlassen wurden, war ein entscheidender Punkt des Parteiprogramms verwirklicht, die „gesetzliche“ Regelung der „Judenfrage“. Mit diesen Gesetzen schuf sich der nationalsozialistische Staat ein äußerst wirksames pseudolegales Mittel, die Juden nunmehr auch rechtlich zu verfolgen, indem er sie aus der Gemeinschaft der Reichsbürger ausschloß. Sie waren der Ansatz für seine späteren Dis-

„Stürmer-Kasten“ auf dem Bonner Marktplatz, Foto von Hans Cloos April 1935

kriminierungs- und Vernichtungsexzesse und bedeuteten den Höhepunkt der nationalsozialistischen Rassengesetzgebung. Zwar war es seit der „Machtergreifung“ in der Rheinprovinz verschiedentlich zu Judenpogromen gekommen, hatten Regierung und Partei rund 500 Gesetze und Verordnungen gegen die Juden erlassen, doch war es ihnen auch in fünf Jahren nicht gelungen, die jüdischen Bürger vollständig aus dem Wirtschaftsleben zu verdrängen. Seit dem Frühjahr 1938 unternahm der NS-Staat neue Anstrengungen, den jüdischen Staatsangehörigen ihre wirtschaftliche Grundlage zu entziehen und sie damit existentiell zu treffen.

Im Monat November 1938 brannten in Deutschland die Synagogen. Am 7. hatte in Paris der 17jährige Herschel Grynspan, Sohn eines zwangsdeportierten polnischen Juden, den Legationssekretär vom Rath erschossen. Joseph Goebbels verschärfte daraufhin am Abend des 9. November mit einer fürchterlichen Hetzrede den hier und da schon seit Tagen laufenden Judenpogrom aufs äußerste, der wegen der zahllosen zerstörten Glasscheiben den zynisch verniedlichenden Namen „Reichskristallnacht“ erhielt. Vor allem in den größeren Städten des Reichs zündeten meist ortsfremde SA-Trupps mit einheimischer Hilfe unmittelbar nach Goebbels' Rede in der Nacht vom 9. auf den 10. November die Synagogen an und zerstörten weitgehend die noch bestehenden jüdischen Geschäfte. Dabei sollte in der Bevölkerung der Eindruck entstehen, daß es sich um spontane Aktionen handele, doch waren sie in Wirklichkeit gut vorbereitet. Nur ein passender Anlaß hatte gefehlt.

In Bonn, Poppelsdorf, Beuel, Bad Godesberg und Mehlem brannten die Synagogen erst am 10. November, am hellichten Tag. 27 jüdische Bonner Geschäfte wurden so stark zerstört, daß ihre Inhaber sie aufgaben. In mehreren Wohnungen wurde das Mobiliar zerschlagen. Andere Menschen hingegen unterstützten ihre jüdischen Mitbürger, so vor allem Ehefrau Marie und Sohn Wilhelm des Bonner Universitätsprofessors Paul Ernst Kahle. Unter der Schlagzeile „Das ist Verrat am Volke.

Die brennende Synagoge am Bonner Rheinufer am 10. November 1938, Foto

Frau Kahle und ihr Sohn halfen der Jüdin Goldstein bei Aufräumungsarbeiten" prangerte der „Westdeutsche Beobachter" sie an. Professor Kahle verlor daraufhin sein Amt und mußte wenige Monate später mit seiner Familie nach England fliehen. Sohn Wilhelm, der in der Kaiserstraße mitgeholfen hatte, schloß die Universität vom weiteren Studium aus, sie hat ihn auch nach dem Kriege niemals offiziell rehabilitiert.

Die in der „Reichskristallnacht" zerstörten und bis auf die Grundmauern abgebrannten Bonner Synagogen wurden 1939 sämtlich abgebrochen; sie sollten ganz aus dem Straßenbild verschwinden. Die Zerstörung der Synagogen ging der jetzt schonungslosen „legalen" Verfolgung, Austreibung und Vernichtung der Juden Deutschlands und großer Teile Europas symbolhaft voraus. Die „Reichskristallnacht" bedeutete nach den „Nürnberger Gesetzen" die zweite, entscheidende Wende in der Behandlung der „Judenfrage" durch die NS-Diktatur. Die Juden mußten alle an eigenem und fremdem Eigentum entstandenen Schäden auf ihre Kosten instandsetzen lassen, ihre eigenen Versicherungsansprüche fielen an das Reich.

Marie Kahle, Foto

Wie schon die Synagogen und ihre Grundstücke mußten nunmehr auch die geschlossenen jüdischen Gewerbebetriebe sowie die im Besitz von Juden befindlichen land- und forstwirtschaftlich genutzten Grundstücke in „arischen“ Besitz übergehen, ein Vorgang, der bald als „Entjudung“ bzw. „Arisierung“ bezeichnet wurde. Damit war den jüdischen Familien endgültig ihre wirtschaftliche Existenzgrundlage genommen; mit Gewalt und Erpressung wurden viele von ihnen zur Auswanderung gedrängt.

Die arbeitsfähigen jüdischen Männer und Frauen dienstverpflichtete das Arbeitsamt Bonn, so etwa Else Waldmann in das Wesselwerk von März 1941 bis zu ihrem Abtransport nach Theresienstadt im Juli des folgenden Jahres. Den Chirurgen Adolf Nußbaum und den vormaligen Inhaber der Bonner Fahnenfabrik Otto Meyer setzte es bei der städtischen Müllabfuhr zum Abfallsortieren ein.

Im Sommer 1941 begann dann die Konzentration der übriggebliebenen Juden von Stadt und Kreis Bonn im beschlagnahmten Benediktinerinnenkloster Zur ewigen Anbetung in Endenich, Kapellenstraße 6. Hier lebten ein halbes bis ein Jahr lang 474 Menschen in äußerster Enge, wenigstens zeitweise betreut von dem „Judenarzt“ Dr. Josef Kill, der ihretwegen Verfolgung auf sich nahm. Auf der berüchtigten Wannsee-Konferenz vom 20. Januar 1942 wurde nicht erst, wie wir heute wissen, die „Endlösung der Judenfrage“ mit der physischen Vernichtung, also Ermordung der jüdischen Bürger beschlossen, sondern Probleme des bereits seit Monaten laufenden Massenmords erörtert. SS-Gruppenführer Reinhard Heydrich erläuterte, daß die der deutschen Herrschaft unterworfenen Länder Europas „gesäubert“, d.h. „judenfrei“ gemacht würden. Die Juden sollten „in geeigneter Weise im Osten zum Einsatz kommen“, wobei „zweifellos ein Großteil durch natürliche Verminderung ausfallen wird“. Der überlebende Teil werde „entsprechend behandelt werden müssen, da dieser, eine natürliche Auslese darstellend, bei Freilassung als Keimzelle eines neuen jüdischen Aufbaues anzusprechen ist“.

Nachdem bereits im Oktober 1941 in einem ersten Transport über 1000 Kölner Juden nach Lodz verschleppt waren, im Februar 1942 ebensoviele nach Riga, wurden die Lagerinsassen von Endenich im Juni und Juli 1942 in vier Reichsbahntransporten über Köln-Deutz nach dem Osten, besonders in das zynisch „Altersghetto" genannte Theresienstadt und Lodz sowie „mit unbekanntem Ziel", das war Minsk, deportiert. Von den 287 verschleppten Bonnern, 27 Bad Godesbergern und 44 Beueler jüdischen Menschen haben nur sieben überlebt, eine einzige Frau wohnt heute noch in Bonn: Else Waldmann, die Tochter des Musikers. Die noch restlich geretteten Thorarollen und sonstigen Kultgegenstände wurden bei Auflösung des Sammellagers auf dem kleinen jüdischen Friedhof in Endenich begraben. Eine Thorarolle rettete Helga Silbermann geb. Marx, sie übergab sie einer jüdischen Gemeinde in New York. Alle Bonner Synagogengemeinden waren ausgelöscht.

Alfred Philippson, Foto von Dorothea Bleibtreu

Der Bonner Ehrenbürger Professor Alfred Philippson, für den sich der berühmte Forschungsreisende Sven Hedin persönlich bei Hitler eingesetzt hatte, betonte nach der Befreiung durch die Alliierten in Theresienstadt 1945 in einer „Denkschrift über die Lage der jetzt in Deutschland wohnenden Juden", „daß die deutschen Juden in keiner Weise Mitschuld an dem Kriege und an den Verbrechen der Nazis und des deutschen Militärs tragen, sondern im Gegenteil die am grausamsten betroffenen, wehrlosen Opfer dieser Verbrechen sind".

Wehrlose Opfer der nationalsozialistischen Gewaltherrschaft waren auch etwa 10 000 ausländische Zwangsarbeiter und -arbeiterinnen, die während des Zweiten Weltkriegs in Bonner Fabriken, zahlreichen kleineren Gewerbebetrieben, in öffentlichen Einrichtungen, in bürgerlichen Haushalten und auf Bauernhöfen arbeiteten. Neben eher männlichen und etwas älteren Zivilarbeitern aus den eroberten Ländern Westeuropas, hier in Bonn etwa besonders aus den Niederlanden und Frankreich, und später auch aus Dänemark und Italien handelte es sich weit überwiegend um junge Frauen und Männer im Alter von etwa 16 bis 25 Jahren aus Polen, Rußland und der Ukraine, überwacht und bespitzelt von der Gestapo. Über das ganze heutige Stadtgebiet verteilten sich über 130 Lager für mehr als zehn Personen. Die „Fremdarbeiter" waren oft in notdürftigen Baracken, Sälen von Gastwirtschaften, Schulen und anderen provisorischen Gemeinschaftsunterkünften kaserniert, gequält auch in vereinzelten „Arbeitserziehungslagern" der Gestapo. Rund 1600 Hausnummern mit gemeldeten Zwangsarbeitern und -arbeiterinnen in fast allen Bonner Straßen weisen die im Stadtarchiv erhaltenen Einwohnermeldedateien aus. Sie bezeugen deutlich, daß auch die Bonner Bevölkerung Zwangsarbeit gesellschaftlich akzeptierte, im Kriege jedenfalls als 'normal' empfand, um so mehr als ja die deutschen Männer zunehmend zur Wehrmacht einberufen wurden. Die Beueler Jutespinnerei und -weberei beschäftigte fast 1000 mehrheitlich Zwangsarbeiterinnen, die Ringsdorff-Werke in Bad Godesberg an die 220 Menschen, 360 die Firma Tenten, über 160 die Firma Soennecken, soweit der Internationale Suchdienst Arolsen bisher ermitteln konnte.

Ohne die mindestens 10 Millionen ausländischer Zwangsarbeiter und -arbeiterinnen im Reich hätte weder die deutsche Rüstungsproduktion aufrechterhalten und der Krieg weitergeführt noch die deutsche Bevölkerung bis 1944 vergleichsweise gut ernährt werden können. Da es der rassistischen Ideologie der Nationalsozialisten eigentlich widersprach, „Fremdvölkische" in Deutschland zu beschäftigen, weil sie um die angebliche „Blutreinheit" des deutschen Volkes fürchteten und in der massenhaften Beschäftigung von feindlichen Ausländern im Reich auch „sicherheitspolitische Gefahren" sahen, suchte die Regierung die Zwangsarbeiter und -arbeiterinnen sowie Kriegsgefangenen von der deutschen Bevölkerung so weit wie möglich auszugrenzen und scharf zu überwachen. Das galt besonders für die als „rassisch minderwertig“ verachteten Polen, Ukrainer und Russen, erst recht aber für die Juden.

Als die Stadt Bonn im April 1941 vom Arbeitsamt sechs jüdische Männer im Alter von 50-71 Jahren zu Reinigungsarbeiten in den Luftschutzkellern im Rahmen eines Sofortprogramms „zugewiesen“ erhielt – unter ihnen der später in Minsk ermordete Philipp Bucki –, genehmigte der städtische Personaldezernent ihre Beschäftigung nur unter folgender Bedingung: „Die Juden sind nicht auf öffentlicher Strasse und nicht zusammen mit deutschblütigen Gefolgschaftsmitgliedern oder Kriegsgefangenen zu beschäftigen. Sie bilden eine besondere Arbeitskolonne, die unter Aufsicht eines ... möglichst alten Kämpfers steht.“ Anschließend wurden sie dem Gartenamt zu Arbeiten in den Schulen zugeteilt.

Von den vielen tausend damals jungen Mädchen und Frauen arbeitete die damals 1940 erst 14jährige Schülerin Teodozja Wojtylak aus der polnischen Textilindustriestadt Sieradz in der Beueler Jutefabrik, untergebracht in einer Bierstube in der Rheinstraße, und die 17jährige Elena Nikolaewna geb. Onufrienko aus der Ukraine in der eigens für Kriegszwecke von der Firma Soennecken eingerichteten Zündhütchenfabrik. Sie lebte 1942/43 mit vielen anderen Mädchen zusammen im Saal der Gaststätte Schumacher in der Clemens-August-Straße und hat kürzlich Bonn besucht und über ihr Leben hier ergreifend erzählt

Weil sie mit deutschen Frauen geschlafen hatten, hängte die Bonner Gestapo die polnischen Männer Felix Garbarek und Czeslaw Worech 1941 und später noch einen dritten an einem transportablen Galgen in einem Steinbruch bei Limperich. Ihre Hinrichtung erfolgte im Rahmen einer „Sonderbehandlung“ ohne ordentliches Gerichtsverfahren, ohne Rechtsmittel, ohne Verteidigung, in „Tatortnähe“ vor den Augen der in der Umgebung beschäftigten anderen polnischen Arbeiter, um sie abzuschrecken.

Erinnert sei auch an die zahllosen vor allem russischen Kriegsgefangenen, von denen 140 namenlos auf dem Duisdorfer Friedhof bestattet sind, von denen aber auch Gräber auf dem Nordfriedhof und dem Friedhof in Beuel zeugen. Sie waren mit anderen Kriegsgefangenen auf dem Hardtberg im Stalag VI G, einem der 61 im Deutschen Reich angelegten Mannschaftsstammlager kaserniert. Stalag VI G unterstanden zeitweise über 50 000 Kriegsgefangene, von denen wohl die meisten im Raum Köln/Porz in Außenlagern untergebracht und dort zur Arbeit eingesetzt waren. In Bonn etwa war 1941 das „Kriegsgefangenen-Arbeitskommando" Nr. 223 mit 150-200 Franzosen in der „Herberge zur Heimat" Doetschstr. 14, untergebracht, die Stadt Bonn zog sie für die Errichtung von Luftschutzbauten heran. Die 117 russischen Kriegsgefangenen des Lagers 602 auf dem Jahnplatz, dem heutigen Sportplatz Nord, arbeiteten sowohl in städtischen Einrichtungen (Fuhrpark, Straßenbahn, Stadtwerke, Großmarkt, Tiefbau- und Gartenamt) als auch in Industrie, Handel und Handwerk.

Am 16. Dezember 1942 befahl der Reichsführer SS Heinrich Himmler, alle noch im Reichsgebiet und in den besetzten Ländern Europas lebenden „Zigeunermischlinge, Rom-Zigeuner und Angehörige zigeunerischer Sippen balkanischer Herkunft" in ein Konzentrationslager einzuweisen. Aufgrund dieses „Auschwitzerlasses" wurden ab März 1943 rund 22 000 Sinti und Roma aus elf europäischen Ländern nach Auschwitz-Birkenau deportiert, unter ihnen 17 Bonner Sinti besonders der Familien Franz, Freiwald und Reinhardt aus der Engeltal-, Kommanderie- und Josefstraße. Sieben von ihnen waren Jungen und Mädchen im Alter von drei bis neun Jahren. Ihre Deportation in den Tod halten nur die Einträge in der Bonner Hauskartei fest: „Verzogen am" oder „Lt. Mitt. der Krim. Abt. vom 11.3.43 KZ Lager Auschwitz". Allein Lydia Franz überlebte.

Waren die Zigeuner aus vorgeblich ethnisch-rassischen Gründen Opfer des nationalsozialistischen Völkermords, so verfolgte und verbot das NS-Regime vom Beginn seiner Herrschaft an die „Ernsten Bibelforscher“, die Zeugen Jehovas, als „gefährliche Menschheitsfeinde“ und „Sendboten des jüdischen Bolschewismus“. Zwei ihrer Bonner Opfer wurden 1943 wohl zwangssterilisierte Alfred Herber und später der prominente Bibelforscher Arthur Winkler, der auf einem Vernichtungsmarsch starb.

Das 1933 im Rahmen der nationalsozialistischen Rassenpolitik erlassene „Gesetz zur Verhütung erbkranken Nachwuchses“ bedeutete für hunderte Bonner Männer und Frauen Zwangssterilisation und bereitete den 1939 beschrittenen Weg zur „Vernichtung lebensunwerten Lebens“ vor. Unter den positiv klingenden Begriffen „Gnadentod“ oder „Euthanasie“ verbarg sich in Wirklichkeit Mord an psychisch und geistig Kranken und körperlich Behinderten. Auch aus der Bonner Provinzial-Heil- und Pflegeanstalt erlitten 1941 über Andernach nach Hadamar gebrachte, meist bettlägerige altersschwache Patienten dort den Tod durch Gift oder Gas. Ihre Zahl schwankt zwischen 40 und 150.

Der Anstalt angegliedert war die 1926 eingerichtete „Rheinische Provinzial-Kinderanstalt für seelisch Abnorme“, 1939 positiv klingend in „Rheinische Kinderklinik für Jugendpsychiatrie“ umbenannt. Aus dieser sog. Durchgangsanstalt fuhren 1942–1944 die berüchtigten „grauen“ Busse der GEKRAT, der „Gemeinnützigen Krankentransport GmbH“, mehrere hundert Pfleglinge in die „Kinderfachabteilungen“ von Tötungsanstalten in Waldniel bei Süchteln, Kalmenhof bei Idstein, Eichberg in Eltville und Hephata bei Mönchengladbach oder über Essen in andere. Mindestens 143 Kinder starben dort nachweislich an Überdosis von Medikamenten, besonders Luminal, oder wurden wie in Hadamar vergast. Die verzweifelten, oft um ihre Kinder kämpfenden Eltern benachrichtigten die Anstalten zeitlich möglichst so knapp, daß die Angehörigen nicht mehr rechtzeitig an der Beerdigung teilnehmen konnten, als Todesursache gaben sie meist Lungenentzündung, Kreislauf- oder Herzschwäche an. An das Schicksal dieser vielen meist kleinen Kinder erinnert der Tod der vierjährigen Elly O. aus Bonn.

Sie alle mögen stellvertretend für die unzähligen Opfer des NS-Regimes auch in unserer Stadt stehen. Ihr Schicksal führt eindringlich die 1996 eingeweihte Gedenkstätte für die Bonner Opfer des Nationalsozialismus vor Augen, gegründet und getragen vom Verein An der Synagoge. Im Rahmen ihrer „Wiedergutmachungspolitik" hat die Bundesregierung erst in der zweiten Legislaturperiode das Bundesentschädigungsgesetz erlassen. Es anerkannte nur eine Verfolgung aus politischen, rassischen und religiösen Gründen. Von den rund 4,5 Millionen Anträgen wurde etwa nur die Hälfte anerkannt. Nicht berücksichtigt sahen sich in dem Gesetz die Opfer sozialer Ausgrenzung und Verfolgung wie Zwangssterilisierte und Homosexuelle, auch nicht die Opfer der NS-Militärjustiz sowie von Sklavenarbeit wie die Millionen von Zwangsarbeiterinnen und -arbeitern bis hin zu den ermordeten Sinti und Roma sowie psychisch und geistig kranken sowie körperlich behinderten Kindern, Männern und Frauen. Erst auf wiederholten Druck der Öffentlichkeit, hier besonders des Bundesverbands Information und Beratung für NS-Verfolgte, hat sich der Deutsche Bundestag bis hin zum Sommer 2000 schrittweise zur politischen und moralischen Verantwortung für die Opfer des Nationalsozialismus bekannt.

„600 Bonner Bürger Opfer des Nationalsozialismus = Euch, die ihr starbet entrechtet erniedrigt geschändet" gedenkt eine Basaltstele, die Oberbürgermeister Stockhausen 1950 am Hofgarten einweihte. Mangels einer zentralen Gedenkstätte der Bundesrepublik Deutschland, wie sie sich erst seit 1993 in Berlin in der Neuen Wache Unter den Linden mit Käthe Kollwitz' vergrößerter Plastik „Trauernde Mutter mit totem Sohn" befindet, diente die Bonner Stele der Bundesregierung jahrzehntelang als Mahnmal zur Erinnerung an den deutschen, vor allem militärischen Widerstand des 20. Juli 1944. 1997 fand sie ihren nun hoffentlich letzten Standort auf dem Rasen des Kaiserplatzes. Auf einer rückwärtig angebrachten Bronzetafel gedenkt sie jetzt der Bonner „Opfer des Faschismus“ in umfassenderer Weise: „Zu den tausenden ermordeten und überlebenden Opfern der nationalsozialistischen Gewaltherrschaft im heutigen Bonn zählen sowohl deutsche als auch ausländische Frauen, Männer und Kinder. Opfer waren alle, die aus weltanschaulichen, politischen, religiösen, ethnisch-rassistischen, sozialen und medizinischen Gründen sowie lesbischer und homosexueller Orientierung verfolgt wurden.“

Nachdem das Rheinhotel Dreesen über ein Jahr lang als Austauschlager für süd- und mittelamerikanische Diplomaten gedient hatte, wurde es im Mai 1944 für einen unbekannten Gefangenen dem Konzentrationslager Buchenwald unterstellt. Umgeben von Stacheldraht und flankiert von vier Wachttürmen mit bewaffneten SS-Posten nahm es während des letzten Kriegsjahres rund 450 Diplomaten mit Angehörigen und Personal auf, die man aus der französischen Vichy-Regierung hierher gebracht hatte. Hier saß auch eine Schwester des von der Vichy-Regierung zum Tode verurteilten Charles de Gaulle gefangen, der im Juni 1944 mit Hilfe alliierter Truppen an der Spitze der „provisorischen Regierung der französischen Republik“ in Paris eingezogen war. NS-Bürgermeister Alef führte Anfang März 1945 Marie Agnès Cailleau mit ihrem Ehemann Alfred, de Gaulles Schwager, zusammen, der seit über einem Jahr in Buchenwald inhaftiert gewesen war. Welchen Hintergrund diese gewiß hochpolitische Aktion hatte, konnte noch nicht geklärt werden.

An das Rheinhotel Dreesen und an das gegenüberliegende auf dem Petersberg – beide Symbole deutscher Geschichte – hatte sich im Herbst 1938 die Hoffnung Europas geknüpft, als hier Hitler mit dem englischen Premierminister Chamberlain am 22./23. September zur Vorbereitung des wenige Tage später geschlossenen Münchener Abkommens zusammentraf. Der von Hitler gewollte Krieg war jedoch nicht mehr aufzuhalten. Als die Wehrmacht 1936 in das entmilitarisierte Rheinland einzog, wurde Bonn wieder Garnisonsstadt. Neue

Kasernen entstanden: in Duisdorf die Troilo- und die Gallwitz-Kaserne – sie beherbergten nach Beendigung des Krieges Bundesministerien – sowie auf dem Venusberg die Hermann-Göring-Kaserne, Keimzelle der späteren Universitätskliniken. Die massive Wiederaufrüstung stärkte Bonns darniederliegende Wirtschaft.

Tödliche Bomben auf Bonn

Sorge und Angst um die an den Kriegsfronten kämpfenden Ehemänner, Söhne und Brüder, Trauer um die Gefallenen, hoffnungsloses Warten auf die Vermißten teilte die Bonner Bevölkerung mit allen anderen Menschen im Reich. Knappe Lebensmittel – im Hofgarten wurden diesmal Kartoffeln angebaut –, ungenügend geheizte Wohnungen, schlechte Kleidung, mangelnde Hygiene und damit sich leicht ausbreitende Krankheiten sowie viele Einschränkungen, alles Folgen des Krieges, machten das Leben zur Last. Darüber halfen Theateraufführungen und volkstümliche Beethovenfeste, bewußt zur Beruhigung der Bevölkerung veranstaltet, wenn überhaupt, dann nur für wenige Stunden hinweg. Als nach vereinzelten Luftangriffen 1940 und 1942 anderthalb Jahre später massive Bombardierungen Bonn und Beuel trafen und mehr als 200 Menschen töteten, war die Stadt vollends in das Kriegsgeschehen einbezogen.

Zerstörte Bonner Innenstadt, amerikanische Luftaufnahme vom 25. April 1945

139 Blick vom Turm der Stiftskirche auf die enttrümmerte Bonner Innenstadt, Foto um 1948

Am 18. Oktober 1944 legten 125 englische Bomber, begleitet von fast doppelt sovielen Jagdflugzeugen, die ein neues Navigations- und Angriffsverfahren an Bonn ausprobierten, innerhalb von nur sechs Minuten mit über 77 000 weitgehend Brandbomben die Bonner Altstadt zwischen Hauptbahnhof und Rheinufer in Schutt und Asche. Eine kilometerhohe Rauchsäule stand über Bonn. 700 Gebäude waren zerstört, 300 Menschen fanden den Tod, über 1000 Verletzte galt es zu versorgen. Bad Godesberg wurde am 21. Dezember hart getroffen. In den Weihnachtstagen sowie im Januar und Februar des folgenden Jahres erlitten Bonn und Beuel nochmals schwere Angriffe.

Amerikanische Soldaten sichern die Bonner Auffahrt der noch intakten Rheinbrücke, Foto vom 8. März 1945

In den Morgenstunden des 8. März 1945 begann der Angriff auf die zur Festung erklärte Stadt, in der sich etwa noch 40 000 Zivilisten und knapp 4 000 Soldaten aufhielten. Angesichts der gegnerischen Übermacht widersetzte sich Generalmajor Richard von Bothmer dem Berliner Durchhaltebefehl und setzte nachts mit seinen verbliebenen Truppen auf das rechte Rheinufer über. Nur die Rheinbrücke hatte er sprengen lassen. Als der kommandierende amerikanische Offizier am Morgen des 9. März Bonn besetzen ließ und die merkwürdige Frage stellte „Steht

Amerikanischer Soldat vor dem Beethovendenkmal auf dem Münsterplatz, Foto vom 9. März 1945

das Beethovenhaus noch?“, hatten die Spitzen von Partei und Verwaltung wie in Bad Godesberg und etwas später in Beuel das Weite gesucht. Kampflos wurde Bonn besetzt, eine militärische Kapitulation fand nicht statt. In Bad Godesberg verlief die Eroberung dramatischer, doch erfolgte auch hier ohne Kampfhandlung einen Tag früher die Übergabe der Stadt durch Generalleutnant Richard Schimpf und Stadtrat Heinrich Ditz, bei der der Schweizer Generalkonsul Dr. Franz Rudolph von Weiss vermittelte. Rechtsrheinisch waren die Amerikaner nach der Eroberung des Brückenkopfes Remagen langsam nach Norden vorgedrungen, Beuel ständig mit Artillerie beschießend. Am 20. März übergab Obersekretär Max Schmitz Beuel, doch dauerte die Gefahr noch so lange, bis die deutsche Verteidigungslinie entlang der Sieg zurückgenommen werden mußte.

Tausend Jahre sollte das „Dritte Reich“ währen, doch brach es schon nach zwölf Jahren totalitärer Gewaltherrschaft zusammen. Es hinterließ Deutschland und Europa zerstört und rief die Teilung Deutschlands und der Welt in die beiden großen, von den Vereinigten Staaten und der Sowjetunion geführten Machtblöcke hervor. Dabei darf nicht vergessen werden, daß die Diktatur der Nationalsozialisten keine von außen aufgezwungene Fremdherrschaft, auch kein „Betriebsunfall“ deutscher Geschichte gewesen ist, auch nicht einer Naturkatastrophe gleich über Deutschland und Europa hereinbrach, sondern eine auf deutschem Boden gewachsene historische Realität war. Die kriminelle Energie einer kleinen Gruppe politischer Abenteurer gehörte dazu, aber ebenso die aktive Täterschaft von Tausenden, das Mitläufertum und die Anpassungsbereitschaft von Millionen deutscher Bürger.

Hausruinen in der Brüdergasse, Foto von Robert Frei, 1945/46

Die Bilanz des Krieges war traurig: fast 6200 gefallene und vermißte Soldaten, fast 2300 getötete und vermißte Zivilisten, über 600 ermordete und verschollene Menschen vor allem jüdischen Glaubens, Tausende verstümmelt und schwer krank. Jedes fünfte Wohnhaus war zerstört, sieben von zehn beschädigt, eine große Zahl öffentlicher Gebäude der Stadt und der Universität dem Boden gleichgemacht oder völlig ausgebrannt. Mit 18 % zerstörten Gebäuden war Bonn etwa gegenüber Köln mit 43 % oder Düsseldorf mit 33 % noch verhältnismäßig glimpflich davongekommen, aber der Stadtkern war völlig verloren und blieb noch lange Jahre ein Trümmerfeld. Die amerikanische Besatzung unter Major Cofran und Major Pirie, dann die englische unter Major Brown – er war maßgeblich am Zustandekommen der Städtepartnerschaft zwischen Bonn und Oxford, einer der ältesten in Deutschland überhaupt, beteiligt – und zuletzt 1948 die belgische beschlagnahmten mehrere tausend Wohnungen, hier die Not vermehrend, in der Lebensmittelversorgung lindernd.

Ruine des Universitätshauptgebäudes, Foto von Alex Keller, 1945

Helfend und vermittelnd wirkte unter der britischen Besatzung Browns Persönliche Referentin Katia Bayerwaltes. Von 1943 an bis Kriegsende hatte sie gemeinsam mit ihrem Mann in ihrem Hause ein älteres, aus Köln vor der Deportation geflohenes jüdisches Ehepaar mit dessen Tochter unter eigener Lebensgefahr geduldet, unterstützt und somit gerettet.

Und neues Leben sprießt aus den Ruinen
Kultur und Sport

Und dennoch, bereits im Sommer 1945 regte sich das kuturelle Leben auch in Bonn wieder, erlebten die Bonnerinnen und Bonner Theateraufführungen und lauschten Konzerten im Akademischen Kunstmuseum, im Museum Alexander Koenig, im Festsaal des Landeskrankenhauses, im wieder aufgebauten Kinosaal des Metropols und im Bürgerverein. Im Mai 1950 eröffnete Fred Schroer in einem ehemaligen Bonner Luftschutzkeller mit Shakespeares „Hamlet“ ein neues Theater, den „Contra-Kreis“. In Bad Godesberg waren die vom Theater bespielten Säle hingegen erhalten geblieben.

Zerstörtes Altes Rathaus und Westseite des Marktplatzes, Foto von Paul Kersten, um 1946

Sehr viel schwieriger gestaltete sich nach dem Kriege die Lage der Bildenden Kunst in Bonn, da das Museum Obernier sowie das Arndthaus zerstört waren; die Bestände konnten allerdings weitgehend gerettet werden. Walter Holzhausen begann damals mit dem konsequenten und programmatischen Aufbau der städtischen Kunstsammlungen. Sie haben heute drei Schwerpunkte: die Sammlung rheinischer Expressionisten, deutsche Kunst nach 1945 und internationale Grafik. Schwierig hatten es auch die 'heimatlos' gewordenen Bonner Künstler. Gleichwohl reaktivierte Willy Stucke den „Bonner Künstlerbund“, der als „Freundeskreis zur Veranstaltung gemeinsamer Ausstellungen“ bald den noch heute verwendeten Namen „Künstlergruppe Bonn“ annahm.

In der „Donnerstaggesellschaft“ des „Alfterer Kreises“ hingegen trafen sich nicht nur Maler wie Georg Meistermann, Hann Trier und Ilsetraut Glock aus Bonn, sondern tauschte sich eine Gruppe „trostbedürftiger“ Gleichgesinnter über die neue abstrakte Kunst Picassos aus, über die Philosophie Ortega y Gassets und Jean-Paul Sartres, trugen Rudolf Hagelstange und Elisabeth Langgässer aus ihren Werken vor, rezitierte Elisabeth Flickenschildt Gedichte, spielte Walter Braunfels eigene Kompositionen und Beethoven, sprach Carlo Schmid über Rechtsstaat und Staatsrecht. Die Aufführung von Sartres Drama „Die Fliegen“ gar zog Gäste aus dem ganzen Bundesgebiet an.

Gastwirtschaft „Eiserner Peter“ in der völlig zugeschütteten Rheingasse in Bonn, Foto von Paul Kersten, um 1950

Erst Jahrzehnte nach dem Zweiten Weltkrieg vermochte Bonn die Welt des Sports auf sich aufmerksam zu machen. Auf eine längere sportliche Tradition schaut in Bonn der Wassersport. Nachdem schon 1936 die Bonnerinnen Gisela Jacob und Leni Henze von den Schwimm- und Sportfreunden Bonn von Berlin olympisches Silber heimgebracht hatten, taten es ihr Werner Lampe 1972 in München und Ute Hasse 1984 in Los Angeles gleich. Den Weltmeistertitel errang Peter Sitt im Schwimmen. 1973 fand Bonn die Anerkennung: Der Deutsche Schwimmverband erhob unsere Stadt zu einem der damals acht Bundesleistungszentren. Auch der Bonner Wassersportverein Blau-Weiß brachte mit seinen Kanuten Hubert und Stefan Bauch, mit Stephan Eich und Gregor Simon mehrfach Weltmeister hervor. Valerie Viehoff gewinnt olympisches Silber bei den Olympischen Spielen in Sidney im September 2000. Als Sportschütze glänzte Volker Burow, das Tanzpaar Ralf Lepehne und Lydia Weisser begeisterte ebenfalls wiederholt in der Kür lateinamerikanischen Tanzes. In asiatischem Kampfsport gewannen Aziz Acharki und Monika Gütgemann Weltmeisterschaft.

Seit 1960 gewannen Mitglieder des Olympischen Fechtclubs Bonn Medaillen bei den Olympischen Sommerspielen wie etwa Jürgen Theuerkauff 1960 in Rom, Dr. Klaus Reichert 1976 in Montreal und Ute Wessel 1984 in Los Angeles, Arnd Schmitt 1988 in Seoul und 1992 in Barcelona, hier auch Uli Schreck, Monika Weber 1996 in Atlanta und jetzt auch in Sidney, wurden Weltmeister wie Fritz Wessel, Alexander Koch und Renate Riebandt-Kaspar. Sie erhoben Bonn zur deutschen Fechterhochburg. Seit den 70er Jahren richtet der OFC die Weltcupturniere um den „Löwen von Bonn“ im Herrenflorett und den „Großen Preis von Bonn“ im Säbelfechten aus. 1982 weihte der Bundesinnenminister die damals modernste Fechthalle der Welt im Sportpark Nord ein. Acht Jahre später wurde das Bonner Bundesleistungszentrum für Fechtsport in den Olympiastützpunkt Köln/Bonn/Leverkusen einbezogen.

Erstmals 1997 gewann ein deutscher Sportler das berühmteste und spannendste aller Radsportrennen der Welt, die Tour de France: Jan Ullrich, nachdem schon im Jahr zuvor das „Dream-Team“ der Deutschen Telekom mit ihm als zweitem, dem Dänen Bjarne Riis als erstem Sieger, Erik Zabel als inzwischen mehrfach bestem Sprinter und den übrigen Fahrern Platz 1 und 2 in der Mannschaftswertung belegen konnte. Seitdem bricht in Bonn im sommerlichen Juli das Tour-de-France-Fieber aus. Jetzt hat Jan Ullrich auch noch bei den Olympischen Spielen in Sidney eine Goldmedaille gewonnen. Ganzjährig feuert an und feiert Bonn seine Telekom-Baskets in der Hardtberg-Halle und mal sogar in der Köln-Arena, ja in Berlin, seit sie 1997 deutscher Vizemeister wurden: Bonn = Basketball-Boomtown im bundesweiten Medienecho.

Wahlen und Parteien

Als die Siegermächte Deutschland in seine vier Besatzungszonen aufteilten, hielten sie an den bestehenden Verwaltungsgebieten Stadt, Gemeinde, Kreis und Regierungsbezirk generell fest, während sie die Provinz- und Landesgrenzen nach den ihnen notwendig erscheinenden politischen, militärischen und wirtschaftlichen Erfordernissen änderten. So wurde von der ehemaligen preußischen Rheinprovinz der südliche Teil mit den Regierungsbezirken Trier und Koblenz abgetrennt und der französischen Zone zugewiesen, während die nördliche Hälfte mit den Regierungsbezirken Köln, Aachen und Düsseldorf zur Provinz Nordrhein der britischen Besatzungszone erklärt wurde, mit Westfalen 1946 zum Land Nordrhein-Westfalen verbunden.

Der Alliierte Kontrollrat löste den Staat Preußen auf. Im Juli 1946 ernannte die britische Militärregierung den ersten nordrhein-westfälischen Landtag, am 20. April 1947 erfolgten die ersten Wahlen. Die neugebildete überkonfessionelle Partei der Christlich Demokratischen Union erhielt die meisten Stimmen. Mit SPD, Zentrum und KPD bildete sie eine große Koalition und wählte den CDU-Politiker Karl Arnold zum Ministerpräsidenten.

Schon zu Jahresbeginn 1946 hatte die britische Militärregierung Stadt- und Gemeinderäte aus den sich wieder oder neu formierenden Parteien ernannt. Am 13. bzw. 15. September und zuletzt in Bonn am 13. Oktober fanden dann die ersten demokratischen Wahlen nach dem Ende der NS-Diktatur statt. In Bonn, Bad Godesberg und Beuel errang die CDU die absolute Mehrheit. In Beuel wurde die SPD 1948 stärkste Partei. Gut schnitt auch die Freie Demokratische Partei (FDP) in Bonn und Bad Godesberg ab. Außer 1948 gewann die CDU in der Stadt Bonn bis 1979 alle Wahlen zum Stadtrat mit absoluter Mehrheit und regierte alleine. Erstmals 1984 sank ihr Stimmenanteil unter 50 %, so daß sie mit der FDP eine Koalition einging, obgleich sie immer noch die Mehrheit der Sitze im Stadtrat innehatte. 1989 erreichte sie nur noch gut 40 % der Stimmen, so daß sie nur noch mit der FDP weiterregieren konnte. Die FDP schwankte nach anfänglich weit besseren Wahlergebnissen seit den 60er Jahren um die 10 %, bis sie 1994 die Hälfte ihrer Wählerstimmen verlor und sich nicht mehr im Stadtrat vertreten sah. Zwar hatte sich die CDU gegenüber 1989 etwas erholt und blieb die stärkste Fraktion im Stadtrat, doch schlug durch das Ausscheiden der FDP erstmals in der Bonner Stadtgeschichte die Stunde der Bonner SPD, jetzt zusammen mit Bündnis 90/Die Grünen die regierende Mehrheit im Stadtrat zu bilden und ebenfalls zum erstenmal eine Frau zur Oberbürgermeisterin zu wählen. Bärbel Dieckmann (SPD) löste nach über zwei Jahrzehnten Dr. Hans Daniels (CDU) ab. Seit der Mitte der 70er Jahre schwankte der sozialdemokratische Stimmenanteil um 30 %, 1994 lag er bei gut 35 %. Die Grünen waren erstmals 1984 im Stadtrat vertreten und stellten gleich die drittstärkste Fraktion. Ihre höchste Stimmenzahl erreichten sie 1994 mit fast 14 %. Bei der Kommunalwahl im September 1999 gewann die CDU wieder die absolute Mehrheit der Stimmen, SPD und Bündnis 90/Die Grünen verloren rund ein Fünftel ihrer Wähler, die FDP zog wieder in den Stadtrat ein. Die Wahl des Oberbürgermeisters hingegen gestaltete sich ganz anders.

Folgenreich hatte sich die nach englischem Vorbild 1947 geänderte Kommunalverfassung in der Britischen Zone erwiesen, indem sie von nun an den (Ober-)Bürgermeister und Landrat als die politischen Repräsentanten einerseits und den (Ober-)Stadt- bzw. Gemeinde- und Oberkreisdirektor als die obersten Exekutivbeamten voneinander trennte. Der Gemeinde- bzw. Stadtrat und Kreistag als beschlußfassende Organe blieben bestehen. Zwar wollte die Militärregierung damit nicht einen Dualismus von Rat und Verwaltung einführen, sondern die Überordnung der Politik über die Verwaltung, doch lief die Entwicklung faktisch darauf hinaus. Erster gewählter Oberbürgermeister von Bonn wurde Eduard Spoelgen, erster Oberstadtdirektor Dr. Johannes

Langendörfer. In Bad Godesberg wurde Josef Zander Bürgermeister, wie Spoelgen in Bonn schon 1945 ernannt. Hier entfaltete Stadtdirektor Joseph Hermanns seine Wirksamkeit. Die Beueler Bürgermeister wechselten rasch, fruchtbarer konnte hier Gemeinde- bzw. seit 1952 Stadtdirektor Rudolf Hahn arbeiten, auch er vorher ernannter Bürgermeister. Fast ein halbes Jahrhundert lang stellte stets die CDU die Oberbürgermeister in Bonn und bis 1969 die Bürgermeister in Bad Godesberg und Beuel sowie die Amtsbürgermeister in Duisdorf, wählte die Oberstadtdirektoren bzw. Stadt- und Amtsdirektoren.

Erst in den 90er Jahren änderte der Landtag von Nordrhein-Westfalen die Kommunalverfassung. Er hob die kommunale Doppelspitze auf, nach süddeutschem Vorbild sollte fortan der Oberbürgermeister, der Bürgermeister bzw. der Landrat gleichzeitig Chef der Verwaltung und direkt von der Bevölkerung gewählt werden. Nachdem in Bonn Bärbel Dieckmann 1995 die Leitung der Stadtverwaltung nach dem Ausscheiden von Oberstadtdirektor Dieter Diekmann übernommen hatte, mußte sie sich vier Jahre später der direkten Wahl zur Oberbürgermeisterin stellen. Im ersten Wahlgang erlangte zwar ihr christdemokratischer Gegenkandidat mehr Stimmen als sie, aber ebensowenig die erforderliche absolute Mehrheit. In der zwei Wochen später wiederholten Wahl konnte sie jedoch die Mehrheit der Stimmen auf sich vereinigen, so daß nun – nach französischem und häufig süddeutschem Muster der 'cohabitation' – einem CDU-geführten Stadtrat eine sozialdemokratische Oberbürgermeisterin und Verwaltungschefin gegenübersteht.

Bonn wird Bundeshauptstadt

Im folgenden sei versucht, Vorgeschichte und Entwicklung Bonns als Bundeshauptstadt vor dem allgemeinpolitischen Hintergrund zu skizzieren, zu zeigen, warum und wie unsere Stadt für ein halbes Jahrhundert zum „Schaufenster der Bundesrepublik“ avancierte, gewiß den Höhepunkt ihrer 2000jährigen Geschichte erreichte. Unter Europas jüngeren Staatshauptstädten war Bonn die jüngste. Waren und sind die anderen jedoch schon seit Jahrhunderten politische, wirtschaftliche, verkehrstechnische, medienpolitische, kulturelle und religiöse Metropolen mit großer Bevölkerungszahl und -dichte, so traf dies für die 1948/49 mit rund 100 000 und heute nach umfangreichen Eingemeindungen mit gut 300 000 Einwohnern nur mäßig große Stadt Bonn nicht zu. Ihre in den folgenden Jahrzehnten erlangte politische Position führte aber immerhin dazu, daß der Name Bonn in der ganzen Welt geradezu als Synonym für die Bundesrepublik Deutschland stand und für die im nunmehr vergangenen 20. Jahrhundert glücklichste Epoche deutscher Geschichte steht.

Daß die ehemals kurkölnische Haupt- und Residenz-, Beethoven- und Universitätsstadt am Rhein 1948/49 zur (damals vorläufigen) Bundeshauptstadt gewählt wurde, verdankt sie einer einmaligen historischen Konstellation, letztlich der Rolle Berlins in der deutschen Nachkriegspolitik. Bonn und Berlin, darauf sei ausdrücklich hingewiesen, sind bis heute politisch aufs engste verbunden. Daß die Hauptstadtfrage überhaupt zum Problem, zum Politikum höchster Brisanz geworden war, ist, wie es der Kölner Historiker Otto Dann feststellt, „ein besonderes Kennzeichen der deutschen Nachkriegsgeschichte ... , fest verknüpft mit dem nationalen Problem, ist dessen sinnfälliger Ausdruck“.„Wie der deutsche Nationalstaat von 1871 ist nämlich auch dessen Hauptstadt Berlin von den Siegermächten der Anti-Hitler-Koalition in ihrer Funktion zerschlagen worden“, indem sie die ja noch bestehende deutsche Zentralregierung aufhoben und die Reichsbehörden auflösten. Und dennoch berücksichtigten die Alliierten in ihrer deutschlandpolitischen Konzeption die Metropole des Kaiserreichs, der Weimarer Republik und des terroristischen NS-Staats weiterhin als deutsche Hauptstadt, indem sie Berlin zum Sitz des Alliierten Kontrollrats machten und gemeinsam verwalteten, ja als Zentralort und Hauptstadt eines neu zu schaffenden Deutschlands vorsahen. Dabei ist mit Otto Dann allerdings zu berüksichtigen, daß Berlin „im politischen Kalkül der Westmächte von vornherein einen ganz anderen Stellenwert hatte als bei den Sowjets. Während diese Deutschland als einen Zentralstaat betrachteten, der von der Hauptstadt her politisch administrativ zu beherrschen und zu beeinflussen sei, hatten die Westmächte ... ein sehr viel distanzierteres Verhältnis zur deutschen Hauptstadt und ihrer künftigen Bedeutung."

Schon auf der Potsdamer Konferenz 1945 hatte die westliche Führungsmacht im Kommuniqué die Forderung durchgesetzt, daß „die Verwaltung Deutschlands in Richtung auf eine Dezentralisation der politischen Struktur und der Entwicklung einer örtlichen Selbstverwaltung durchgeführt werden" mußte. „Das föderale Konzept eines demokratischen Aufbaus von unten wurde bewußt dem Modell des in einer Hauptstadt gipfelnden Zentralstaats, dem Sinnbild autoritärer Herrschaft, entgegengesetzt" (Dann). Und Berlin war ja von den Nationalsozialisten und Hitler persönlich zum Zentral- und Prestigeort des „Großdeutschen Reiches" gemacht worden, jetzt daher um so mehr belastet. Tatsächlich ist das wiedererweckte politische Leben in den drei Westzonen der Amerikaner, Briten und Franzosen von den Gemeinden und teilweise neu geschaffenen Ländern ausgegangen, dabei massiv unterstützt von den Besatzungsmächten, die zunächst (1946/47) die Kommunal- und Landesvertretungen ernannten, dann demokratisch frei wählen ließen, lange bevor es Wahlen zum Bundestag gab und damit das Problem akut wurde, eine neue Hauptstadt zu finden.

Aber nicht nur und erst die westlichen Siegermächte haben Berlin faktisch seiner Hauptstadtfunktion beraubt, sondern auch, und zwar schon früher, die demokratischen westlichen Parteien. Allein die Kommunistische Partei Deutschlands (KPD) hat Berlin, inmitten der Sowjetzone gelegen, sofort zum unbestrittenen Zentralort des deutschen Kommunismus gemacht und nach der Gründung der Sozialistischen Einheitspartei (SED) von dort aus auch die KPD der Westzonen geleitet.

Die große deutsche Traditionspartei der Sozialdemokraten (SPD) hingegen, obwohl sie in der Weimarer Republik Preußen und dessen sowie Deutschlands Hauptstadt Berlin stets regiert hatte, ging mit ihrem Exilvorstand nicht in die alte Metropole, sondern nach Hannover und richtete dort das Zentralbüro für die drei Westzonen ein, während der Berliner „Zentral-Ausschuß" auf die Sowjetzone beschränkt blieb. Für die westdeutsche SPD war Berlin belastet durch den Makel der unter massivem sowjetischen Druck gegründeten SED, die die weitgehend gewaltsame Auflösung der SPD als selbständiger Partei in der Sowjetzone und im Berliner Ostsektor zur Voraussetzung hatte. Hannover blieb das Zentrum der von Kurt Schumacher angeführten westdeutschen Sozialdemokratie, die Westberliner Sozialdemokraten wurden zu einem Bezirk der westzonalen Partei. Anders die Christdemokraten. Hier war es zuerst Berlin, wo sich die neue, überkonfessionelle Partei gegenüber dem alten katholischen Zentrum mit dem Namen Christlich-Demokratische Union bildete und, obwohl inmitten der Sowjetzone gelegen, den Anspruch erhob, Zentralort einer CDU ganz Deutschlands zu sein. Anfangs setzte sie sich gegenüber den anderen Gründungszentren – vor allem Köln und Frankfurt – durch, doch wirkte seit Anfang 1946 Konrad Adenauer, Parteivorsitzender der CDU in der Britischen Zone, von Köln aus dem Berliner Anspruch entgegen. Die Berliner CDU sah sich mehr und mehr auf die Sowjetzone beschränkt, war dort aber in ihrer Arbeit massiv behindert. In Adenauers Weltbild war eine im sowjetischen Machtbereich gelegene Parteizentrale der CDU undenkbar. Bei den Liberalen waren es allein die einsetzenden Spannungen des Ost-West-Konflikts, die einer Hauptstadtrolle Berlins entgegenstanden. Gleichwohl gelang noch 1947 die Gründung einer west- wie ostdeutsche Verbände umfassenden „Demokratischen Partei Deutschlands“ mit Sitz in Berlin. Im Jahr darauf spalteten sich die Liberalen.

„So bleibt“, um Otto Dann noch einmal zu zitieren, „im Ergebnis festzuhalten, daß innerhalb keiner der westzonalen Nachkriegsparteien ein ernsthafter und mehrheitlicher Wille vorhanden war, in der bisherigen Hauptstadt Berlin gegenüber dem Kontrollrat der Siegermächte eine zentrale nationale Repräsentanz der politischen Selbstbehauptung aller Deutschen aufzubauen bzw. eine solche gegen Widerstände der sich verfeindenden Siegermächte durchzusetzen ... Mit Kurt Schumacher und Konrad Adenauer standen die wichtigsten deutschen Nachkriegspolitiker gegen eine ... aktive Berlin-Politik und setzten sich in ihren Parteien auch in diesem Punkte durch. Die westdeutschen Parteien verblieben in ihren Zonen; sie überließen Berlin und die sowjetzonalen Parteien dem Schicksal und den Pressionen des Kalten Krieges.“

Nur vor diesem deutschland- und berlinpolitischen Hintergrund sowohl der Siegermächte wie der westdeutschen Parteien werden die für die Hauptstadtfrage grundlegenden Entscheidungen der Jahre 1948 und 1949 verständlich. Im sich verschärfenden Ost-West-Konflikt geriet Berlin immer stärker unter den politischen und militärischen Druck der Sowjetunion, wie die im Juni 1948 begonnene Blockade der interzonalen Zufahrtswege durch die Sowjets eindringlich vor Augen führte. Der Kalte Krieg erreichte hier seinen ersten dramatischen Höhepunkt. In diesen Sommermonaten 1948 verkümmerte die einstige Hauptstadt des Deutschen Reichs politisch zum „Berlin-Problem“. Mitten durch die Stadt verlief die Konfrontationslinie der verfeindeten Supermächte Sowjetunion und USA. „Für die Westmächte und die Westdeutschen rückte die Stadt aus dem Zentrum ihres politischen Aktionsraumes, sie wurde zu einem ‘Vorposten’, zu einer ‘Frontstadt’ des eigenen Systems im Machtbereich des politischen Gegners“

(Dann). Es stellte sich deutlich die Tatsache heraus, daß Berlin auf absehbare Zeit zumindest nicht Hauptstadt eines freien und demokratischen Deutschland sein würde.

Zur gleichen Zeit, als die Berlin-Krise auf ihrem Höhepunkt war, leiteten die Westmächte den Gründungsprozeß der Bundesrepublik ein. Am 1. Juli 1948 erteilten die Militärgouverneure der drei Westzonen den elf westdeutschen Ministerpräsidenten den Auftrag, binnen zwei Monaten eine verfassunggebende Versammlung einzuberufen. „Die überwiegende Mehrheit der beteiligten deutschen Politiker aber hatte große Scheu vor definitiven Schritten zu einer westdeutschen Staatsgründung: Keiner wollte das Odium einer nationalen Spaltung Deutschlands auf sich nehmen. So klammerte man die Hauptstadtfrage zunächst weitgehend aus und suchte pragmatisch allein einen Tagungsort für jenen Parlamentarischen Rat, der erklärtermaßen keine Verfassunggebende Nationalversammlung sein sollte" (Dann). Die Wahl des Tagungsorts jedenfalls war von nationalpolitischen Rücksichten unbelastet; mehrere Städte bewarben sich.

Wenige Tage nach der Erteilung des Verfassungsauftrags regte der damalige sozialdemokratische stellvertretende Ministerpräsident der von einer großen Koalition getragenen Landesregierung von Nordrhein-Westfalen an, den Parlamentarischen Rat nach Nordrhein-Westfalen einzuladen. Seine Mitglieder sollten etwas von den sozialen und wirtschaftlichen Spannungen des Ruhrgebiets spüren, in dem die SPD im übrigen ihre größten Wählermassen hatte

Eröffnungsfeier des Parlamentarischen Rats im Lichthof des Museums Alexander Koenig, Foto von Hehmke-Winterer

und Unterstützung durch die Gewerkschaften fand. Hinzu kam, daß die Britische Zone gleichsam an der Reihe war, eine zentrale, wenn auch nur provisorische Institution aufzunehmen. Und der Name Bonn war im britischen Außenministerium schon 1946 gefallen. Der SPD-Politiker dachte dabei an Düsseldorf, der freidemokratische Chef der Landeskanzlei, Dr. Hermann Wandersleb, schlug hingegen Bonn vor, das als Universitätsstadt über geeignete Tagungs- und Informationsmöglichkeiten verfüge, nicht allzusehr kriegszerstört und relativ zentral gelegen sei. Er wies dabei auf bereits gemachte Erfahrungen mit Bonn hin, die Stadt ziehe gut mit. Wandersleb, wegen seiner Verdienste um Bonn spöttisch-liebevoll „Bon(n)ifatius" genannt, rief unmittelbar danach die Oberbürgermeister bzw. Oberstadtdirektoren von Düsseldorf, Köln und Bonn an, ob diese Städte bereit wären, die Tagung des Verfassungskonvents auszurichten. Während die Düsseldorfer und Kölner zurückhaltend reagierten, fand er bei den Bonnern „sofortige und unbedingte Zustimmung". Bonn, einst vor dem Ersten Weltkrieg wegen seiner vielen Millionäre eine der wohlhabendsten Städte Deutschlands, war ja nach 1918 durch die Inflation und den Verlust der Einkommensteuer verarmt. Mangels größerer Industrieansiedlung war man Ende der 20er Jahre dazu übergegangen, Bonn als Tagungsort zu propagieren und den Tourismus zu fördern. Obgleich im Zweiten Weltkrieg im Stadtinneren zerstört, hatte die Stadtverwaltung diese Politik energisch fortgesetzt und war daher bereit und in der Lage, den Parlamentarischen Rat aufzunehmen.

Trotz der jetzt auch vom christdemokratischen Ministerpräsidenten Arnold von Nordrhein-Westfalen ausgesprochenen Einladung nach Bonn war die Entscheidung über den Tagungsort des Parlamentarischen Rats noch keineswegs gefallen. Anfang August 1948 wurden auch andere Städte vorgeschlagen, darunter Karlsruhe, Koblenz, Celle und vor allem Frankfurt. Die Stadt Frankfurt führte ihre historische Rolle an: freie Reichsstadt, Wahl- und Krönungsort der deutschen Könige sowie ihre demokratische Tradition als Sitz der ersten Deutschen Nationalversammlung 1848/49 in der Paulskirche. Sich stets als die „heimliche Hauptstadt Deutschlands“ fühlend, verwies sie auf ihre günstige verkehrsgeographische Lage am Schnittpunkt der drei westlichen Besatzungszonen. Dennoch vermochte sich Ministerpräsident Arnold mit Unterstützung Wanderslebs am 13. August 1948 bei der Mehrheit der übrigen Länderchefs mit seiner Einladung nach Bonn durchzusetzen. Kaum einer von ihnen konnte damals wissen, daß damit die Grundentscheidung für die zukünftige Bundeshauptstadt Bonn gefällt wurde, im Gegenteil, mit der Wahl Bonns glaubte man offensichtlich, die Bestimmung der eigentlichen Hauptstadt offenzuhalten, da Bonn viel zu unbedeutend erschien. Allein Konrad Adenauer, der an der Entscheidung für die Beethoven-Stadt nicht beteiligt war, erklärte damals Wandersleb gegenüber: „Wenn sich Bonn als Sitz des Parlamentarischen Rats bewährt, ist es nicht ausgeschlossen, daß wir dann auch die ganze Bundesregierung und den Bundestag dorthin bekommen.“

Nach der endgültigen Entscheidung für Bonn als Sitz des Parlamentarischen Rats gaben sich die Stadtverwaltung, Handwerkerschaft und Bürgerschaft alle erdenkliche Mühe, binnen kürzester Zeit die Tagungsstätte, die ehemalige Pädagogische Akademie im Süden der Stadt, mit Hilfe und auf Kosten des Landes Nordrhein-Westfalen sowie die erforderlichen Unterkünfte für die Mitglieder des Rats, die Ländervertreter, Angestellten und Journalisten, insgesamt gut 300 Personen, herzurichten bzw. bereitzustellen, damit im positiven Sinne Fakten schaffend, die die späteren Entscheidungen nicht unwesentlich beeinflußten. Noch vor dem Zusammentritt des Parlamentarischen Rats am 1. September 1948 nämlich meldete die unterlegene Stadt Frankfurt ihre Kandidatur für den zukünftigen Bundessitz an und eröffnete damit den „Kampf um Bonn“, wie ihn der Journalist Klaus Dreher in seinem gleichnamigen Buch beschreibt. Der Parlamentarische Rat konnte auch angesichts weiterer Kandidaturen von Kassel und Stuttgart der Hauptstadtfrage nicht mehr ausweichen, und so bildete er im Januar 1949 eine

„Hauptstadt-Kommission". Dabei sah er sich nur zu einer vorläufigen Entscheidung im doppelten Sinne legitimiert, denn die endgültige Wahl sollte dem Ersten Deutschen Bundestag vorbehalten sein, und auch dieser hatte nur über eine provisorische Hauptstadt der Deutschen zu entscheiden. Im Sinne des Provisoriums standen gegen Frankfurt nun gerade die Argumente, welche die Stadt bei ihrer Bewerbung um den Sitz des Parlamentarischen Rats vorgebracht hatte. „Wenn Frankfurt Hauptstadt wird, wird es Berlin nie wieder", befürchtete der SPD-Abgeordnete und erste Regierende Bürgermeister West-Berlins Ernst Reuter.

Die Aufgabe der „Haupstadt-Kommission" bestand vordringlich darin festzustellen, ob die konkurrierenden Städte überhaupt in der Lage und willens waren, genügend große Versammlungsräume, Büroflächen und Wohnungen für die politischen Vertreter, die Bundesbediensteten, die Journalisten und ausländischen Missionen zur Verfügung zu stellen, denn jetzt ging es angesichts der Unterbringung von etwa 400 Parlamentariern und damals geschätzten nur 5600 Bundesbediensteten um ganz andere Größenordnungen als im Jahr zuvor. Frankfurt beherbergte zwar schon Behörden der englisch-amerikanischen Bizone, des Wirtschafts- und Länderrats, deren Büroräume und Wohnungen dann frei würden, besaß aber keinen als Parlamentsgebäude brauchbaren Baukomplex, trotz bereits geleisteter Investitionen. Außerdem hatten die westdeutschen Politiker mit Frankfurt keine guten Erfahrungen gemacht. In Bonn hingegen war das Parlamentsgebäude vorhanden, hatten sich Stadtverwaltung und Bürgerschaft um das Wohlergehen der Politiker sehr bemüht, allen voran der sich auch in den

Pädagogische Akademie, Ansichtskarte, um 1935

folgenden Jahren für seine Stadt völlig aufopfernde Oberstadtdirektor Dr. Langendörfer. Die Büro- und Wohnflächen jedoch waren entweder noch nicht frei – da in belgischer Besatzungshand – oder noch nicht errichtet.

Von der praktischen Seite sprachen mehr Argumente für Frankfurt, doch die Entscheidung für Bonn fiel in der politischen Auseinandersetzung um die deutsche Nachkriegspolitik zwischen den beiden Hauptkontrahenten Konrad Adenauer und Kurt Schumacher. Unter Hintansetzung der Wiedervereinigungspolitik vor der deutsch-französischen Aussöhnung und der politischen, wirtschaftlichen und militärischen Integration in den demokratischen Westen sah Adenauer die von ihm verfolgten politischen Möglichkeiten in Bonn gegeben. Von hier aus konnte er vor allem dem Ausland deutlich machen, daß sich das neue demokratische Deutschland bewußt von der machtpolitischen Tradition des Deutschen Reichs distanzierte und sich zugunsten eines föderativen Systems von der zentralstaatlichen Hauptstadtkonzeption abwandte, wie sie in Berlin kulminiert hatte, aber auch Frankfurt mit seiner Tradition als Krönungsstadt des Heiligen Römischen Reichs Deutscher Nation und Sitz des ersten zwar demokratischen, aber nationalen Parlaments verkörpern mochte. Im überwiegend katholischen Rheinland hatte die CDU bisher alle Wahlen gewonnen. Adenauer konnte sich hier politisch zu Hause fühlen und war es ja auch.

Der sozialdemokratische Parteivorsitzende Kurt Schumacher hielt in scharfem Gegensatz zu Adenauers Westpolitik am Vorrang der nach Ostdeutschland gerichteten Wiedervereinigungspolitik fest, damit aus gesamtstaatlichem Interesse an Berlin als Hauptstadt des ganzen Deutschland, aber nur soweit auch in der Sowjetzone freie demokratische Wahlen möglich sein würden. Diese aber waren in weite Ferne gerückt, so daß auch die SPD nicht umhin konnte, sich in Westdeutschland an der Bestimmung einer provisorischen Hauptstadt aktiv zu beteiligen. Schumacher wäre lieber in eine Großstadt des Ruhrgebiets gegangen, sofern dort

Regierung und Parlament hätten untergebracht werden können. Für die SPD spielte in der Bevorzugung Frankfurts eine entscheidende Rolle, daß sowohl die Stadt selbst als auch das Land Hessen sozialdemokratisch regiert wurden. Gleichwohl waren auch wichtige SPD-Politiker für Bonn wie umgekehrt Christdemokraten für Frankfurt. Im Verlauf der Auseinandersetzungen um die Hauptstadtfrage wurden so die beiden Städte Bonn und Frankfurt Kristallisationspunkte der christdemokratischen Westintegrations- und der sozialdemokratischen Wiedervereinigungspolitik, aber auch einer stärker oder schwächer föderativen Innenpolitik.

Als am 10. Mai 1949 die (erste) Entscheidung für die neue, provisorische Bundeshauptstadt anstand, war sich Adenauer des Ausgangs der Wahl noch keineswegs sicher, obgleich er als Präsident des Parlamentarischen Rats und Vorsitzender der „Hauptstadt-Kommission" seinen ganzen Einfluß für Bonn vor allem in den eigenen Reihen geltend gemacht hatte. Erst nach einer in Bonn von Journalisten kolportierten und von dem damaligen NWDR-Korrespondenten Otto Schumacher-Hellmold (gebürtiger Bonner und damals Erster Bürgermeister) gezielt vorbereiteten Meldung, Kurt Schumacher habe in Köln vor dem SPD-Parteivorstand erklärt, die „Wahl Frankfurts als Bundessitz bedeute eine Niederlage für die CDU/CSU", polarisierten sich zum erstenmal aus parteitaktischen Gründen die Seiten. Mit 33 zu 29 Stimmen fiel im Ratsplenum die Entscheidung für Bonn als Ort des Zusammentritts des bald zu wählenden Ersten Deutschen Bundestags. Fünf von ihnen hatte Schumacher-Hellmold gewonnen.

Während die Bonner Bevölkerung jubelte, löste die Entscheidung für Bonn im In-und Ausland Unverständnis und Kopfschütteln aus. Damals entstand das negative Bonn-Image vor allem in der Presse, die ja weitgehend in Frankfurt saß, weshalb ihr die Beethovenstadt einfach zu provinziell war und politisch-geographisch abseits lag. Aber auch in den eigenen politischen Reihen, vor allem der süddeutschen CDU, regte sich heftiger Widerspruch. Der „Pflicht-Haß auf Bonn",

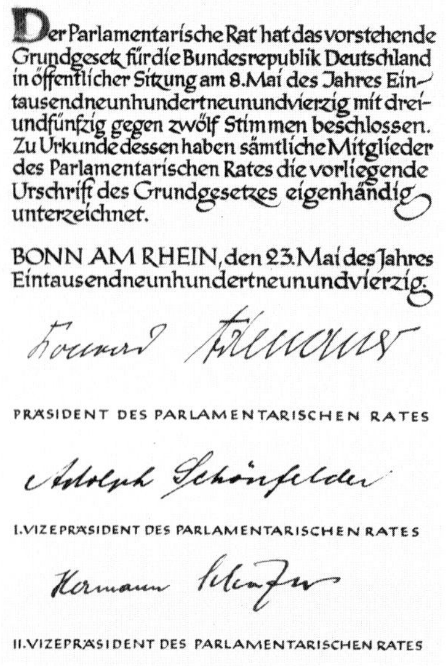
Der Parlamentarische Rat hat das vorstehende Grundgesetz für die Bundesrepublik Deutschland in öffentlicher Sitzung am 8. Mai des Jahres Eintausendneunhundertneunundvierzig mit dreiundfünfzig gegen zwölf Stimmen beschlossen. Zu Urkunde dessen haben sämtliche Mitglieder des Parlamentarischen Rates die vorliegende Urschrift des Grundgesetzes eigenhändig unterzeichnet.

BONN AM RHEIN, den 23. Mai des Jahres Eintausendneunhundertneunundvierzig.

PRÄSIDENT DES PARLAMENTARISCHEN RATES

I. VIZEPRÄSIDENT DES PARLAMENTARISCHEN RATES

II. VIZEPRÄSIDENT DES PARLAMENTARISCHEN RATES

„Grundgesetz für die Bundesrepublik Deutschland" vom 23. Mai 1949

wie ihn Heinrich Böll – der übrigens in der Bonner Buchhandlung Lempertz-Hanstein während des „Dritten Reichs" eine Buchhändlerlehre eingegangen war und mehrere seiner Romane in Bonn spielen läßt – bezeichnete, fand allenthalben seinen Ausdruck. Konrad Adenauer wehrte sich 1965 in seinen Erinnerungen gegen den Vorwurf, „ich hätte mich für Bonn als Bundeshauptstadt eingesetzt, weil Bonn nahe an meinem Wohnort Rhöndorf läge. Diesen Vorwurf betrachte ich als sehr naiv. Der ausschlaggebende Grund für die Wahl Bonns zur Bundeshauptstadt war schließlich folgender: Die Engländer hatten eine Erklärung abgegeben, falls Bonn zum Sitz der vorläufigen Bundeshauptstadt gewählt würde, seien sie bereit, das Gebiet von Bonn aus der britischen Zone und Militärverwaltung freizugeben. Die Amerikaner konnten eine solche Erklärung hinsichtlich Frankfurts nicht abgeben." Ferner: „Wir wollten alles vermeiden, was den Eindruck hervorrufen konnte, daß eine neue Bundesregierung lediglich ein Ausführungsorgan der alliierten Besatzungsmächte sei."

Zwei Wochen nach der Verkündigung des Grundgesetzes löste sich der Parlamentarische Rat auf. In der folgenden Zeit schuf Adenauer neue Fakten: Durch die von ihm bewirkte Schlangenbader Empfehlung stellte er sicher, daß nur das demokratisch legitimierte Parlament endgültig über den provisorischen Bundessitz entscheiden sollte; bis dahin würde es jedenfalls beim Beschluß des Parlamentarischen Rats für die Stadt Bonn bleiben, in der die Vorbereitungen für die Aufnahme des Bundestags zu treffen seien. Inzwischen hatten auch die westzonalen Militärgouverneure zugunsten Bonns eingegriffen. Mit dem „Bonn-Statut" nahmen sie das Stadtgebiet mit den angrenzenden Kommunen aus dem Bereich der britischen Militärregierung heraus, setzten die Alliierten Hohen Kommissare ein und unterstellten ihnen die „Bundeszone“. Die belgischen Besatzungstruppen räumten 1500 beschlagnahmte Wohnungen und die Kasernen. Bis zum Wahltag des Ersten Deutschen Bundestags am 14. August 1949 wurden 20 Millionen Mark in Bonn verbaut, auch dies ein unübersehbares Faktum, während in Frankfurt die Baustellen hatten stillgelegt werden müssen. Eine unmittelbar nach dem Wahltag angestellte demoskopische Umfrage ergab 38 % für den Verbleib des Bundes in Bonn, aber nur 21 % für den Umzug nach Frankfurt. Öffentliche und veröffentliche Meinung klaffte offensichtlich weit auseinander.

Innenausbau des Plenarsaals, Foto von Hubert Stuckmann, August 1949

Bereits auf der konstituierenden Sitzung des Bundestags stellte die SPD den Antrag: „Der vorläufige Sitz der Bundesorgane ist Frankfurt. Der Bundestag versammelt sich alsbald in Frankfurt am Main.“ Da das Parlament jedoch noch nicht arbeitsfähig war, erst einmal der Bundeskanzler gewählt, das Kabinett ernannt werden mußte, vertagte man die Entscheidung über den Antrag. Ende September wurde wiederum ein „Hauptstadt-Ausschuß“, der erste des Bundestags, gewählt. Er kam zu einem für Frankfurt viel positiveren Ergebnis als für Bonn. Dennoch: die politische Mehrheit von Christdemokraten und Liberalen lehnte am 3. November 1949 mit 200 gegen 176 Stimmen die Verlegung

Eröffnungssitzung des Ersten Deutschen Bundestags am 7. September 1949, Farbfoto von Hubert Stuckmann

Erster Bürgermeister Otto Schumacher-Hellmold, Oberbürgermeister Peter Stockhausen und Oberstadtdirektor Johannes Langendörfer lesen das Extrablatt der „Bonner Rundschau" am und vom 3. November 1949, Foto von Heinz Engels

des Bundessitzes nach Frankfurt ab. Bezeichnenderweise sprachen sich unmittelbar danach alle Bundestagsabgeordneten außer den Kommunisten für den Antrag der Sozialdemokraten aus, die Bundesorgane nach freien Wahlen in der DDR in die Hauptstadt Deutschlands, nach Berlin, zu verlegen. Diese Option Kurt Schumachers blieb bis zur Wiedervereinigung 1990 offen. Zusammen mit der Tatsache, daß der Bundestag nie positiv für Bonn votiert hatte, war dies ein Charakteristikum für die Hauptstadtentscheidung der Bundesrepublik und führte dazu, daß die deutsche, die nationale Hauptstadtfrage für vier Jahrzehnte nicht erledigt war. Unbeeindruckt von den tatsächlichen politischen Gründen urteilte John le Carré in seinem 1968 schienenen Spionagethriller „Eine kleine Stadt in Deutschland": „Allein die Wahl Bonns als Wartesaal für Berlin war immer schon eine Ungereimtheit, jetzt ist sie ein Mißbrauch. Wohl kein anderes Volk als die Deutschen hätte es fertiggebracht, einen Kanzler zu wählen und ihm dann die Hauptstadt vor die Tür zu bringen."

Konzert auf dem Bonner Marktplatz aus Anlaß der Wahl des ersten Bundespräsidenten Theodor Heuss am 12. September 1949

Waren die in den Gründungsjahren der Bundesrepublik politisch führenden Kräfte Berlin gegenüber sehr zurückhaltend, so wandelte sich seit 1953 die Haltung der bundesdeutschen Bevölkerung. Sich mit der Teilung Deutschlands nicht abfindend, entdeckte die politische Öffentlichkeit die nationale Bedeutung Berlins als der einzigen Hauptstadt Deutschlands neu. Politische Konsequenz dieser Haltung war der Zusammentritt der Bundesversammlung zur Wahl des Bundespräsidenten 1954 in Berlin und noch im gleichen Jahr die dortige erste Jahrestagung des überparteilichen Kuratoriums „Unteilbares Deutschland" als wichtigster propagandistischer Betreiber einer auf Berlin ausgerichteten Wiedervereinigungspolitik. 1955 gar trat der Bundestag erstmals in Berlin zu einer Plenarsitzung zusammen und beschloß den Wiederaufbau des Reichtagsgebäudes und den Ausbau eines Regierungsviertels im Berliner Tiergarten.

Villa Hammerschmidt, Dia von Michael Sondermann, um 1990

Hatte sich der Deutsche Bundestag über Jahrzehnte der ehemaligen Pädagogischen Akademie bedient und zahlreiche Ministerien die alten Kasernen in Bonn und Duisdorf genutzt, so waren mit dem Auswärtigen Amt und dem Bundespostministerium sowie dem Bundespresseamt erste funktionale Neubauten durch den Bund entstanden. Folge der neuen Berlin-Bewegung für Bonn war nun aber 1955 das vom

Palais Schaumburg, Ansichtskarte des Verlags Josef Kessel, um 1952

Bundestag der Bundesregierung auferlegte Verbot, weiterhin Bauten von der öffentlichen Hand errichten zu lassen. In jenen Jahren erreichte der schlagkräftige Slogan „Jede Mark für Bonn ist Verrat an Berlin" seine volle Wirkung. Nachdem der Bund jahrelang selbst gebaut hatte, verlagerte sich die dennoch notwendige Bautätigkeit auf private Unternehmen, was den Bund letztlich auch deshalb teuer zu stehen kam, als er für 20 Jahre die Mieten im voraus zahlte. Im Februar 1957 fand eine große Hauptstadtdebatte im Bundestag statt. Der Antrag der Opposition. „Berlin ist die Hauptstadt Deutschlands. Mit der Planung und Durchführung des Baues eines Parlamentsgebäudes in Berlin ist unverzüglich zu beginnen", wurde fast einstimmig angenommen.

Daß es nicht zur Verwirklichung der im Kern gegen Adenauers Westpolitik gerichteten Entscheidung des Bundestags kam und die Berlin-Bewegung abflaute, war den Wandlungen der sowjetischen Politik zu verdanken. Mit der Unterdrückung des Ungarnaufstands hatte sie ein warnendes Beispiel harter antidemokratischer Intervention gegeben. An einer nationalen Einheit Deutschlands war die Sowjetunion nicht mehr interessiert und damit auch nicht mehr an einer gesamtdeutschen Hauptstadt Berlin, sondern an einer Konsolidierung der DDR im Rahmen einer Zwei- bzw. Dreistaatentheorie (BRD, DDR, West-Berlin). Von nun an protestierte die östliche Seite laut auf jede bundesdeutsche Hauptstadt-Berlin-Demonstration. Nach der zweiten Berlinkrise und dem Mauerbau 1961 galten die westdeutschen Sympathien mehr und mehr dem stets gefährdeten West-Berlin und weniger dem nationalen Hauptstadtanspruch.

Carlo Schmid auf dem Bad Godesberger Parteitag im November 1959, Foto von Camillo Fischer

Folge für Bonn war 1962 die Berufung eines Gutachtergremiums für die Planung der Bundesbauten, allerdings noch unter strengster Geheimhaltung. Nach der Aufhebung des Bauverbots vier Jahre später entstand zunächst der die Rhein-Silhouette prägende Solitär des von Egon Eiermann entworfenen Abgeordnetenhochhauses, im Volksmund im Gegensatz zu seinem eher kleinen Bauherrn, Bundestagspräsident Dr. Eugen Gerstenmaier, „Langer Eugen“ genannt, mit seinen 29 Stockwerken das bislang höchste Gebäude unserer Stadt. Bundeskanzler Erhard veranlaßte, daß Sep Ruf im Park des Palais Schaumburg den Kanzlerbungalow errichtete, einen Bau von schwereloser, sachlicher Eleganz. Der politisch gewollte Charakter des Provisoriums und die ausgebliebene kommunale Neugliederung des Bonner Raums sowie das Bauverbot hatten jahrzehntelang eine gemeinsame Planung von Bund, Land und Stadt Bonn verhindert, andererseits Proteste gegen die entstandenen Bauten hervorgerufen, so daß sich nur zwei der geplanten sieben sog. Kreuzbauten verwirklichen ließen.

Charles de Gaulle, Ludwig Erhard, Konrad Adenauer und Georges Pompidou im September 1962, Foto von Camillo Fischer

John F. Kennedy und Konrad Adenauer auf der Treppe des Alten Rathauses im Juni 1963, Foto von Camillo Fischer

Der sozialliberalen Koalition unter Willy Brandt, dem ehemaligen Sprecher der Hauptstadt-Berlin-Bewegung, blieb es dann vorbehalten, 1970 den ersten der drei jeweils zehnjährigen „Bonn-Verträge“ über den Ausbau zur Bundeshauptstadt zwischen dem Bund, dem Land und der Stadt zu schließen sowie im Zusammenhang mit dem im Jahr darauf zustandegekommenen Viermächteabkommen über Berlin und die folgenden Ostverträge auf Hauptstadt-Demonstrationen in Berlin zu verzichten. Seitdem gab es in der Bundesrepublik keine offene oder geheime Rivalität zwischen Bonn und Berlin mehr. Gleichwohl blieben die Vorbehalte der öffentlichen Meinung und einflußreicher Schriftsteller gegen Bonn bestehen. In seinem Roman „Auf Sand gebaut“ blickte Günther Weisenborn schon 1956 spöttisch zurück: „Diese Universitätsstadt hatte seit Jahrhunderten ein friedliches Leben geführt (hunderttausend Einwohner, viertausend Studenten...) Eines Tages besetzte jedoch eine Division bürograuer Zivilisten, die behaupteten, sie seien eine Regierung, die stille Stadt, die verdutzt aufsah. Diese zehntausend Zivilisten siedelten etwa oberhalb der Stadt in der Nähe der Gronau, errichteten hier ein flüchtiges Lager: nur provi-

Rainer Barzel, Lugwig Erhard und Konrad Adenauer auf dem CDU-Parteitag in Bonn 1966, Foto von Camillo Fischer

Willy Brandt mit seinem Sohn Matthias auf Pützchens Markt, September 1971, Foto von Camillo Fischer

sorisch, nur vorläufig, trösteten sie, benutzten dazu eine Masse mächtiger Betonbauten, und wenige Jahre später war Bonn die breit etablierte Regierungsstadt eines deutschen Staates namens Bundesrepublik, gefüllt mit Ministerien, Botschaften, Handelszentralen, Büros, Büros, Büros... Die Stadt war plötzlich aufs äußerste überfüllt. Die Geschäfte, die Handwerker, die Kaufleute verdienten. Ein Bonner Boom von kalifornischer Qualität begann. Neubauten stiegen wild empor. Läden, Sprechzimmer, Hotels und Kneipen füllten sich. Und die Kassen." Und wieder John le Carré, voller Hohn: „Um Unterkünfte für die zuziehenden Diplomaten, Politiker und Regierungsbeamten ... zu schaffen, und auch um sie in einer gewissen Entfernung zu halten, haben die Bonner eine ganze Vorstadt außerhalb der Stadtmauern gebaut. Durch deren südlichen Teil versuchte sich jetzt der Verkehr hindurchzuwinden: ein Wirrwarr von schwerfälligen Türmen und niedrigen, modernen Behausungen, die sich die zweispurige Fahrstraße entlangzogen, fast bis zu der freundlichen Sanatoriumssiedlung Bad Godesberg, deren Hauptindustrie einst die Abfüllung von Selterswasser war und heute die Diplomatie ist." Fehlte nur noch die böse Behauptung, Bonn sei halb so groß wie der Zentralfriedhof von Chicago, aber doppelt so tot.

Da war es doch recht tröstlich, daß der Publizist Rudolf Walter Leonhardt feststellte, daß Bonn „eigentlich gar keine Provinzstadt mehr" sei. „Das wird nur immer noch behauptet und in einprägsamen Witzworten oder Bonn-mots festgehalten, die vom 'Bundeshauptdorf' reden, wo man in der 'Verbonnung' lebe, und die Abwesenheit eines Bonner Nachtlebens begründen mit der vertraulichen Mitteilung, die Dame sei gerade nach Köln gefahren."

Über seinen (erfolgreichen) Wahlkampf für Willy Brandt 1969 – den alten VW-Bus fuhr übrigens Friedel Drautzburg, dessen immer rappelvolle Szenekneipe „Ständige Vertretung", die „StäV" am Fischbauerdamm in Berlin, in die neue Bundeshauptstadt verschlagene Bonner und Bonnerinnen als Lust- und Troststätte mit

Der deutsche Botschafter in Luxemburg Dr. Lueders begrüßt Günter Grass auf seiner Wahlkampfreise für Willy Brandt 1969, dazwischen Friedel Drautzburg, Foto von Camillo Fischer

dem 'Pittermännchen' Kölsch auf dem Tisch anlockt – notierte der kürzlich zum Nobelpreisträger für Literatur gekürte Günter Grass in seinem „Tagebuch einer Schnecke“: „Morgen nach Bonn... Dort haben wir unser Büro aufgemacht. Auf unseren Briefbögen steht: 'Sozialdemokratische Wählerinitiative'... Wo ansetzen? Die Universität dünkelt für sich. Hinter Butzenscheiben giften die Pensionäre. Mit ihren zwei Hemden zum Wechseln reisen Parlamentarier an. Überall Zweigstellen und Deckadressen. Und durch diese Ansammlung zieht die Bundesbahn ihren Strich: zumeist geschlossene Schranken. Schräg gegenüber das Ernst Moritz Arndt-Haus. Es gibt kein Regierungsviertel, sondern boshaft verstreute Regierungsachtzehntel. Nur das Klima eint Bonn. Wir sind nicht von hier.“

Und dennoch: Ausgerechnet die sozialliberale Koalition anerkannte Bonn als – damals zeitbedingt – endgültige Hauptstadt der Bundesrepublik Deutschland an. Der „General-Anzeiger“ kommentierte am 19. Januar 1973: „Ein einziger Satz aus der Regierungserklärung Bundeskanzler Willy Brandts hat gestern Verwaltung und Kommunalpolitiker der Bundeshauptstadt in Hochstimmung versetzt. 'Gestützt auf eine wertvolle Erörterung im Kabinett', so Brandt, 'will ich noch dies sagen: Wir wissen sehr wohl, daß es einer engen Kooperation von Stadt, Land und Bund bedarf, damit Bonn seine Funktion als Bundeshauptstadt gut erfüllen kann.' Oppositionsführer Rainer Barzel begrüßte später diesen Satz, der 'nach langem Drängen von Rat und Verwaltung der Stadt Bonn' in die Regierungserklärung des Bundeskanzlers aufgenommen worden sei.“ Es war das erste Mal, daß sich die Stadt Bonn überhaupt in einer Regierungserklärung der Erwähnung wert fand.

Einer der wenigen Schriftsteller, die die Bundeshauptstadt in diesen Jahrzehnten spöttisch, doch dabei liebevoll beschrieben, war Heinrich Böll. In seinen „Ansichten eines Clowns“ beschwor er 1963 Bonns „schläfrige Reize, so wie es Frauen gibt, von denen ich mir vorstellen kann, daß ihre Schläfrigkeit Reize hat“, und meinte dann: „Es ist mir immer unverständlich gewesen, warum jedermann, der für intelligent gehalten werden möchte, sich bemüht, diesen Pflichthaß auf Bonn auszudrücken... Bonn verträgt natürlich keine Übertreibung, und man hat diese Stadt übertrieben... Was Bonn überhaupt nicht steht, ist diese defensive Gereiztheit: ich hatte zu Hause reichlich Gelegenheit, mit Ministerialbeamten, Abgeordneten, Generalen zu sprechen, und sie alle befinden sich im Zustand gereizter, manchmal fast weinerlicher Verteidigung. Sie lächeln alle so verquält ironisch über Bonn. Ich verstehe dieses Getue nicht... Bonns Schicksal ist es, daß man ihm sein Schicksal nicht glaubt.“

Anfang der 70er Jahre aufgestellte gigantische Planungen, Neubauten für Bundestag und Bundesrat zu errichten und fast alle Ministerien in deren Nähe zu konzentrieren, also eine völlig neue Regierungszentrale zu schaffen, waren symptomatisch für die Konsolidierung Bonns als politischer Metropole der Bundesrepublik. Die bald einsetzende Weltwirtschaftskrise verhinderte jedoch den Hauch von Brasilia am Rhein. Das Konzept dezentraler Bundesstandorte in Bonn, Bad Godesberg-Nord und Duisdorf/Hardthöhe setzte sich durch. Realisiert wurde nur das vom damaligen Kanzleramtsminister Professor Horst Ehmke ausgelobte, außerordentlich phantasielose Bundeskanzleramt, auf dessen grüner Wiese die von dem englischen Bildhauer Henry Moore geschaffene große erotische Bronzeplastik „Two Large Forms“ die Welt grüßt.

Gleichwohl bedeutete dies nicht das Ende des Ausbaus Bonns als Hauptstadt der Bundesrepublik Deutschland.

Das ehemalige Wasserwerk als Sitz des Deutschen Bundestags, Foto von Michael Sondermann, um 1993

In seiner Regierungserklärung vom Mai 1983 bekräftigte der christdemokratische Bundeskanzler Dr. Helmut Kohl den Willen der Bundesregierung, binnen eines Jahrzehnts Bauinvestitionen in einem bisher nicht dagewesenen Umfang zu tätigen, nicht nur um das bauliche Provisorium Bonn zu beenden, sondern auch, und das war neu, um in Bonn die Bundesrepublik repräsentativ darzustellen. Der alte Plenarsaal wurde trotz größter Proteste aus der Bevölkerung abgerissen, an seiner Stelle entstand nach Entwürfen des Münchener Architekten Günter Benisch der hinreißend schöne, durchsichtig und luftig gebaute neue Plenarsaal. Das Kölner Architektenehepaar Joachim und Margot Schürmann zeichnen verantwortlich für den später vom Hochwasser geschädigten langgestreckten Bau, der nach damaliger Planung neue Räumlichkeiten für die Abgeordneten, die Fraktionen, die wissenschaftlichen Dienste und die Bundestagsverwaltung schaffen sollte. Das ehemalige Hotel Petersberg (in dem einst die Alliierten Hohen Kommissare residierten) wurde als Gästehaus des Bundes restauriert und ausgebaut.

Einweihung des Bronzekopfs Konrad Adenauers von Hubertus von Pilgrim am 26. Mai 1982: Hans Daniels, Gerhart Baum, Gerd Langguth, Karl Carstens, Helmut Schmidt und Karl-Heinz van Kaldenkerken, Foto von Camillo Fischer

Der Wiener Architekt Gustav Peichl entwarf die Kunst- und Ausstellungshalle des Bundes, als deren Gründungsintendant kein geringerer als Pontus Hulten gewonnen werden konnte (er leitete als Gründungsdirektor das Nationalmuseum für moderne Kunst im Pariser Centre Pompidou). Gleich nebenan wuchs das von dem Berliner Architekten Axel Schultes errichtete Kunstmuseum Bonn und ganz nahe dieser beiden 'Kunstkathedralen' das von dem Braunschweiger Architektenehepaar Ingeborg und Hartmut Rüdiger entworfene Haus der Geschichte der Bundesrepublik Deutschland. Es versteht sich als ein Museum für Zeitgeschichte und beweist symbolisch und augenfällig zugleich, daß Bonn als Bundeshauptstadt inzwischen historisch ist. Schräg gegenüber läßt der Münchener Bildhauer Hubertus von Pilgrim Adenauers gewaltigen Bronzekopf mit den eingegossenen 'Lebensbildern' des ersten Bundeskanzlers umkreisen.

Als sich Bundespräsident Richard von Weizsäcker 1984 in das Goldene Buch der Stadt Bonn im Alten Rathaus eintrug, stellte er Bonn ein großes Lob aus: „Bonn hat sich als Hauptstadt der Bundesrepublik bewährt. Es ist in diese Aufgabe gut hineingewachsen. Die Kritik, Bonn sei keine europäische Stadt alten Stils, zielt an dieser Stadt vorbei. Bonn ist eine sehr europäische Stadt. Was ihr an Ausdehnung fehlen mag, macht sie durch andere Vorzüge wett: ihre Menschlichkeit, ihren Charme, kurzum ihre friedliche und gewinnende Atmosphäre. Wenige Regierungszentren der Welt können sich an humaner Bewohnbarkeit mit Bonn messen." In seinen Worten spiegelten sich Selbstwertgefühl und Selbstbewußtsein der Bonner Bürgerinnen und Bürger wieder. So wie sie bereits 1949 die Entscheidung des Parlamentarischen Rats und dann des Ersten Deutschen Bundestags im Jubel begrüßten, Bonn zum Sitz der Verfassungsorgane der Bundesrepublik zu erklären bzw. beizubehalten, haben sie die beiden ersten Jahrzehnte lang, ohne von Bund oder Land unterstützt zu werden, und weitere zwei und darüber hinaus mit deren Hilfe viele Mühen und finanzielle Lasten auf sich genommen, ihre geliebte Stadt Bonn zum „Schaufenster der Bundesrepublik Deutschland" zu machen, des ersten dauerhaft demokratischen und lebendigen föderalen Staats auf deutschem Boden.

Gleichwohl gelang es der Stadt nicht, ihr nach wie vor negatives Image als provinziell in der öffentlichen, vor allem in der veröffentlichten Meinung wortführender Tageszeitungen, von Magazinen und Illustrierten der Bundesrepublik Deutschland und auch des Auslands abzustreifen, wie es sich in aller Heftigkeit wieder 1990 und 1991 erwies. Dazu beigetragen hatte sicherlich auch, daß sich für das moderne, weitgehend an Bilder orientierte Auge der Bundesbürger die alte historisch gewachsene Stadt mit ihren barocken Schlössern und Sichtachsen kaum präsentieren konnte, war ihr Bild doch über Jahrzehnte hinweg überwiegend geprägt vom allfreitagabendlichen „Bericht aus Bonn“ vor dem Bildhintergrund des Kanzleramts und der „Two Large Forms“ Henry Moores. Erst die 2000-Jahrfeier der Stadt Bonn 1989 trug wesentlich dazu bei, daß nicht nur in Deutschland, sondern auch in Europa und in der Welt die Stadt nicht mehr nur einseitig als Sitz des Deutschen Bundestags, des Bundesrats und der Bundesregierung wahrgenommen wurde.

Die Wende: Deutschlands Schicksalsjahr

Berlin war und blieb, wie es unentwegt führende Politiker der großen Parteien und selbst der Bonner Oberbürgermeister Dr. Hans Daniels bekräftigt hatten, die Hauptstadt Deutschlands. Unerwartet kam im November 1989 die Wende, die erste friedliche und erfolgreiche Revolution in der deutschen Geschichte. Der erste demokratisch gewählte Ministerpräsident der DDR, Lothar de Maizière, machte die Entscheidung für Berlin als Hauptstadt mit Regierungssitz zu einer Bedingung für den „Einigungsvertrag" der beiden deutschen Regierungen. Berlin stand für de Maizière, so erinnerte sich der westdeutsche Verhandlungsführer Bundesinnenminister Dr. Wolfgang Schäuble (CDU), als Symbol für die „Einigung Europas mit den Ländern Osteuropas" sowie für die „Integration der fünf neugebildeten Länder" der DDR. Schäuble und Bundeskanzler Kohl wiesen jedoch eine Verlagerung von Parlament und Regierung von Bonn nach Berlin zurück, solange sowjetische Truppen in und um Berlin stationiert seien. Deutschland müsse erst ein völlig souveräner Staat werden, und die Entscheidung über die Hauptstadtfrage bliebe allein dem erst noch zu bildenden gesamtdeutschen Parlament vorbehalten. Der bayerische Ministerpräsident (CSU) lehnte eine Hauptstadt Berlin mit zentralistischer, übergewichtiger Vormachtstellung rundweg ab, da sie „ alte Ängste bei den Nachbarn im Osten und Westen" wiederbelebe.

Um die Einigungsverhandlungen vorwärts zu bringen, schlug der damalige sozialdemokratische Chef der Düsseldorfer Staatskanzlei und jetzige Ministerpräsident von Nordrhein-Westfalen Wolfgang Clement – im übrigen ein Bonner Bürger – vor, Berlin im Einigungsvertrag (nur) als „repräsentative Hauptstadt" zu bezeichnen. Am Ende setzte sich Schäuble mit dem Vorschlag durch, wie er in § 2 des Einigungsvertrags vom 2. Oktober 1990 festgehalten ist: „Hauptstadt Deutschlands ist Berlin. Die Frage des Sitzes von Parlament und Regierung wird nach Herstellung der

Einheit Deutschlands entschieden." Der Bundeskanzler versicherte dem Landrat des Rhein-Sieg-Kreises Dr. Franz Möller, daß damit keineswegs von vornherein beabsichtigt sei, Berlin zum Parlaments- und Regierungssitz zu machen, sondern sich im Gegenteil die Möglichkeit einer Aufgabenteilung eröffne.

Der zweite „Kampf um Bonn" war eröffnet, diesmal nicht zwischen Bonn und Frankfurt, sondern zwischen Bonn und Berlin. Am 20. Juni 1991 fiel im Deutschen Bundestag in einer Sternstunde des demokratischen Parlamentarismus die Entscheidung. Nachdem der von Heiner Geißler (CDU) vorgetragene „Konsensantrag" (er sah die Trennung von Parlament in Berlin und Regierung in Bonn vor), gescheitert war, gab Bundestagspräsidentin Rita Süssmuth (CDU) das Ergebnis der letztlich wohl durch eine staatsmännische Rede Wolfgang Schäubles entschiedenen Abstimmung bekannt: „Die Spannung ist riesengroß... Für den Antrag Bundesstaatslösung/Bonn-Antrag 320 Stimmen, für den Antrag Vollendung der Einheit Deutschlands/Berlin-Antrag 337 Stimmen, 2 Enthaltungen."

Während 1949 die Abstimmungen des Parlamentarischen Rats und des Ersten Deutschen Bundestags über den zukünftigen Sitz der Regierungsorgane geheim erfolgten, stimmten die Mitglieder des Bundestags jetzt namentlich ab. 126 Sozialdemokraten sprachen sich für Bonn, 110 für Berlin aus, von der CDU/CSU- Fraktion entschieden sich 164 für Bonn, 154 für Berlin. Gab es bei den beiden großen Parteien nur eine knappe Mehrheit für Bonn, so stimmten von den Abgeordneten der FDP 52 für Berlin, 26 für Bonn, von der Gruppe Bündnis 90/Die Grünen sechs zu zwei. Daß die 16 Abgeordneten der weitgehend aus der ostdeutschen SED hervorgegangenen Partei des Demokratischen Sozialismus, der erstmals im Bundestag vertretenen PDS, bis auf eine Ausnahme für Berlin stimmten, lag auf der Hand. Allein aufgrund der dargestellten Zahlenverhältnisse befand der damalige FDP-Vorsitzende Otto Graf Lambsdorff zu Recht, daß das Abstimmungsverhalten seiner Fraktion den Ausschlag zugunsten Berlins gegeben hätte, denn die beiden großen Volksparteien CDU/CSU und SPD hatten mit zusammen 290 Stimmen mehrheitlich für Bonn votiert gegenüber 264 für Berlin. „Das Ergebnis ist zu respektieren und bindet uns“, betonte die Bundestagspräsidentin abschließend.

Die Bonner und Bonnerinnen reagierten verständlicherweise schockiert. Sorge um die Zukunft unserer Stadt, Befürchtungen um die Folgen der Bundestagsentscheidung nicht nur für Handwerk und Handel, sondern auch für das ganz persönliche Schicksal, für die Familie und den Arbeitsplatz machten sich breit.

Wahrhaft visionär, wenngleich böse gemeint, hatte John le Carré schon vor Jahrzehnten über die „Kleine Stadt in Deutschland“ geurteilt: „Vielleicht werden sie eines Tages alle nach Berlin übersiedeln; von dieser Möglichkeit wird sogar in Bonn gelegentlich gesprochen. Vielleicht wird eines Tages das ganze graue Gebirge über die Autobahn davonschlüpfen und sich in aller Stille auf den feuchten Parkplätzen vor dem ausgebrannten Reichstag niederlassen. Bis das geschieht, werden diese (Bonner) Betonzelte nicht abgebrochen, diskret provisorisch aus Achtung vor dem Traum, diskret permanent aus Achtung vor der Wirklichkeit. Sie werden bestehen bleiben, sich vermehren und wachsen, denn in Bonn hat die Bewegung den Fortschritt ersetzt, und alles, was nicht wachsen will, muß sterben.“ So Unrecht hatte er nicht.

The future starts here

Daß Bonn nicht untergegangen ist und heute voller Mut und Zuversicht in die Zukunft schauen kann, liegt nicht zuletzt an wirtschaftsgeographischen Gegebenheiten, die sein Schicksal immer schon beeinflußt haben:

- Die Lage der Stadt am Rhein im 'Schatten' der niederrheinischen Metropole Köln bedeutet, daß Bonn nicht nur auf der seit römischer Zeit zwischen Nordsee und Oberitalien entscheidenden Nord-Süd-Achse, im Bild der „Banane" der Wirtschaftswissenschaften mit den Endpunkten London und Mailand, verortet ist, sondern auch auf der West-Ost-Achse Paris-Brüssel-Berlin-Warschau-Moskau. Bonn befindet sich außerdem zwischen den beiden führenden westdeutschen Wirtschaftsräumen Rhein-Ruhr und Rhein-Main, die zu den stärksten der Welt zählen.
- Die politisch-administrativ entscheidenden Städte der Europäischen Union Straßburg, Luxemburg und Brüssel liegen 2-3 Auto- und Bahnstunden von Bonn entfernt.
- In einem Umkreis von 500 km wird die Hälfte der gesamten EU-Kaufkraft erwirtschaftet.
- In einem Umkreis von 200 km leben 40 Millionen Menschen, im Umkreis von 150 km 20, von 100 km 10 Millionen einkommensstarke Einwohner, das sind doppelt so viel wie im Umkreis der Städte Berlin oder Hamburg, deren Märkte zwar durch sich selbst attraktiv sind, denen aber das Hinterland fehlt.

Unterstützt von Bürgerinitiativen, flankiert von wöchentlichen Donnerstagsdemonstrationen auf dem Marktplatz, erreichten Oberstadtdirektor Dieter Diekmann und Oberbürgermeister Dr. Hans Daniels in langwierigen und zähen Verhandlungen mit der Bundesregierung, daß die befürchteten negativen Auswirkungen des Bundestagsbeschlusses abgemildert werden konnten. Der Deutsche Bundestag, Bundesregierung und Bundespräsident bekannten sich zu ihrer historischen Verantwortung nicht nur für die neue Bundeshauptstadt Berlin, sondern auch für die alte Bundeshauptstadt Bonn. Der Bundesrat beschloß im Juli 1991, zunächst in Bonn zu bleiben, revidierte dann aber fünf Jahre später seine Entscheidung zugunsten Berlins.

Bereits wenige Tage nach dem Bundestagsbeschluß vom 20. Juni legte die Stadt Bonn ein Konzept zum Strukturwandel der Region vor, das von dem ebenfalls durch den Umzugsbeschluß betroffenen Rhein-Sieg-Kreis und dem Kreis Ahrweiler sowie den Landesregierungen von Nordrhein-Westfalen und Rheinland-Pfalz akzeptiert wurde. Die Bundesregierung erklärte sich mit dem vorgelegten „Fünf-Säulen-Modell" einverstanden, legte den Zeitraum des Umzugs von Teilen der Regierung auf die Jahre 1998–2000 fest (später etwa um ein Jahr verschoben) und begrenzte die Gesamtkosten des Umzugs auf 20 Milliarden DM einschließlich der Ausgleichsleistung für Bonn in Höhe von 2,8 und 1,2 Milliarden DM für Berlin.

Das am 10. März 1994 vom Bundestag beschlossene Berlin/Bonn-Gesetz gesteht Bonn fortan den offiziellen Titel „Bundesstadt" zu und anerkennt damit, daß Bonn auch künftig wichtige politische Aufgaben wahrnehmen und damit ein zweites politisches Zentrum der Bundesrepublik sein wird. Es bestimmt, wie „die Wahrnehmung von Regierungsgeschäften ... in der Bundesstadt Bonn zu sichern" sei. Um zwischen Berlin und Bonn eine „dauerhafte und faire Arbeitsteilung" sicherzustellen, schreibt § 1 des Gesetzes in Anlehnung an das „Fünf-Säulen-Modell" „Erhalt und Förderung politischer Funktionen in der Bundesstadt Bonn in folgenden Politikbereichen" fest:

- Bildung und Wissenschaft, Kultur, Forschung und Technologie, Telekommunikation
- Umwelt und Gesundheit
- Ernährung, Landwirtschaft und Forsten
- Entwicklungspolitik, nationale und supranationale Einrichtungen
- Verteidigung."

Entsprechend dieser Bonn vorbehaltenen Politikbereiche behalten folgende sechs Ministerien ihren

Hauptsitz in Bonn und richten in Berlin einen zweiten Dienstsitz ein: Ministerium für Bildung und Forschung, für Umwelt, Naturschutz und Reaktorsicherheit, für Gesundheit, für Ernährung, Landwirtschaft und Forsten, für Wirtschaftliche Zusammenarbeit und Entwicklung sowie für Verteidigung. Das ursprünglich 7. Ministerium für Post und Telekommunikation wurde aufgelöst und in Aktiengesellschaften umgewandelt, die entsprechenden Unternehmen Deutsche Telekom AG, Deutsche Post AG und Postbank AG mit ihren Tochtergesellschaften sind privatisiert, bleiben aber in Bonn.

Da § 4 des Berlin/Bonn-Gesetzes verlangt, daß „insgesamt der größte Teil der Arbeitsplätze der Bundesministerien in der Bundesstadt Bonn erhalten" bleibt – das sind rund 11 300 -, lassen zwei der neun nach Berlin verlegten Ministerien ihre meisten Mitarbeiter und Mitarbeiterinnen in Bonn, nämlich das Ministerium für Arbeit und Sozialordnung und das Ministerium für Familie, Senioren, Frauen und Jugend. Alle Berliner Ministerien behalten einen zweiten Dienstsitz am Rhein ebenso wie das Bundespräsidialamt, das Bundeskanzleramt einschließlich Presse- und Informationsamt der Bundesregierung.

Um die durch die Verlegung nach Berlin in Bonn wegfallenden ca 11 400 Arbeitsplätze der Ministerien, von Bundestag und Bundesrat, Bundeskanzler- und Bundespräsidialamt der insgesamt etwa 26 000 auszugleichen, sieht das Gesetz vor, daß vor allem von Berlin und Frankfurt 16 Bundesämter und -dienststellen mit etwa 7400 Arbeitsplätzen nach Bonn umziehen, darunter das Bundeskartellamt, das Bundesversicherungsamt, die Bundesaufsichtsämter für das Kredit- und Versicherungswesen sowie der Bundesrechnungshof. Außerdem drängt der Bund darauf, hierhin Einrichtungen der Entwicklungspolitik zu verlagern, damit sich Bonn als Nord-Süd-Zentrum profilieren kann. Inzwischen hat sich die Liste der nach Bonn umziehenden Regierungs- oder regierungsnahen Institutionen auf 24 vergrößert, etwa 1200 weitere Arbeitsplätze mitbringend.

Allerdings zeigt sich inzwischen immer wieder, daß sich einzelne Bundesminister nicht an den Wortlaut des Berlin/Bonn-Gesetzes von 1994 halten möchten, außerdem kann der Bundestag mit entsprechender Mehrheit jederzeit das Gesetz ändern. Betreffen die vorgenannten Ministerien und Einrichtungen des Bundes die Bereiche, über die der Bund überhaupt bestimmen kann, so hat er keinen Einfluß etwa auf die diplomatischen Vertretungen, auf die Medien und die Lobby, deren Arbeitsplätze insgesamt auf etwa 16 000 geschätzt sind. Bundespräsident von Weizsäcker hat die Botschafter von ihrer Residenzpflicht in Berlin entbunden. Von ihnen bleiben zumindest vorerst besonders die der finanzschwachen Entwicklungsländer in Bonn, weil sie häufig gleich für mehrere europäische Länder, vor allem für die kleineren Nachbarstaaten der Bundesrepublik, akkreditiert sind und ihre Länder oft zu arm, um in das teure Berlin zu gehen. Von den rund 180 diplomatischen Vertretungen sind bis zum Sommer 2000 bereits mehr als zwei Drittel an die Spree umgezogen. Noch befinden sich über 50, davon 30 afrikanische, in Bonn.

Am unsichersten vorauszusehen ist das Verhalten der Medien, der Lobbyisten und allgemein der Verbände, weil sie eben selbst entscheiden können, ob sie in Bonn oder auch in Köln vor allem wegen der Bonner aufgeführten Politikbereiche und/oder der Nähe zu Brüssel bleiben oder nach Berlin umziehen. Hier wirkt sich der vielbeschworene und befürchtete „Rutschbahneffekt“ am stärksten aus. Er betrifft aber nicht nur Bonn und seine Region, jedenfalls auch Köln, sondern ebenso Landeshauptstädte wie München, Stuttgart, Hamburg und Düsseldorf. So wandern etwa von München, das sich bislang als Kulturhauptstadt Deutschlands betrachten durfte, außer Verbände auch Kulturschaffende nach Berlin ab. Die neue Bundeshauptstadt und Weltstadt Berlin mit ihrer Aufbruchsstimmung übt verständlicherweise eine große Faszination gerade auch auf Künstler und Künstlerinnen aus. Nicht zuletzt gilt: Geld geht nach Macht und Kunst geht nach Geld.

Und dennoch: Die anfänglich von verschiedenen Prognose-Instituten „ermittelten" Horrorzahlen von in Bonn wegfallenden bundesbedingten Arbeitsplätzen haben sich als weit übertrieben erwiesen. Die vom Umzug nach Berlin betroffenen Ministerien richteten zudem eine Tauschbörse der Arbeitsplätze ein, so daß etwa ein Drittel der Bundesbediensteten gar nicht von Bonn wegziehen mußten, auch mehr als die Hälfte der Berliner an der Spree bleiben konnten. Insgesamt wechselten und wechseln noch 8100 Mitarbeiter und Mitarbeiterinnen, davon 5000 von Bonn nach Berlin, 1900 in umgekehrter Richtung und 1200 von Frankfurt nach Bonn. Dabei ist zu beachten, daß von ihnen immerhin 3800 erst nach dem Umzugsbeschluß eingestellt wurden mit Verpflichtung auf den jeweils neuen Dienstort, in allererster Linie auf die Bundeshauptstadt.

Unterm Strich gehen trotz alledem einige Tausend (6-7000) bundesbedingte Arbeitsplätze durch den Beschluß des Deutschen Bundestags vom 20. Juni 1991 in Bonn verloren. In der deutschen Öffentlichkeit sprachen sich wiederholt weit über die Hälfte der befragten Personen vor allem aus finanziellen Gründen gegen den Umzug von Bonn nach Berlin aus, den größten, den es weltweit bei der Verlagerung einer Hauptstadt gegeben hat und dessen Kosten sich binnen zehn Jahren mehr als verdoppelten, wie sich vor allem wegen der in Berlin notwendigen neuen Infrastrukturmaßnahmen besonders im Verkehrsbereich zeigen sollte. Ein Viertel der Befragten befürwortete den Umzug, andere wünschten ihn zu verschieben. Ein entsprechender Bundestagsbeschluß scheiterte jedoch 1996.

Die unmittelbar nachteiligen Folgen des Umzugsbeschlusses von 1991 für Bonn sind dadurch stark gemildert, wenn nicht sogar fast aufgehoben, daß hier allein die Ansiedlung der Zentrale der Deutschen Telekom AG mit ihren Zweigunternehmen 8000 neue Arbeitsplätze direkt geschaffen hat. Vor allem aber haben in ihrem Umkreis nach dem Stand von Ende August 2000 sage und schreibe über 800 kleinere und mittelgroße Firmen weitgehend der Informationstechnologie im Bonner Raum, davon 350 in der Stadt selbst, über 20 000 ebenfalls neue Arbeitsplätze bereitgestellt. Eine ähnliche Entwicklung verspricht sich die Region durch die Ansiedlung der Deutschen Post AG in der Bonner Rheinaue, wie die Telekom in ihrem Geschäftsbereich das größte Logistikunternehmen Europas, und durch den Ausbau Bonns zur Wissenschaftsstadt.

Bonn hat heute mehr Arbeitsplätze als 1991. 35 000 Menschen arbeiten im Bundesviertel, das sind 10 000 mehr als damals. Die Bürofläche der neuen Unternehmen ist jetzt schon so groß, wie es die der ganzen Bundesregierung zusammen war. Der Bund selbst nutzt alle in seinem Eigentum befindlichen Gebäude weiter (ca. 500 000 m^2), ja errichtet sogar in der Gronau zwei neue Dienstgebäude für das von Berlin nach Bonn verlegte Bundesinstitut für Arzneimittel und Medizinprodukte. Lediglich die Hälfte der von ihm angemieteten Büroflächen (ca. 200 000 m^2) gingen und gehen auf den höchst aufnahmefähigen freien Markt. Kurzum: In Bonn stehen im Herbst 2000 nur 1,5 % aller Büroflächen leer gegenüber 7 % in Berlin, 5 % in Stuttgart, Düsseldorf und Hamburg, 4 % in München.

Jüngere Studien haben ergeben, daß Bonn in der Übersicht der Hauptsitze der Konzernzentralen in Deutschland den 7. Rang einnimmt (mit zwölf Zentralen) und unter den wichtigsten deutschen Immobilienstandorten sogar den 2. oder 3. Rang belegt. Selbst im Jahr des Berlin-Umzugs ist der Bonner Grundstücks- und Immobilienmarkt entgegen allen Erwartungen nicht eingebrochen. Gute Bonner Geschäftslagen liegen deutschlandweit mit an der Spitze. Außerdem zählt die Bundesstadt zu den wenigen Städten in der Bundesrepublik, deren Bevölkerung in den vergangenen Jahren gewachsen ist (jetzt sind es 307 000), was auch für den die Stadt umgebenden Rhein-Sieg-Kreis mit jetzt über einer halben Million Einwohner gilt. In den letzten fünf Jahren sind allein 8000 Wohnungen in Bonn neu gebaut worden.

„Boomtown Bonn", titelte der „Spiegel" im März 1999, „Bonn leuchtet", meinte die „Frankfurter Allgemeine Zeitung", vermerkt sogar im Jahresabstand die Pariser Presse. Das neue positive Bonn-Bild in überregionalen Medien verblüfft einfach jeden, der es wissen möchte, denn die jahrzehntelange Häme auf die „kleine Stadt am Rhein" hat keineswegs aufgehört, ja wurde in den letzten Jahren besonders von der meinungsbildenden FAZ und Berliner Zeitungen genüßlich gepflegt. Und so stellen sich nach wie vor vier von fünf Personen, die Bonn noch nicht kennen, die Stadt als langweilig vor, glauben, daß hier die Lichter ausgehen. Genau umgekehrt würden ebensoviele, die schon hier waren, nach Bonn wiederkommen. Nur die Städte Heidelberg und Freiburg schneiden da noch besser ab. Diese für den Bonner Tourismus wichtigen Umfragen ergeben andererseits, daß die Stadt im „Business-Travel" die besten Noten in Deutschland erreicht.

Nachdem im Sommer 1999 der Deutsche Bundestag, wesentliche Teile der Bundesregierung, die großen Botschaften an die Spree umgezogen sind, freitagabends im Fernsehen der „Bericht aus Berlin" den aus Bonn abgelöst hat, müssen die fünf Säulen des Strukturwandels zeigen, wie tragfähig sie sind. Wirtschaftlich jedenfalls liegt die Zukunft der Stadt Bonn eindeutig im laufenden doppelten Strukturwandel: einerseits vom Produktions- zum Dienstleistungssektor, andererseits von den öffentlichen Dienstleistungen, wie sie ja der Bund bereitstellt, zu den privaten wie etwa der Telekom, zu der sich bald die Zentrale der Post-AG ebenfalls mit Tochterunternehmen gesellt.

Zu den wichtigen Dienstleistern in Bonn zählen auch innovative Unternehmen wie die Zentrale der Deutschen Bank 24, die als größte Deutschlands dank der inzwischen hochentwickelten Informationstechnologie rund um die Uhr ihre Bankkunden im Call-Center bedient. Sie hat ihren Sitz in der großartig umgebauten Auermühle in Graurheindorf. Neben neuen in Bonn angesiedelten Unternehmen nutzen auch ältere Bonns Standortvorteile als Stadt der zukunftsorientierten Wirtschaft, so etwa der „Deutsche Herold". Die „Bonnfinanz“, 1970 ‘Erfinder’ der Vermögensberatung in Deutschland, zählt heute zu den führenden deutschen Unternehmen in diesem Geschäftszweig, während die weit ältere Bad Godesberger IVG Holding (Industrie-Verwaltungs-Gesellschaft) ihren Kunden alle Dienstleistungen rund um die Büro-, Gewerbe- und Spezialimmobilie anbietet. „Zuhause in Bonn – aktiv in ganz Europa“, baut sie ihren Immobilienbestand in deutschen wie europäischen Metropolen aus und jetzt auch in Bonn selbst. Den aufgeführten Beispielen von Bonner Unternehmen des privaten Dienstleistungssektors ließen sich viele weitere anfügen, hier sei nur noch die Bad Godesberger Rentrop-Verlagsgruppe erwähnt. Seit 25 Jahren setzt ihr Gründer Norman Rentrop seine zündende Idee wirtschaftlich äußerst erfolgreich um, Lose-Blatt-Veröffentlichungen für die verschiedensten Geschäftsbereiche vorzulegen. Was Wunder, daß in Bonn jetzt schon acht von zehn der Erwerbstätigen auf einem Büroarbeitsplatz sitzen.

Unsere Stadt nennt sich zu Recht gerne „Tele-Bonn“. Sie wird dazu „Medien-Bonn“, da bald die Deutsche Welle von Köln nach Bonn umzieht und mehrere Fernsehsender ernsthaft darüber nachdenken, wie in Bonn neben dem deutschen Ereignis-Kanal Phoenix auch das noch wenig entwickelte Fernsehprogramm der Deutschen Welle zu installieren sei, das derzeit Zeit in Berlin gemacht wird. Hier wirkt sich gewiß der neben Hamburg und München bedeutendste deutsche Medienstandort Köln positiv für Bonn aus.

Was die Stadt für Investoren so attraktiv macht, ist neben ihrer landschaftlich wundervollen Lage und ihrem herausragenden vielfältigen Kulturangebot nicht zuletzt der weit überdurchschnittliche Bildungsstand der Bonner Bürgerinnen und Bürger: Jeder neunte erwachsene Bonner hat einen Hochschulabschluß (im Landesdurchschnitt nur jeder 24.), in Bonn gibt es allein 19 Gymnasien, davon elf private. Mehrere Gymnasien erteilen zweisprachigen Unterricht in Englisch oder Französisch. Während im Landesdurchschnitt jedes dritte Grundschulkind zum Gymnasium drängt, wechselte in Bonn auch jetzt zum Schuljahr 2000/01 noch mehr als jedes zweite auf die höhere Schule. Das Königreich Saudiarabien unterhält in Bonn eine eigene Akademie. Mit fast 33 000 DM Einkommen je Einwohner liegt in Bonn das verfügbare Jahreseinkommen 15 % über dem Landes- und 19 % über dem Bundesdurchschnitt. Die Arbeitslosenziffer liegt unter 7 %.

Von den fünf politischen Feldern, die das Berlin/Bonn-Gesetz von 1994 nennt, sei zunächst der Bereich der Entwicklungspolitik mit nationalen, internationalen und supranationalen Einrichtungen beleuchtet. Diese haben sich vor allem mit werbender und finanzieller Unterstützung des Bundes, besonders des Bundeskanzlers Helmut Kohl, in Bonn angesiedelt: Es sind inzwischen sechs kleinere UN-Organisationen hier ansässig mit zwar relativ wenigen Mitarbeitern und Mitarbeiterinnen (etwa 400), doch darf sich die Bundesstadt fortan UN-Stadt nennen, die einzige deutsche, neben New York, Genf und Wien. Als Domizil dient ihnen das schon jetzt zu eng gewordene Schloß Carstanjen, direkt am Rhein gelegen. Die drei wichtigeren der sechs Organisationen sind die United Nations Volunteers, die den Einsatz von rund 4000 Entwicklungshelfern in aller Welt steuern, das Sekretariat der Klimarahmenkonvention, das über die Beschlüsse der Klimakonferenz von Rio wacht, und das Sekretariat zur Bekämpfung der Wüstenbildung. Im funktionalen Umkreis arbeiten hier am Rhein bereits 150 regierungsunabhängige Organisationen auf den Gebieten von Umweltschutz und Entwicklungshilfe.

Das Bundesministerium für wirtschaftliche Zusammenarbeit und Entwicklung wirkt als Kristallisationspunkt, die Bundesstadt Bonn als Zentrum für internationale Zusammenarbeit zu etablieren. Das ist u.a. ein Grund, weshalb etwa die meisten afrikanischen Botschaften jedenfalls auf absehbare Zeit am Rhein bleiben. Bonn wird Nord-Süd-Zentrum. Ähnliches gilt für die Ministerien für Umwelt und Naturschutz bzw. für Gesundheit. In bezug auf Gesundheit spielen schon seit längerem die Universitätskliniken und die

Privatkliniken in Bad Godesberg – hier vor allem die Klinik Dardenne – eine herausragende Rolle. Gerade vermögende Patienten aus dem Vorderen Orient, hier insbesondere aus den reichen ölexportierenden Staaten, lassen sich hier gerne operieren und heilen (vor allem in der Augenheilkunde). Hier tritt Bonn als Gesundheitsstandort für „Medical-Care-Touristen“ in Erscheinung.

Eine nicht zu unterschätzende Folge der Ansiedlung der UN-Organisationen und des Internationalen Paralympischen Komitees, der Weltzentrale für Behindertensport, in Bonn sind weltumspannende Kongresse: 1999 erlebte Bonn einen zweiwöchigen ‘Welt-Klimagipfel’ des UN-Klimasekretariats mit weit über 1000 Teilnehmern und den Kongreß „Weltachsen 2000“. Im Dezember 2000 erwartet die Stadt einen zweiwöchigen ‘Wüstengipfel’ der UN-Vertragsstaatenkonferenz zur Bekämpfung der Wüstenbildung mit etwa 2000 Teilnehmern aus 170 Staaten der Erde. Der ehemalige Plenarsaal des Deutschen Bundestags dient dabei neben dem nahegelegenen Hotel Maritim als höchstrangiger Konferenzsaal, der inzwischen als symbolträchtiger Ort deutscher Demokratie mit seinem außergewöhnlichen Flair auch auf Wirtschaftsunternehmen starke Anziehungskraft ausübt. Bundesumweltminister Jürgen Trittin (Bündnis 90/Die Grünen) hat kürzlich den von Rat und Verwaltung der Stadt Bonn einhellig begrüßten Vorschlag gemacht, das „Internationale Kongreßzentrum Bundeshaus Bonn“ zum „Campus der Vereinten Nationen“ auszubauen und darin den „Langen Eugen“, den Schürmannbau und den ehemaligen Plenarsaal einzubeziehen ebenso wie das Gästehaus des Bundes auf dem Petersberg im Siebengebirge. Bund und Stadt Bonn haben sich darauf geeinigt, zwischen Görres- und Dahlmannstraße eine Multifunktionshalle mit rund 6000 Plätzen für Tagungen und Kongresse, aber ebenso wie für die Telekom-Baskets oder Rock- und Popkonzerte zu errichten, damit vor allem den Bonner UN-Organisationen zusätzliche Tagungsmöglichkeiten zu bieten. All das sind hervorragende Zeichen für die Entwicklung Bonns als Kongreßstadt, um so mehr als Bundespräsident Johannes Rau der Stadt Bonn zugesichert hat, die bisher als Haupt- und jetzt zweiter Amtssitz des Bundespräsidenten dienende Villa Hammerschmidt weiterhin mit Leben zu erfüllen – also nicht allein Schloß Bellevue in Berlin. Künftig sollen nämlich Staatsgäste vor allem aus den Ländern des Südens auch am Rhein empfangen werden sowie themenbezogene Veranstaltungen in den Bonner Politikbereichen Umwelt, Bildung, Wissenschaft, Forschung und Kultur stattfinden. So empfing jüngst Johannes Rau in der Villa Hammerschmidt 600 ausländische Wissenschaftler aus 78 Ländern anläßlich des Jahrestreffens der Stipendiaten der Alexander-von-Humboldt-Stiftung.

Derzeit kommen 80 % der Bonner Gäste aus der Bundesrepublik, jeder fünfte aus dem Ausland. Der jahrzehntelange „Polit-Tourismus“, wesentlich getragen von Besuchergruppen der vielen hundert Bundestagsabgeordneten, wird zunehmend ersetzt durch den Städte-, Kultur-, Gesundheits- und Kongreßtourismus. Die Attraktivität des Kongreßstandorts Bonn aber hängt wesentlich vom kulturellen Rahmenprogramm ab.

In den 20 Milliarden DM im Berlin/Bonn-Gesetz von 1994 festgesetzten Umzugskosten sind 2,8 Milliarden für Bonn ausgewiesen. Davon fließen 500 Millionen DM an den ICE-Anschluß der Neubaustrecke Köln-Frankfurt und den S-Bahnanschluß des Köln-Bonner Flughafens Konrad Adenauer an die Städte Köln und Bonn. 1,7 Milliarden DM sind für den Ausbau Bonns und seiner Region als Wissenschafts- und Kulturstandort festgelegt.

Zwar studieren an der Rheinischen Friedrich-Wilhelms-Universität Bonn, meiner Alma mater, ‘nur’ 38 000 Studenten und Studentinnen, doch sind es im Universitätsdreieck Aachen-Bonn-Köln 180 000, das sind ein Zehntel aller in der Bundesrepublik. Noch mehr Wissenschaftler als an den drei Hochschulen zusammen, nämlich 6000, sind in Großforschungseinrichtungen beschäftigt: in St. Augustin (Forschungszentrum Informationstechnik – GMD), in Jülich (Kernforschungszentrum) und in Köln (Luft- und Raumfahrt – DLR). Ein Dutzend Fachhochschulen in der Region Bonn kommen hinzu. Wichtig ist hier auch, daß die Alexander-von-Humboldt-Stiftung mit ihrer weltweiten Graduiertenförderung von Wissenschaftlern und Wissenschaftlerinnen aller Fachrichtungen, vor allem jedoch der naturwissenschaftlichen, seit Jahrzehnten in Bonn wirkt und weiter wirken wird wie der Deutsche Akademische Austausch-Dienst (DAAD) und die Deutsche Forschungsgemeinschaft (DFG).

- Das renommierteste Wissenschaftsprojekt ist CAESAR = Center of Advanced European Studies and Research, das mit 685 Millionen DM (plus 65 des Landes NRW) entsteht, nahe der ehemaligen amerikanischen Siedlung in Plittersdorf. Es ist eine in Deutschland neuartige Forschungseinrichtung: International anerkannte Wissenschaftler aus dem In- und Ausland arbeiten hier auf Zeit in hochinnovativen Themenbereichen wie z.B. Nanotechnologie und Neuroelektronik. CAESAR soll mit den genannten Universitäten und Forschungszentren, mit der Industrie und den internationalen Einrichtungen kooperieren. Jüngst meldete es das erste Patent in München an!
- An der Universität Bonn sind zwei Forschungsinstitute entstanden: das Zentrum für europäische Integrationsforschung ZEI und das Nord-Süd-Zentrum für Entwicklungsforschung ZEF (zusammen bilden sie CICERO = Center for International Cooperation in Advanced Education and Research), es sind wie CAESAR postuniversitäre Einrichtungen.
- Zwei Fachhochschulen Rhein-Sieg und Ahr haben ihren Studienbetrieb schon aufgenommen, mit einer Förderung aus dem Bonn-Berlin-Ausgleich von 700 Millionen DM. Sie lehren in naturwissenschaftlichen Fächern und sollen die regionale Wirtschaftsentwicklung unterstützen. Eine Fachhochschule für Tourismus entsteht in Bad Honnef.
- Der Ausbau des Wissenschaftszentrums in Bad Godesberg leitet über zu der Verbindung von Wissenschaft und Kultur:

Zunächst stellte der Bund aus den Ausgleichsmitteln von insgesamt 2,8 Milliarden DM für den Kulturbereich 100 Millionen zur Verfügung. Das ist wenig und viel zugleich. Die geförderten kulturellen Einrichtungen müssen innovativ sein und außerdem nach dem Jahre 2004 aus eigenen Mitteln weiterbestehen können. Das ist ein Pferdefuß, denn niemand kann dies angesichts der knapp gewordenen finanziellen Ressourcen der Kommunen, hier der Stadt Bonn, mit gutem Gewissen sagen.

- Das Rheinische Landesmuseum Bonn wird völlig umgebaut und Anfang 2002 wiedereröffnet, gänzlich neugeordnet, nämlich nicht mehr chronologisch, sondern nach thematischen Schwerpunkten.
- Das „Arithmeum“ ist kürzlich eingeweiht worden.
- Das „Haus der Kultur“ beherbergt zwölf kulturelle Einrichtungen, darunter den Bundesverband Bildender Künstlerinnen und Künstler (BBK), den Deutschen Kulturrat, den Deutschen Musikrat, das neugegründete Deutsche Musikinformationszentrum, das breit angelegte Informationssammlungen über das Musikleben auf allen Ebenen bereitstellen soll.
- Das Zentralarchiv des deutschen und internationalen Kunsthandels sammelt unvervöffentlichte Materialien und Nachlässe aus dem Kunsthandel, von Kunstkritikern, Sammlern und Fotografen.
- Bei der vom derzeitigen Generalintendanten Dr. Manfred Beilharz 1992 erstmals eröffneten „Biennale – Neue Stücke aus Europa“ handelt es sich weltweit um das wichtigste Festival zeitgenössischer Bühnendramatik. Es bildet eine tragende Brücke von Westeuropa zur osteuropäischen Theaterkultur.
- Eine „Kulturstiftung der Bundesstadt Bonn“ soll kulturelle Vorhaben der Stadt und der Region unterstützen.
- Das alte Zoologische Forschungsinstitut und Museum Alexander Koenig, eine Einrichtung des Landes Nordrhein-Westfalen, entwickelt sich unter dem Logo „Blauer Planet“ zu einem hochgradig innovativen Umweltmuseum von bundesweiter Bedeutung.

- Im Umkreis der Bundesstadt Bonn werden das Hans-Arp-Museum in Rolandseck (Architekt Richard Meier, der das Getty-Zentrum in Los Angeles baute), das Archiv und Museum zur Geschichte des Naturschutzes in der Drachenburg in Königswinter, eine Engelbert-Humperdinck-Forschungstätte in Siegburg entstehen, das Werk-Haus Alanus in Alfter gefördert.

Die vorgenannten kulturellen Einrichtungen verdanken ihre Förderungen dem Finanzausgleich des Bundes im Rahmen des Berlin/Bonn-Gesetzes. In ihm ist ferner festgeschrieben, daß der Bund die Bundesstadt Bonn „bei der ihr vom Bund zur Wahrnehmung der gesamtstaatlichen Repräsentation vereinbarungsgemäß übertragenen besonderen Aufgaben“ unterstützt. Diese besonderen Aufgaben erfüllte die Bundeshauptstadt Bonn über Jahrzehnte hinweg bis Ende 1999 mit finanzieller Unterstützung der „Bonn-Vereinbarung“ zwischen Bund, Land und Stadt. Vertragsgemäß flossen 70 % der jährlich bereitgestellten, zuletzt 117 Millionen DM betragenden Summe in den Kulturhaushalt der Stadt Bonn für die sog. privilegierten städtischen Großeinrichtungen Oper, Schauspiel, Orchester der Beethovenhalle, Kunstmuseum sowie in den „Bonner Sommer“ und das Haus der Sprache und Literatur. Das bedeutet jetzt schon, Einsparungen vorzunehmen. Eine der Maßnahmen war, Oper und Schauspiel zwar als getrennte Sparten weiterzuführen, aber unter einer Intendanz zu vereinigen. Manfred Beilharz übernahm beide Häuser und ergänzte das Programm durch die neue Sparte Choreographisches Theater. Ohne die Zuschüsse der „Bonn-Vereinbarung“ weist der Kulturetat der Stadt Bonn 5,6 % am Gesamtetat aus und liegt damit auf der Ebene etwa von Bielefeld. Nur wenigen Städten, allen voran Köln und Freiburg war und ist die Kultur mehr wert. Mit dem Bundes- und Landeszuschuß lag Bonn allerdings an der Spitze der Städte, doch darf man hierbei nicht übersehen, daß z.B. in München die großen Opernhäuser, Theater und Orchester nicht städtisch sind, sondern vom Freistaat Bayern finanziert werden, ebensowenig wie etwa die Salzburger Festspiele hauptsächlich von der Stadt Salzburg getragen werden, sondern vom gleichnamigen Bundesland und der Republik Österreich.

Nun sagt das Berlin/Bonn-Gesetz nichts über die Höhe der zukünftigen Kulturförderung der Stadt Bonn aus, legt sich also nicht fest. Das ist angesichts der in Oper, Schauspiel, Orchester und Kunstmuseum üblichen, weil notwendigen Engagements herausragender Künstler und Künstlerinnen bzw. Ausstellungplanung und -vorbereitung über Jahre voraus ein ausgesprochenes Handicap. Da Ende 2004 auch die finanziellen Unterstützungen aus dem Ausgleichsvertrag des Bundes auslaufen, bereitet die Zukunft der Bonner Kultur große Sorgen. Eine Initiative Bonner Bürgerinnen und Bürger fordert daher den Stadtrat auf, den Anteil des Kultur- am Gesamthaushalt der Stadt auf rund 8 % zu erhöhen, so viel wie er vor der Kulturförderung des Bundes im Bonn-Vertrag betrug.

Der „Bonner Kulturrat" wendet sich an Bund, Land und Stadt und betont, daß „Bonn seine Aufgaben als Bundesstadt und Ort nationaler und internationaler Begegnungen – besonders auch im Hinblick auf die Nähe zu Brüssel – nur dann erfüllen kann, wenn kulturelles Angebot und Infrastruktur in der bestehenden, gewachsenen Qualität und Vielfalt erhalten und entsprechend ergänzt werden". Die Bonner Wirtschaft unterstützt die Forderung, Kulturdichte und -vielfalt Bonns zu erhalten, weil sie u.a. wesentlicher Bestandteil des touristischen Konzepts von Stadt und Region sei. Die Industrie- und Handelskammer wünscht vor allem, die überragende Bedeutung Beethovens für das kulturelle Leben der Stadt herauszustellen. National und international biete sich damit die einmalige und vor dem Hintergrund des Strukturwandels besonders wertvolle Chance, „Bonn als Musikmetropole zu profilieren".

Die regelmäßigen Beethovenfeste der Stadt Bonn gehen auf die berühmte Beethoveninterpretin, allerdings Hitler verehrende Elly Ney, einst Pianistin von Weltruf, zurück bis in das Jahr 1931. Seit 1959 finden sie in der von

Architekt Siegfried Wolske entworfenen inzwischen dritten Beethovenhalle statt. Fast schon ihr Erkennungszeichen ist die große von dem Düsseldorfer Künstler Klaus Kammerich aus „Beethon“guß geschaffene Beethovenbüste. Das größte aller je stattgefundenen Beethovenfeste vereinte 1970 zum 200. Geburtstag des Meisters die Weltspitze der Orchester und Solisten. Danach fanden die Feste alle drei Jahre statt bis 1992, nun jeweils Beethoven und dem Gesamtwerk bedeutender zeitgenössischer Komponisten gewidmet, so etwa Olivier Messiaens und Leonard Bernsteins, die die großen Konzerte auch dirigierten.

Arturo Benedetti-Michelangeli in der Beetrhovenhalle anläßlich des Internationalen Beethovenfestes 1970, Foto von Camillo Fischer

Nachdem die Stadt 1992 zunächst das letzte Beethovenfest mit sehr mäßigem Erfolg veranstaltet hatte, verließ den Stadtrat der Mut, es im üblichen Dreijahresrythmus für 1995 anzusetzen, obgleich dies ein Jubiläumsjahr Beethovens war: 225. Geburtstag und 150 Jahre Beethovendenkmal auf dem Münsterplatz. In die Bresche sprang die Bonner Initiative „Bürger für Beethoven“ mit dreimaligem höchst abwechslungsreichen „Beethoven-Marathon“, unterstützt u.a. von der Internationalen Ludwig van Beethoven-Stiftung Bonn. Der 1994 erstmals in der Geschichte Bonns neugewählte Stadtrat mit seiner Mehrheit von Sozialdemokraten und Bündnis 90/Die

Leonard Bernstein im Bahnhof Rolandseck, Foto von Camillo Fischer, 1982

Grünen unter Oberbürgermeisterin Bärbel Dieckmann (SPD), durch die Änderung der Kommunalverfassung des Landes Nordrhein-Westfalen jetzt auch Verwaltungschefin, beschloß dann aber doch, in Zukunft sogar wieder jährlich ein Internationales Beethovenfest durchzuführen und entsprechend die Mittel bereitzustellen. Als Intendant gewann die Stadt Prof. Dr. Franz Willnauer, der zuvor das Schleswig-Holstein-Festival organisiert hatte und über eigene langjährige Salzburger Festspielerfahrung verfügt. Im Oktober 1999 fand das erste Internationale Beethovenfest statt mit dem wichtigen Kooperationspartner Deutsche Welle, der fortan mehrere Konzerte weltweit ausstrahlt.

Mit von Jahr zu Jahr attraktiverem und umfangreicherem Programm tritt inzwischen der Verein Beethoven-Haus auf. Unter der Leitung von Prof. Dr. Andreas Eckhardt entwickelt er mit finanzieller Unterstützung des Bundes im Rahmen der Ausgleichsmaßnahmen für die Region Bonn ein weltweit einzigartiges und innovatives Projekt der Kulturvermittlung, das „Digitale Beethoven-Haus“. Es soll die umfangreiche und vielfältige Beethoven-Sammlung des Vereins „offensiv nutzen und damit zu einer gesteigerten internationalen Ausstrahlung Bonns beitragen“. So wird etwa Beethovens Arbeitszimmer als virtuelle Welt modelliert. Hier kann der Besucher interagieren und durch die künstlerische Visualisierung von Musik neue sinnliche Erfahrungen mit ihrer Wirkung machen.

Bonn will aber keineswegs nur Beethovenstadt sein, sondern auch vor allem die Werke von Robert und Clara Schumann pflegen, deren Grabstätte zu den schönsten und bedeutendsten auf dem Alten Friedhof zählt. Hier ist das Schumannhaus mit dem Sterbezimmer Robert Schumanns Kristallisationspunkt von Konzerten, Vorträgen, Lesungen, um die sich eine eigene Bürgerinitiative (die „Springmaus“ unter Andreas Étienne) kümmert und den „Endenicher Herbst“ ins Leben rief.

Von zentraler Bedeutung für Bonns Ruf als Kulturstadt sind die in drei Gruppen zusammengeschlossenen

Museen. Die inzwischen bundesweit renommierte Museumsmeile umfaßt fünf Häuser:

- Die Kunst- und Ausstellungshalle der Bundesrepublik Deutschland hat keine eigene Sammlung. Dank ihren großen internationalen Ausstellungen konkurriert sie von Jahr zu Jahr mit dem benachbarten Haus der Geschichte um den Titel des besucherstärksten deutschen Museums, zuletzt mit der europaweiten Ausstellung über Kaiser Karl V. aus Anlaß seines 500. Geburtstags im Jahre 1500.
- Stetig gewaltigigen Zulauf hat das Haus der Geschichte der Bundesrepublik Deutschland als zeitgeschichtliches Museum. Bei kostenlosem Eintritt und interessanten Sonderausstellungen, die für sich mehrfach schon über 100 000 Besucher anzogen – jüngst mit der Foto-Ausstellung „Spuren der Macht“ von Herlinde Koelbl -, entwickelte sich sein Besuch zum festen Bestandteil vieler Bonn-Tagesreisen.
- Das Deutsche Museum Bonn, ein Zweig des gleichnamigen Museums in München, hat zur Aufgabe, „Forschung und Technik in Deutschland nach 1945“ darzustellen. Mit Hilfe der modernen Medien führt es vor allem den Dialog mit berühmten Forschern, besonders mit Nobelpreisträgern.
- Das Museum Alexander Koenig wandelt sich zum innovativen Umweltmuseum unter dem Logo „Blauer Planet“.
- Mit seiner überwältigend schönen, auf dem Dreieck aufgebauten lichten und transparenten Architektur erstrahlt das Kunstmuseum Bonn. Das einzige städtische Haus an der Museumsmeile vereint Werke von August Macke, Max Ernst und den anderen rheinischen Expressionisten, der deutschen Malerei nach 1945 und Arbeiten der internationalen Druckgraphik in der Dauerausstellung. Von den zahlreichen Wechselausstellungen zeigte das Milleniumsprojekt „Zeitenwende“ mit anderen rheinischen Museen im Rahmen von „Global Art Rheinland 2000“ Werke von 88 der bekanntesten Künstler der Welt aus Europa, Nord- und Südamerika, Asien und Afrika.

Im Kunstcarré der nördlichen Stadt sind sechs Museen und Ausstellungshäuser vereinigt, darunter:

- Das August-Macke-Haus veranstaltet kleine Ausstellungen vor allem zu Künstlerinnen und Künstlern des rheinischen Expressionismus in Mackes (leeren) Wohnräumen und Atelier.
- Das FrauenMuseum, in den ehemaligen Hallen eines Supermarkts 1981 als erstes weltweit von Frauen für Frauen gegründet, verfügt auch über eigene Ateliers. In enger Zusammenarbeit mit dem ersten deutschen Lehrstuhl für Frauengeschichte bis vor kurzem unter Prof. Dr. Annette Kuhn verbindet das von Marianne Pitzen geleitete FrauenMuseum Kunst und Kultur mit Dokumentation aus Geschichte und Politik. Seit 1994 wird hier der vom Frauenministerium eingerichtete, hochdotierte Gabriele-Münter-Preis für Künstlerinnen ab 40 Jahren verliehen.
- Im Kulturzentrum am August-Macke-Platz sind drei Institutionen vereinigt: der Bonner Kunstverein (einer der mitgliederstärksten und angesehensten der Bundesrepublik), die Gesellschaft für Kunst und Gestaltung (kunstwissenschaftliches Fachinstitut für die unterschiedlichen Bereiche künstlerischen Gestaltens) und das Künstlerforum Bonn für die Bonner Künstlerschaft.

Die dritte Gruppe der City-Museen vereinigt sechs Häuser kulturhistorischer Ausrichtung:

- das Akademische Kunstmuseum – Antikensammlung der Universität.
- das Beethovenhaus in der Bonngasse.
- Das erst 1998 eingeweihte Stadtmuseum Bonn widmet sich in Dauer- und Wechselausstellungen der Geschichte unserer Stadt. Ihm untersteht auch das Ernst-Moritz-Arndt-Haus. Eng mit dem Stadtmuseum verbunden ist
- die Gedenkstätte für die Bonner Opfer des Nationalsozialismus, die vom Verein An der Synagoge getragen wird.
- das derzeit wegen völligen Umbaus geschlossene Rheinische Landesmuseum Bonn.

- Mit 3000 Objekten des pharaonischen Ägypten eröffnet in Kürze die größte Aegyptiaca-Sammlung Nordrhein-Westfalens.

Das Haus der Sprache und Literatur veranstaltet unter seiner Gründerin und Leiterin Karin Hempel-Soos, Bonns spöttischer Muse, erstrangige Literaturlesungen, manchmal im berühmten „Wasserwerk", dem vorübergehenden Domizil des Deutschen Bundestags. Hier lasen und rezitierten etwa Christa Wolf, Wolf Biermann, Jewgenij Jewtuschenko, Maria Vargas Llosa, Schauspieler wie Ulrich Wildgruber und Klaus Maria Brandauer, die Bonn seit langem verbunden sind.

Zum weit über die Region ausstrahlenden Markenzeichen der Bundesstadt Bonn hat sich der „Bonner Sommer" entfaltet. Als Open-Air-Festival etwa der Kulturen der Welt und der Regionen Europas präsentiert er sich von Mai bis Oktober vorwiegend auf dem Marktplatz vor der Kulisse des historischen Rathauses.

Neben Oper und Theater der Stadt Bonn sowie vier Privattheatern ziehen in Bonn mehrere Kulturzentren ein großes Publikum an, am beliebtesten davon sind die „Brotfabrik" und das Brückenforum in Beuel auf der rechten Rheinseite. Zwei Kabarettbühnen strahlen weit über den Bonner Raum hinaus: das Pantheon, wo das jährliche WDR-Kabarettfest stattfindet, und das Haus der Springmaus, wo fast regelmäßig Hanns-Dieter Hüsch und Konrad Beikircher auftreten.

Hochrangige Jazz-, Rock- und Popkonzerte sowie Chansonabende haben das allsommerliche Museumszelt auf dem Platz zwischen der Bundeskunsthalle und dem Kunstmuseum Bonn zu einem erstklassigen rheinischen Publikumsmagneten gemacht. Von Juliette Gréco, der Chansonlegende des französischen Existentialismus, über Ray Charles zu Shirley Bassey finden sich hier weltberühmte Künstler und Künstlerinnen begeistert gefeiert. Alljährlich lockt der Verein Bonner Rockmusiker mit der „R(h)einkultur" das inzwischen größte Umsonst- und Draußen-Festival Deutschlands in die Rheinaue, in der auch hunderttausende Rheinländer den feuerwerkgekrönten Abschluß vom „Rhein in Flammen" feiern. Der Bundesgartenschau von 1979 verdankt die Stadt Bonn den Freizeitpark Rheinaue. Neben Siebengebirge, Venusberg und Kottenforst bietet er, mit seinen Grünanlagen auf beiden Seiten des Rheins im geographischen Herzen der Stadt gelegen, den Bonner Bürgerinnen und Bürgern nicht nur Naherholung, sondern stellt er eben auch Bühne und Kulisse für unzählige Kultur- und Familienveranstaltungen. Jetzt kann die Stadt Bonn auch noch stolz auf das mit 30 km Europas längste geschlossene Rad- und Wegenetz an seinen beiden Rheinufern sein.

Auch nachdem die Landesvertretungen mit ihren zahlreichen Veranstaltungen jetzt Bonn in Richtung Berlin verlassen haben, präsentiert sich das kulturelle Leben der Bundesstadt Bonn so bunt und vielfältig, daß sich jeden Abend – sofern man möchte – die Frage stellt, welcher Vernissage, welchem Theaterstück, Konzert oder Kabarett man den Vorzug geben sollte, welcher Einladung man folgen mag.

Die Kultur einer Stadt drückt sich unzweifelhaft auch in ihren sichtbaren Bauten ab. Während unter den älteren Neubauten der Universität die Universitäts- und Landesbibliothek mit der von Hans Arp geschaffenen Plastik „Wolkenschale", gegenüber das Juridicum mit dem Marmormosaik von Victor Vasarely sowie die Zentralbibliothek der Landbauwissenschaft in Poppelsdorf hervorragen, stößt das 1965 eingeweihte Theater am Boeselagerhof (jetzt Oper Bonn), eine Schöpfung der „architecture brute" der Stuttgarter Architekten Klaus Gessler und Wilfried Beck-Erlang, immer noch auf Kritik. Nicht der lebendige und spannungsreich gestaltete, archtitektonisch und konzeptionell geglückte Baukörper des von Erwin Heinle entworfenen Bonner Stadthauses verstört, sondern seine beziehungslose Lage zur Umgebung im Innern der Stadt. Kein Glück brachte Bad Godesberg das nach wie vor umstrittene Altstadt-Center des Kölner Architekten Gottfried Böhm, dem der historische Ortskern weichen mußte.

Kaum zu glauben und nach außen zu vermitteln ist, daß in der Stadt Bonn nach dem Umzugsbeschluß des Deutschen Bundestags vom Juni 1991 ein Bauboom einsetzte, wie er in vier Jahrzehnten zuvor nicht erreicht wurde. Zwar standen die großen Museen an der Museumsmeile sowie das erweiterte Büro- und Schulungsgebäude des Deutschen Sparkassen- und Giroverbandes in der Kaiserstraße (Karl-Heinz Schommer), das Stadtteilzentrum Brüser Berg, der Lindeblock in Bad Godesberg (Planungsgruppe Bonn) 1991 kurz vor ihrer Einweihung und war der jetzt bald endlich vollendete Schürmannbau begonnen, doch fiel die Entscheidung für zahlreiche Neubauten erst danach, etwa für das Bürogebäude des Deutschen Herold am Alten Friedhof (Planungsgruppe Bonn), das Bürogebäude am Poppeldorfer Weiher (Karl-Heinz Schommer), das Sterntorhaus und die Loggia am Stadthaus (beide Thomas van den Valentyn und Bernd Domscheit), das Arithmeum, die Bauten der Deutschen Telekom und jüngst das Postcarré (Oswald Mathias Ungers), um nur die wichtigsten Neubauten zu nennen.

Wegen seiner Lage und Höhe mit fast denselben Argumenten wie vor Jahrzehnten das Abgeordnetenhochhaus „Langer Eugen“ heftig umstritten, erhebt sich in wenigen Jahren Bonns höchstes Bauwerk und sein einziger Wolkenkratzer in der Gronau: der über 150 m hohe Post-Tower des deutsch-amerikanischen Stararchitekten Helmut Jahn. Für seine Gegner stellt er unmaßstäblich und gigantisch einen irreparablen Eingriff in die Eigenart und Schönheit der Rheinlandschaft vor dem Siebengebirge dar, gilt er als Zeichen provinzieller Großmannssucht, entwertet er jetzt den „Langen Eugen“ als Baudenkmal und Symbol für fünf Jahrzehnte geglückter Demokratie. Seine Befürworter sehen in ihm vor allem das Wahrzeichen für Bonns neue Zukunft, bezeugt er Bonns Anschluß an die Weltarchitektur, wie sie sich derzeit etwa im Sony-Center Helmut Jahns am Potsdamer Platz in Berlin präsentiert. Für den Bauherrn Deutsche Post AG stellt er ein Bekenntnis der Konzernzentrale zum modernen Bonn dar, gibt er einen wichtigen Impuls für die Neuorientierung Bonns zum attraktiven Wirtschaftsstandort. Unzweifelhaft jedenfalls wird der Post-Tower mit seinen zueinander verschobenen und verglasten Ellipsenhälften von beeindruckender architektonischer und funktionaler Qualität sein, etwas höher als der Kölner Dom.

Als Bundespräsident Roman Herzog im April 1999 wie alle seine Amtsvorgänger und die bisherigen Bundeskanzler zum Ehrenbürger unserer Stadt ernannt wurde, lobte auch er sie als „überschaubar und doch unendlich abwechslungsreich, großzügig angelegt und doch gemütlich, weltoffen und doch von unverwechselbar bönnschem Charakter, eingebettet in eine der herrlichsten Landschaften Deutschlands und bewohnt von aufgeschlossenen und – fast möchte ich sagen: aufgekratzten – Bürgern... Ich bin überzeugt, Bonn bleibt ein Ort, der Talente anzieht, prägt und weitergibt, ein Ort, der auch weiterhin viele Biographien und Erfolgsgeschichten zum Guten hin beeinflussen wird. 50 Jahre lang hat Bonn die Bundesrepublik Deutschland sanft, allmählich und doch unwiderstehlich mit Menschen durchdrungen, die diese Stadt kennen- und schätzengelernt hatten... So wird es auch künftig sein... Bonn lebt schon lange im 3. Jahrtausend. Es ist eine Stadt mit großer Vergangenheit – und mit viel Zukunft."

Als sich Ende Februar 2000 der neue Chefredakteur des „General-Anzeigers" Joachim Westhoff der Öffentlichkeit präsentierte, begründete er, erst kurz zuvor in seine Heimatstadt zurückgekehrt, seinen „unerschütterlichen Optimismus" für die Zukunft Bonns damit, „weil wir hier in einer vor Kraft und Lebensmut strotzenden Stadt und Region leben, die sich durch den Umzug von Regierung und Parlament nach Berlin den Schneid nicht hat abkaufen lassen. Die Stadt Bonn hat vielmehr die ersten Jahre des ihr aufgezwungenen Strukturwandels in einer Weise bewältigt, für die es in der Geschichte unseres Landes wohl kein Beispiel gibt. Einen Grund, an der Zukunft zu verzweifeln, hätten wir nur, wenn wir uns selbst leid täten und der 'guten, alten Zeit' nachjammerten. Wollen wir aber nicht, brauchen wir auch nicht. Da soll uns doch einmal jemand eine Region zeigen, die trotz aller Nackenschläge wirtschaftlich einen derart guten Weg genommen hat. Da soll uns doch einmal jemand eine bessere Entwicklung des Arbeitsmarktes zeigen, einen trotz der Wegzüge so stabilen Immobilienmarkt. Und: Da soll uns einmal jemand eine Stadt dieser Größe zeigen, deren kulturelles Angebot auch nur annähernd an unseres heranreicht !“ Was Wunder, daß die Oberbürgermeisterin ob dieses Lobs ihrer Stadt Bonn strahlte.

Wie urteilte schon Bundeskanzler Konrad Adenauer vor bald 50 Jahren? „In Bonn wird mit der größten Hingabe, der größten Gewissenhaftigkeit und dem größten Eifer von allen gearbeitet, die hierbei etwas zu tun haben. Ob die Arbeit immer prima ist, das ist eine Frage für sich; da kann man wohl oft verschiedener Meinung sein. Aber daß hier mit dem größten Fleiß und mit dem größten Eifer gearbeitet wird, das ist absolut sicher.“

„Allerdings“, so fuhr jetzt Joachim Westhoff in seiner Ansprache fort, „weiß ich, daß wir unser kulturelles Angebot nicht allein der eigenen Kraft zu verdanken haben. Die war da (finanziell gesehen) im Vergleich zu anderen Städten nicht einmal so groß. Wir haben – das wollen wir ehrlich zugeben – von erheblichen Zuwendungen des Bundes profitiert... Da werden wir uns also etwas einfallen lassen müssen. Denn zum einen wollen wir es auch weiter so gut haben in Bonn. Und zum anderen wollen wir unsere Attraktivität für andere aufrecht erhalten, wenn möglich, sogar noch steigern. Wir wollen, daß weitere europäische und außer-europäische Einrichtungen sich bei uns niederlassen. Wir wollen, daß weitere zukunftsträchtige Unternehmen sich in unserer Region ansiedeln. Und wir wissen, daß die sog. ‘weiche Infrakstruktur’ ein wichtiger Standortfaktor ist.“ Da ist nur zu hoffen, daß das so oft in den Medien offen vorwurfsvoll und klammheimlich bewundernd zitierte ‘Quengel-Potential’ der Stadt Bonn und ihrer ‘Lobbyisten’ im Deutschen Bundestag noch trägt.

Nachdem sich der Deutsche Bundestag am 1. Juli 1999 in seiner vorläufig letzten Sitzung im Bonner Plenarsaal mit herzlichem und aufrichtigem Dank für die von der Stadt Bonn ein halbes Jahrhundert lang erwiesene Gastfreundschaft vom Rhein verabschiedete, bewegten sich in den anschließenden sommerlichen Parlamentsferien die zentralen Bereiche der Bundesregierung, allen voran Bundeskanzler Gerhard Schröder (SPD), in einer gigantischen, nie dagewesenen Umzugskarawane nach Berlin. Monat für Monat verabschiedeten sich die großen Botschaften und Landesvertretungen von Bonn, zum Schluß jetzt im Sommer 2000 die Bundes-CDU und der Bundesrat mit seiner letzten Sitzung in Bonn.

Oberbürgermeisterin Bärbel Dieckmann zieht Bilanz: „Das vergangene Jahr war“ für die Bundesstadt Bonn „kein Schreckensjahr, wir haben den Umzug zwar mit Wehmut, aber schmerzlos verkraftet“, weil die Stadt darauf „gut vorbereitet war und den Strukturwandel rechtzeitig eingeleitet hatte“. Gleichwohl „dürfen wir unsere Wachsamkeit nicht aufgeben und müssen auf neue Entwicklungen reagieren“.

Die Stadt hat sich verändert, auch im äußeren Bild, im Stadterlebnis. Es ist stiller geworden, keine Hektik mehr im Regierungsviertel, erheblich weniger Medienpräsenz. Die Demonstrationen und Kundgebungen, „Ausdruck der politischen Kultur“, – so früher um die 300 jährlich – fehlen ihr. Das Straßenbild in Bad Godesberg zeigt sich nach dem Weggang der Botschaften nicht mehr so bunt. Staatsbesuche sind stark zurückgegangen. Selbst die Minister der in Bonn verbliebenen Ministerien zeigen sich nicht mehr als ‘Glanzlichter’ im gesellschaftlichen Leben der Stadt, auch ihre politischen Nachrichten kommen jetzt aus Berlin. Einen „Massenexodus“ hat es nicht gegeben, Bonn hat zwar etwas weniger Einwohner, aber dank der Telekom und anderer neu angesiedelter Unternehmen besonders der IT-Branche leben jetzt hier „mehr jüngere Menschen, die auch die Mentalität der Stadt verändern“. Da sie „möglicherweise andere kulturelle Interessen“ haben, müssen in den Sektoren Bildung und Kultur neue Angebotsstrukturen entwickelt werden. Werbekampagnen um neue Kunden sind für den leicht zurückgegangenen Einzelhandel und das Hotelgewerbe nötig, das Tourismus- und Kongreßmarketing muß noch verstärkt werden. Andererseits boomt Bonn, recken sich überall Kräne in den Himmel über der Bundesstadt. Entscheidend ist, so die Oberbürgermeisterin, daß die „Bonner Politikbereiche“ stabil bleiben. Von den verantwortlichen Politikern gebe es, so versichert sie, „keine Ansätze, das Berlin/Bonn-Gesetz zu ändern“ Korrekturen seien aber zulässig, um die Arbeitsfähigkeit der Regierung zu garantieren. Hinzugefügt sei, daß zwar mehrere der von Berlin und Frankfurt nach Bonn umziehenden Bundesämter und sonstigen Institutionen ihre ‘Vorausabteilungen’, ja sogar ‘Kopfstellen’ schon nach Bonn geschickt haben, die große Mehrheit der Mitarbeiter und Mitarbeiterinnen aber erst nachzieht, wenn die neuen Gebäude fertiggestellt, die alten Büroräume für die neuen Nutzer umgerüstet, Wohnungen gefunden, Kindergartenplätze gesichert, Schulanmeldungen erfolgt sind und nicht zuletzt Arbeitsplätze für Ehepartner bereitstehen, alles Sorgen, die die Bonner Berlin-Umzügler schon weitgehend hinter sich gelassen haben.

Da trösten zwar die fünf Artikel des „rheinischen Grundgesetzes“, die Konrad Beikircher nicht müde wird zu zitieren: „1. Et is, wiet is. 2. Et kütt, wiet kütt. 3. Et hat noch immer jotjejange. 4. Wat fott is, is fott. 5. War sull dä janze Quatsch ?“, doch darf die Stadt Bonn keinesfalls bei dem Erreichten stehenbleiben. Die Zukunft fordert noch viele neue Infrastrukturmaßnahmen. Besonders im ehemaligen Regierungsviertel und auf der ihm gegenüberliegenden Rheinseite müssen nicht nur verkehrstechnisch neue Wege gegangen werden, sondern es sollten etwa Geschäfte, Gaststätten, Hotels, Kindergärten entstehen, damit sich hier nicht nur ein ‘Arbeitsghetto’ bildet, sondern sich Arbeit, Wohnen und Erholung miteinander verschränken, sich ein lebendiger Stadtteil entwickelt.

Die Zukunft erahnend, erklärte der langjährige italienische Botschafter Luigi Vittorio Ferraris ein Jahr vor der schicksalhaften Wende der deutsch-deutschen Geschichte Bonn seine Liebe: „Wenn Diplomaten unter sich plaudern,... halten sie es für angebracht, Bonn zu kritisieren als eine Stadt, die sehr wenig vom Profil der Hauptstadt einer Macht wie der Bundesrepublik in sich birgt. Aber, wenn sie Bonn dann verlassen müssen, werden sie ganz traurig, denn unbewußt haben sie die Vorteile und die Anziehungskraft dieser Stadt empfunden. Und wenn sie später, vielleicht im Ruhestand, über Bonn sprechen, werden die Erinnerungen fast zärtlich sein. Für mich persönlich gilt das mit Sicherheit, denn man ist nur einmal im Leben ein König – und sei es auch ein 'Grünkohlkönig'! ... Wie schön ist es, wenn Deutsche nicht vernünftig oder todlogisch sind! Hier spiegelt sich in Bonn ein Teil Deutschlands wider, allerdings in einem anderen Sinn: Wir finden in Bonn die Kontinuität des Deutschlands wieder, 'das wir immer geliebt haben' (wie ein großer italienischer Denker, Croce, geschrieben hat), und im selben Atemzug seine bürgerliche Bescheidenheit, aber auch seine Seele. Und Bonn hat eine Seele, die sehr deutsch und sehr angenehm ist."

Deutsch oder eher rheinisch, gar europäisch ? Bonn ist durch seine Geschichte alles zugleich. Niemand hat das Bild unserer Vorfahren am Rhein bühnenwirksamer beschrieben als Carl Zuckmayer. Weil er sich öffentlich gegen die Nationalsozialisten gestellt hatte, wurde die Aufführung seiner Bühnenstücke 1933 verboten. Im amerikanischen Exil schrieb er sein 1946 in Zürich uraufgeführtes mitreißendes Drama „Des Teufels General", später unvergeßlich verfilmt mit Curd Jürgens in der Hauptrolle des Generals Harras. Harras belehrt den jungen Leutnant Hartmann über die große „Völkermühle" am Rhein, die „Kelter Europas": „Und jetzt stellen Sie sich doch mal Ihre Ahnenreihe vor – seit Christi Geburt. Da war ein römischer Feldhauptmann, ein schwarzer Kerl, braun wie 'ne reife Olive, der hat einem blonden Mädchen Latein beigebracht. Und dann kam ein jüdischer Gewürzhändler in die Familie, das war ein ernster Mensch, der ist noch vor der Heirat Christ geworden und hat die katholische Haustradition begründet. – Und dann kam ein griechischer Arzt dazu, oder ein keltischer Legionär, ein Graubündner Landsknecht, ein schwedischer Reiter, ein Soldat

Napoleons, ein desertierter Kosak, ein Schwarzwälder Flözer, ein wandernder Müllerbursch vom Elsaß, ein dicker Schiffer aus Holland, ein Magyar, ein Pandur, ein Offizier aus Wien, ein französischer Schauspieler, ein böhmischer Musikant – das alles hat am Rhein gelebt, gerauft, gesoffen und gesungen und Kinder gezeugt – und – und der Goethe, der kam aus demselben Topf, und der Beethoven, und der Gutenberg, und der Matthias Grünewald... Es waren die besten der Welt! Und warum? Weil sich die Völker dort vermischt haben, vermischt wie die Wasser aus Quellen und Bächen und Flüssen, damit sie zu einem großen, lebendigen Strom zusammenrinnen. Vom Rhein – das heißt: vom Abendland."

Und noch einmal deutsch oder eher rheinisch, gar europäisch ? Über ein halbes Jahrhundert später ging unser geborener Südtiroler Kabarettist Konrad Beikircher, italophil geneigt, mental rheinisch, im Haus der Geschichte der Frage nach, wo denn im Innenblick von Deutschland aus der Rheinländer überhaupt stehe. Also befand er: „Der Rheinländer, der in meinen Augen kein Deutscher ist, hat alle die Eigenschaften, die der neue Europäer haben wird. Wenn man Franzosen, Iren, Belgier, Italiener, Portugiesen und Spanier durcheinander schüttelt, kommt der Rheinländer heraus. Er lebt im Dreieck Brüssel – Paris – Köln und ist damit mit allen romanisch orientierten Europäern kompatibel.Und das als einziger Deutscher. So gesehen ist der Rheinländer der Brückenkopf für alle anderen Deutschen nach Europa."
So is et.

Bonner 'Landesherren'

Römische Kaiser

JULISCH-CLAUDISCHE DYNASTIE
- Augustus 27 v.-14 n.Chr.
- Tiberius 14-37
- Caligula 37-41
- Claudius 41-54
- Nero 54-68
- Galba 68/69
- Otho 69
- Vitellius 69

FLAVISCHE DYNASTIE
- Vespasian 69-79
- Titus 79-81
- Domitian 81-96

ADOPTIVKAISER
- Nerva 96-98
- Trajan 98-117
- Hadrian 117-138
- Antoninus Pius 138-161
- Marc Aurel 161-180
- Lucius Verus 161-169
- Commodus 180-192
- Pertinax 192/93
- Didius Julianus 193

SEVERISCHE DYNASTIE
- Septimius Severus 193-211
- Caracalla 211-217
- Macrinus 217/18
- Elagabal 218-222
- Severus Alexander 222-235

SOLDATENKAISER
- Maximinus Thrax 235-238
- Gordian (III). 238-244
- Philippus Arabs 244-249
- Decius 249-251
- Trebonianus Gallus 251-253
- Valerian 253-260
- Gallienus 253-268
- Claudius (II.) Gothicus 268-270
- Aurelian 270-275
- Tacitus 275/76
- Probus 276-282
- Carus 282/83

Numerian 283/84
Carinus 283-285.

AUGUSTI UND CAESARES DER TETRARCHIEN
Diokletian 284-305
Maximianus Herculius 285-310
Constantius (Chlorus) 293-306
Galerius Maximinianus 293-311
Maximinus Daia 305-313
Severus 305-307
Maxentius 306-312
Licinius 308-324
Konstantin I. d. Gr. 306-337
Konstantin II. 317-340
Constans I. 333-350
Constantius II. 324-361
Julian Apostata 355-363
Valentinian I. 364-375
Valens 364-378
Gratian 367-383
Valentinian II. 375-392
Theodosius 379-395.

DIE KAISER DES GALLISCHEN SONDERREICHS
Postumus 260-268
Victorinus 269/70
Tetricus I. 271-274
Tetricus II. 273/74

GEGENKAISER DES 4. JAHRHUNDERTS IM WESTEN DES IMPERIUMS
Magnentius 350-353
Decentius 350-353

Die merowingischen Könige im Gesamtreich und in Austrasien

Childerich I. um 457-482
Chlodwig I. 482-511
Theuderich I. von Austrasien 511-533
Theudebert I. von Austrasien 534-547
Theudebald von Austrasien 548-555
Chlothar I. 558-560/561
Sigibert I. von Austrasien 561-575
Childebert II. von Austrasien 575-596
Theudebert II. von Austrasien 596-612
Theuderich II. von Austrasien 612/13
Chlothar II. 613-629
Dagobert I. 629-638

Sigibert III. von Austrasien 633/634-656
Dagobert II. von Austrasien 656-661, 676-679
Childerich II. von Austrasien 662-675
Theuderich III. 679-691
Chlodwig III. 690/691-694
Childebert III. 695-711
Dagobert III. 711-715/716
Chlothar IV 717/718-719
Theuderich IV. 721-737
Childerich III. 734-751

Die karolingischen Könige und Kaiser

Pippin 751-768
Karlmann 768-771
Karl d. Gr. 768-814, Kaiser 800-814
Ludwig d. Fromme Kaiser (813) 814-840

LOTHARISCHES ZWISCHENREICH
Lothar I., Kaiser (817) 840-855
Lothar II. 855-869
Zwentibold 895-900

WESTFRANKENREICH
Karl d. Kahle 840-877, Kaiser 875-877
Ludwig II. d. Stammler 877-879
Ludwig III. 879-882
Karlmann 879-884
Karl d. Einfältige 893-923

OSTFRANKENREICH
Ludwig II. d. Deutsche 840-876
Ludwig III. d. Jüngere 876-882
Karl III. d. Dicke 876-887, Kaiser 881-887
Arnulf von Kärnten 887-899
Ludwig IV. d. Kind 900-911

Die deutschen Könige und Kaiser

Konrad I. 911-918
SÄCHSISCHES HAUS (OTTONEN)
Heinrich I. 918-936
Otto I. d. Gr. 936-973, Kaiser 962-973
Otto II. (961) 973-983, Kaiser (961) 973-983
Otto III. 983-1002, Kaiser 996-1002
Heinrich II. 1002-1024, Kaiser 1014-1024

Salisches Haus

Konrad II. 1024-1039, Kaiser 1027-1039
Heinrich III. (1028) 1039-1056, Kaiser 1046-1056
Heinrich IV (1054) 1056-1106, Kaiser 1084-1106
Heinrich V. (1099) 1106-1125, Kaiser 1111-1125
Lothar von Supplienburg 1125-1137, Kaiser 1133-1137

Staufisches Haus und Konkurrenten

Konrad III. 1138-1152
Friedrich I. Barbarossa 1152-1190, Kaiser 1155-1190
Philipp von Schwaben 1198-1208
Friedrich II. 1212-1250, Kaiser 1220-1250
Heinrich (VII.) 1222-1235
Otto IV. (Welfe) 1198-1218
Wilhelm von Holland 1248-1256
Richard von Cornwall 1257-1272
Alfons von Kastilien 1257-1284

Habsburger, Wittelsbacher und Luxemburger

Rudolf von Habsburg 1273-1291
Adolf von Nassau 1292-1298
Albrecht I. 1298-1308
Heinrich VII. 1308-1313, Kaiser 1312/13
Ludwig d. Bayer 1314-1347, Kaiser 1328-1347
Karl IV. 1346-1378, Kaiser 1355-1378
Wenzel (1376) 1378-1400
Ruprecht von der Pfalz 1400-1410
Sigismund 1410-1437, Kaiser 1433-1437
Albrecht II. 1438/1439
Friedrich III. 1440-1493, Kaiser 1452-1493
Maximilian I. 1486-1519, Kaiser 1508-1519
Karl V. 1519-1556, Kaiser 1532-1556
Ferdinand I. 1531-1556, Kaiser 1556-1564
Maximilian II. 1562-1564, Kaiser 1564-1576
Rudolf II. 1575/76, Kaiser 1576-1612
Mathias, Kaiser 1612-1619
Ferdinand II., Kaiser 1619-1637
Ferdinand III. 1636/37, Kaiser 1637-1657
Ferdinand IV. 1653/54
Leopold I., Kaiser 1658-1705
Joseph I. 1690-1705, Kaiser 1705-1711
Karl VI., Kaiser 1711-1740
Maria Theresia, Kaiserin 1745-1780
Karl VII. Albrecht von Bayern, Kaiser 1742-1745
Franz I. Stephan, Kaiser 1745-1765
Joseph II. 1764/65, Kaiser 1765-1790
Leopold II., Kaiser 1790-1792
Franz II., Kaiser 1792-1806.

Die Erzbischöfe von Köln

Hildebald vor 787-818
Hadebald 819-841
Hilduin 842-849
Gunthar 850-863 (870)
Willibert 870-889
Hermann I. 890-925
Wichfried 925-953
Bruno 953-965
Folkmar 965-969
Gero 969-976
Warin 976-984
Everger 984-999
Heribert 999-1021
Pilgrim 1021-1036
Hermann II. 1036-1056
Anno II. 1056-1075
Hildolf 1076-1078
Sigewin 1079-1089
Hermann III. 1089-1099
Friedrich I. 1100-1131
Bruno II. 1131-1137
Arnold I. 1138-1151
Arnold II. von Wied 1151-1156
Friedrich II. von Altena 1156-1158
Reinald von Dassel 1159-1167
Philipp von Heinsberg 1167-1191
Bruno III. von Berg 1191-1193
Adolf I. von Altena 1193-1205, 1212-1216
Bruno IV. von Sayn 1205-1208
Dietrich I. 1208-1212
Engelbert I. 1216-1225
Heinrich von Müllenark 1225-1238
Konrad von Hochstaden 1238-1261
Engelbert II. von Falkenburg 1261-1274
Siegfried von Westerburg 1275-1297
Wigbold von Holte 1297-1304
Heinrich von Virneburg 1304-1332
Walram von Jülich 1332-1349
Wilhelm von Gennep 1349-1362
Adolf von der Mark 1363/64
Engelbert III. von der Mark 1363-1369
Friedrich III. von Saarwerden 1370-1414
Dietrich von Moers 1414-1463
Ruprecht von der Pfalz 1463-1480
Hermann IV. von Hessen 1480-1508
Philipp II. von Daun-Oberstein 1508-1515
Hermann V. von Wied 1515-1546
Adolf III. von Schauenburg 1547-1556

Anton von Schauenburg 1556-1558
Johann Gebhard von Mansfeld 1558-1562
Friedrich von Wied 1562-1567
Salentin von Isenburg 1567-1577
Gebhard Truchseß von Waldburg 1577-1583
Ernst von Bayern 1583-1612
Ferdinand von Bayern 1612-1650
Max Heinrich von Bayern 1650-1688
Joseph Clemens von Bayern 1688-1723
Clemens August von Bayern 1723-1761
Max Friedrich von Königsegg-Rothenfels 1761-1784
Max Franz von Österreich 1784-1794 (1801)

Grafen von Sayn

Heinrich I. 1172-1177
Heinrich II. 1177-1203
Heinrich III. 1202-1246

Herren zu Löwenberg

Heinrich von Sponheim und Heinsberg 1248-1259
Dietrich und Johann von Sponheim und Heinsberg gemeinsam 1259-1270
Dietrich I. von Heinsberg Blankenberg 1270-1302
Godfried I. von Heinsberg-Blankenberg 1300-1331
Dietrich II. von Heinsberg und Blankenberg 1331-1361
Johann I. von Löwenberg 1270-1299
Heinrich I. von Löwenberg 1300-1344
Heinrich II. von Löwenberg 1344-1346
Dietrich II. von Heinsberg-Blankenberg 1331-1361
Gottfried II. von Dalenburg, Heinsberg und Löwenberg 1361-1395
Johann II. von Heinsberg und Löwenberg 1395-1438
Johann III. von Heinsberg und Löwenberg 1438-1443
Johann IV. von Heinsberg und Löwenberg 1443-1448
Philipp und Johann von Nassau und Saarbrücken 1451-1469 (Verwalter)
Elisabeth von Nassau und Saarbrücken 1469-1472

Die Herzöge von Berg

Wilhelm IV. von Jülich-Berg 1475-1511
Johann III. von Jülich-Kleve-Berg 1511-1539
Wilhelm V. von Jülich-Kleve-Berg 1539-1592
Johann Wilhelm I. von Jülich-Kleve-Berg 1592-1608
Wolfgang Wilhelm von Pfalz-Neuburg 1614-1653

Philipp Wilhelm von Pfalz-Neuburg 1653-1679
Johann Wilhelm II. von Pfalz-Neuburg 1679-1716
Karl Philipp von Pfalz-Neuburg 1716-1742
Karl Theodor von Pfalz-Sulzbach 1742-1799
Maximilian Josef von Pfalz-Zweibrücken 1799-1806

Herzogtum Nassau

Friedrich Adolf von Nassau-Usingen 1803-1806

Großherzogtum Berg

Napoleon Bonaparte, französischer Kaiser, 1806-1813

Königreich Preußen und Deutsches Kaiserreich

Friedrich Wilhelm III. 1797-1840
Friedrich Wilhelm IV. 1840-1861
Wilhelm I. 1861-1888, Deutscher Kaiser 1871-1888
Friedrich III. 1888, Deutscher Kaiser 1888
Wilhelm II. 1888-1918, Deutscher Kaiser 1888-1918

Die Ministerpräsidenten des Landes Preußen

Otto Braun 1920-1932 (SPD)
Hermann Göring 1933-1945 (NSDAP)

Die Ministerpräsidenten des Landes Nordrhein-Westfalen

Dr. Rudolf Amelunxen 1946/47 (parteilos)
Dr. Karl Arnold 1947-1956 (CDU)
Fritz Steinhoff 1956-1958 (SPD)
Dr. Franz Meyers 1958-1966 (CDU)
Heinz Kühn 1966-1978 (SPD)
Dr. Johannes Rau 1978-1999 (SPD)
Wolfgang Clement 1999- (SPD)

Die Reichspräsidenten der Weimarer Republik und des „Dritten Reichs“

Friedrich Ebert 1919-1925 (SPD)
Paul von Hindenburg 1925-1934 (parteilos)
Adolf Hitler 1934-1945 (NSDAP)

Die Reichskanzler der Weimarer Republik und des „Drittern Reichs“

Philipp Scheidemann 1919 (SPD)
Gustav Bauer 1919/20 (SPD)
Hermann Müller 1920, 1928-1930 (SPD)
Konstantin Fehrenbach 1920/21 (Zentrum)
Dr. Joseph Wirth 1921/22 (Zentrum)
Dr. Wilhelm Cuno 1922/23 (parteilos)
Gustav Stresemann 1923 (DVP)
Wilhelm Marx 1923/24, 1926-1928 (Zentrum)
Dr. Hans Luther 1925/26 (parteilos)
Dr. Heinrich Brüning 1930-1932 (Zentrum)
Franz von Papen 1932 (parteilos)
Kurt von Schleicher 1932/33 (parteilos)
Adolf Hitler 1933-1945 (NSDAP)

Die Bundespräsidenten der Bundesrepublik Deutschland

Prof. Dr. Theodor Heuss 1949-1959 (FDP)
Heinrich Lübke 1959-1969 (CDU)
Dr. Gustav Heinemann 1969-1974 (SPD)
Walter Scheel 1974-1979 (FDP)
Prof. Dr. Karl Carstens 1979-1984 (CDU)
Dr. Richard von Weizsäcker 1984-1994 (CDU)
Dr. Roman Herzog 1994-1999 (CDU)
Dr. Johannes Rau 1999- (SPD)

Die Kanzler der Bundesrepublik Deutschland

Dr. Konrad Adenauer 1949-1963 (CDU)
Prof. Dr. Ludwig Erhard 1963-1966 (CDU)
Kurt Georg Kiesinger 1966-1969 (CDU)
Willy Brandt 1969-1974 (SPD)
Helmut Schmidt 1974-1982 (SPD)
Dr. Helmut Kohl 1982-1998 (CDU)
Gerhard Schröder 1998- (SPD)

Die Oberbürgermeister, Bürgermeister und Amtsbürgermeister

im Raum der heutigen Stadt Bonn seit 1800

Die Oberbürgermeister der Stadt Bonn

1800-1802 Johann Joseph Eichhoff

1802-1804 Nicolas Joseph Lejeune (kommissarisch)

1804-1816 Anton Maria Graf von Belderbusch

1816/17 Peter Joseph Eiländer (kommissarisch)

1817-1839 Johann Maria Joseph Windeck

1840-1850 Karl Edmund Joseph Oppenhoff

1851-1875 Leopold Kaufmann

1875-1891 Hermann Jakob Doetsch

1891-1919 Wilhelm Spiritus

1920-1922 Fritz Bottler

1923-1931 Dr. Johannes Falk

1932/33 Dr. Wilhelm Lürken

1933-1945 Dr. Ludwig Rickert

1945-1948 Eduard Spoelgen

1948-1951 Dr. Peter Stockhausen

1951-1956 Peter Maria Busen

1956-1969 Dr. Wilhelm Daniels

1969-1975 Peter Kraemer

1975-1994 Dr. Hans Daniels

1994 – Bärbel Dieckmann

Die Bürgermeister von Bad Godesberg

1800-1803 Franz Meder

1803-1805 Augustin Rhein

1805-1807 Joseph Windeck

1807-1813 Engelbert Kamp

1814/15 Johann Christoph Brückner

1816-1818 Friedrich Pistping

1818-1840 Wilhelm Hugo Franken

1841-1851 Johann Hubert Mathonet

1851-1857 Melchior Julius von Buggenhagen

1857-1888 Carl August von Groote

1888-1914 Anton Dengler

1915-1933 Josef Zander

1933-1945 Heinrich Alef

1945-1948 Josef Zander

1948-1963 Heinrich Hopmann

1963-1969 Franz Linz

Die Bürgermeister von Vilich bzw. seit 1921 Beuel

1809-1825 Leonard Stroof

1825-1855 Gabriel Pfingsten

1855-1891 Johann Ignaz Schnorrernberg

1891-1919 Friedrich Breuer

1921-1933 Dr. Otto Schöttler

1933-1938 Felix Hausmann

1938-1945 Wilfried Gielow

1945 Friedrich Krausch

1945/46 Rudolf Hahn

1946 Rudolf Holstein

1946-1948 Lambert Fell

1948/49 Peter Reuter

1949/50 Theodor Pape

1951-1954 Rudolf Holstein

1954-1961 Johann Link

1961-1969 Hans Steger

Die Oberkasseler Bürgermeister bzw. Amtsbürgermeister

1811 Kaspar Anton Rennen

1813-1844 Daniel von Weise

1844-1850 Julius Graf zur Lippe

1850-1893 Bernhard Schmitz

1893-1895 Clemens Freiherr von Loë

1895-1913 Albert Schröter

1913/14 Bernhard Steinbach

1914-1933 Richard Nücker

1933/34 Fritz Pott (kommissarisch)

1934-1945 Walter Tersteegen

1945/46 Josef Schönenbrücher

1946-1948 Karl Duwe

1948-1951 Severin Köhr

1951-1954 Karl Duwe

1954-1964 August Mülhens

1964-1969 Josef Gilgen

Die Poppelsdorfer Bürgermeister

1800-1803 Moritz Wulff

1803-1815 Johann Cassel

1815-1833 Franz Joseph Balbiano

1833-1863 Johann Heinrich Cassel

1863-1876 Alexander Eich

1876-1903 Wilhelm Bennauer

Die Duisdorfer Bürgermeister bzw. Amtsbürgermeister

1905-1923 Otto Hauß

1923/24 Ludwig Fonk

1924-1932 Ludwig Bongardt

1933 Heinrich Ditz

1934-1945 Werner Zeppenfeld

1946-1948 Josef Böker

1948-1969 Johannes Brünker

Die Oberstadtdirektoren, Stadt-, Amts- und Gemeindedirektoren

im Raum der heutigen Stadt Bonn 1946-1995

Die Oberstadtdirektoren der Stadt Bonn

1947-1956 Dr. Johannes Langendörfer

1956-1964 Dr. Franz Schmidt

1964-1975 Dr. Wolfgang Hesse

1976-1987 Dr. Karl-Heinz van Kaldenkerken

1987-1995 Dieter Diekmann

Die Stadtdirektoren der Stadt Bad Godesberg

1946/47 Hermann Siebels

1948-1959 Joseph Hermanns

1959-1969 Dr. Fritz Brüse

Die Gemeinde- bzw. Stadtdirektoren von Beuel

1946-1956 Rudolf Hahn

1956-1969 Franz Brock

Die Amtsdirektoren von Oberkassel

1946-1954 Josef Schönenbrücher

1954-1962 Fritz Becker

1962-1969 Peter Hilger

Die Amtsdirektoren von Duisdorf

1946 Josef Eger

1946-1953 Heinrich Ditz

1953-1956 Hubert Wallraf

1957-1969 Johannes Janssen

Die Bonner Ehrenbürger und Ehrenbürgerinnen

bis zur kommunalen Neugliederung 1969

Stadt Bonn

1895 16.3. Fürst Otto von Bismarck

1897 7.4. Generalfeldmarschall Walter von Loë

1901 9.12. Oberpräsident Geheimrat Berthold von Nasse

1906 4.5. Professor der Musik Joseph Joachim

1909 28.5. Geh. Medizinalrat Prof. Dr. Eduard Pflüger

1910 4.3. Geh. Justizrat Carl Caspar Wassermeyer

1912 2.8. Geh. Regierungsrat Prof. Dr. Carl Justi

1920 1.7. Oberbürgermeister a.D. Wilhelm Spiritus

1922 22.12. Geh. Sanitätsrat Dr. Peter Josef Olbertz

1926 2.8. Geheimrat Prof. Dr. Ferdinand August Schmidt

1927 17.6. Professor der Musik Elly Ney

1928 17.8. Geh. Obermedizinalrat Prof. Dr. Friedrich Schultze

1933 31.3. Reichspräsident Paul von Hindenburg

1934 13.5. Geheimrat Alexander Koenig

1945 11.11. Monsignore Dechant Johannes Hinsenkamp

1946 8.10. Geheimrat Prof. Dr. Paul Clemen

1949 12.12. Oberbürgermeister Eduard Spoelgen

1951 5.1. Bundeskanzler Dr. Konrad Adenauer

1951 18.6. Rechtsanwalt Johannes Henry

1954 31.1. Bundespräsident Prof. Dr. Theodor Heuss

1961 13.7. Ministerpräsident a.D. Robert Schuman

1966 23.5. Bundespräsident Dr. Heinrich Lübke

1968 11.12. Staatssekretär a.D. Dr. Hermann Wandersleb

1969 12.6. Oberbürgermeister Dr. Wilhelm Daniels

Stadt Bad Godesberg

1935 1.2. Studentenwirtin Aennchen Schumacher

1947 31.3. Bürgermeister Josef Zander

1952 31.7. Pfarrer i.R. Heinrich Kolfhaus

1952 31.7. Beigeordneter Werner Wichterich

1963 18.3. Bürgermeister Heinrich Hopmann

Stadt Beuel

1951 16.4. Geistlicher Rat Dechant Maximilian Zingsheim

1963 15.5. Bürgermeister Johann Link

1969 19.6. Bürgermeister Hans Steger

Duisdorf

1954 15.11. Werkmeister Johann Effelsberg

1954 29.11. Ratsmitglied Josef Böcker

Ippendorf

1963 20.10. Bürgermeister Adam Fendel

Lengsdorf

1956 20.10. Ratsmitglied Adolf Wolber

1956 4.12. Bürgermeister Josef Linzbach

1956 4.12. Bürgermeister Ferdinand Piel

1969 27.6. Ratsmitglied Heinrich Henseler

Lessenich

1957 24.4. Gemeinderatsmitglied Johann Bieser

Oberkassel

1929 7.2. Steinbruchbesitzer Johann Gabriel Adrian

1930 17.6. Geh. Kommerzienrat Julius Vorster

1939 18.12. Altveteran Stefan Rhein

DieEhrenbürger der Stadt Bonn nach 1969

1974 24.5. Bundespräsident Dr. Dr. Gustav Heinemann

1975 9.7. Oberbürgermeister Peter Kraemer

1977 22.3. Bundeskanzler a.D. Prof. Dr. Ludwig Erhard

1978 1.9. Bundespräsident Walter Scheel

1983 6.10. Bundeskanzler a.D. Helmut Schmidt

1984 22.3. Bundespräsident Prof. Dr. Karl Carstens

1989 2.5. Bundespräsident Dr. Richard von Weizsäcker

1989 27.10. Bürgermeister Hans Steger

1993 13.7. Oberstadtdirektor a.D. Dr. Wolfgang Hesse

1999 13.4. Bundespräsident Prof. Dr. Roman Herzog

Von Stadt zu Stadt

Städte-Partnerschaften:

Stadt Bonn: Potsdam;
Stadtbezirk Bonn: Oxford (Großbritannien),
Budapest 22. Bezirk (Ungarn),
Opole = Oppeln (Polen);

Stadtbezirk Bad Godesberg:
Maidenhead (Großbritannien),
St.- Cloud (Frankreich),
Kortrijk (Belgien), Frascati (Italien), Yalova (Türkei);

Stadtbezirk Beuel:
Mirecourt (Frankreich);

Stadtbezirk Duisdorf:
Villemomble (Frankreich)

Städte-Freundschaftsvertrag:

Stadt Bonn – Tel Aviv (Israel)

Städte-Patenschaft:

Stadt(bezirk) Beuel: Slupsk = Stolp (Polen)

Zeittafel

vor etwa 50 000 Jahren Faustkeile von Menschen der älteren Altsteinzeit in Muffendorf

etwa 30 000 Jahre v.Chr. Klingen und Stichel von Menschen der jüngeren Altsteinzeit beim Gut Marienforst

etwa 11 000 v.Chr. Bestattung eines älteren Mannes und einer jüngeren Frau der jüngeren Altsteinzeit sowie eines Hundes in Oberkassel

um 4080 v.Chr. Älteste nachgewiesene Siedlung Deutschlands auf dem Venusberg

54 v.Chr. Vernichtung der Eburonen durch Cäsar im Gallischen Krieg

51 v.Chr. Abschluß der Eroberung Galliens durch Cäsar. Die Rheinlande westlich des Stroms werden Teil des Imperium Romanum.

39/38 v.Chr. Der römische Statthalter Agrippa siedelt germanische Ubier in Bonn an.

12-9 v.Chr. Germanenfeldzüge des römischen Feldherrn Drusus, der am Rhein über 50 Kastelle errichtet.

12 v.Chr. Römisches Militär rückt in Bonn ein.

um 11 v.Chr. Erste schriftliche Erwähnung Bonns durch den römischen Schriftsteller Florus, Anlaß der 2000-Jahrfeier der Stadt Bonn 1989

um 5. v.Chr. Das spätere Köln löst als oppidum Ubiorum Bonn als Hauptort der Ubier ab.

9 n.Chr. Die Germanen unter Arminius = Hermann dem Cherusker vernichten vier römische Legionen unter dem Feldherrn Varus im Teutoburger Wald.

um 17 n.Chr. Errichtung eines römischen Militärlagers für zwei Hilfstruppen in der Bonner Altstadt

seit 20 n.Chr. Entstehung eines römischen militärischen Gebäudekomplexes beim Collegium Albertinum

um 43 Bau des älteren römischen Legionslagers für die legio I Germanica und zwei Hilfstruppen im Bonner Norden

50 Agrippina verleiht der Colonia Claudia Ara Agrippinensium (CCAA) = Köln das römische Stadtrecht.

69/70 Germanische Bataver zerstören das Legionslager, die von dem römischen Historiker Tacitus erstmals erwähnten castra Bonnensia.

zwischen 70 und 79 Neubau des Legionslagers in Stein

83 Die legio I Minervia rückt für über zwei Jahrhunderte in Bonn ein.

85 Kaiser Domitian wandelt die römischen Militärbezirke in die Provinzen Germania inferior mit der Hauptstadt Köln und superior mit Mainz um.

um 100 Bonner Bevölkerung zählt um 17 000 Menschen. Blütezeit des römischen Bonn im 2. Jahrhundert

101-107 Die Bonner Legion nimmt am Dakerkrieg unter ihrem Legaten Hadrian, dem späteren Kaiser, teil.

161-166 Teilnahme der Bonner Legion am Partherfeldzug

um 180 Bischof Irenäus von Lyon bezeugt christliche Kirchen in den rheinischen Provinzen.

192/93 Die Bonner Legion kämpft im 2. Vierkaiserjahr auf seiten des siegreichen Septimius Severus.

193/94 Römischer Weihestein bezeugt ein Quellheiligtum in Bad Godesberg.

im 3. Jahrhundert Anlage eines römischen Wachtturms auf dem Godesberg

212 Kaiser Caracalla verleiht allen freien Bewohnern des Imperium Romanum das römische Bürgerrecht.

260-274 Bonn ist Teil des gallischen Sonderreichs.

274 Franken zerstören alle Siedlungen und Gebäude Bonns außerhalb des Legionslagers.

295 Legio I Minervia in Bonn zum letzenmal erwähnt

303 Beginn der letzten und schwersten Christenverfolgung unter den Kaisern Diokletian und Maximianus Herculius

1. Hälfte des 4. Jahrhunderts Errichtung einer Cella memoriae für die christlichen Märtyrer Cassius und Florentius unter dem heutigen Münster

313 Kaiser Konstantin d. Gr. erkennt das Christentum als Religion an.

322 Der Legende nach errichtet die hl. Helena über dem Grab von Cassius und Florentius eine Kirche.

355 Verheerender Frankeneinfall in Bonn

nach 360 Wiederaufbau des zerstörten Legionslagers

Ende des 4. Jahrhunderts Erster faßbarer Kirchenbau in Bonn unter dem heutigen Münster

um 410 Die Verlegung des römischen Bewegungsheers nach Italien läßt die germanischen Provinzen schutzlos zurück.

Mitte des 5. Jahrhunderts Die römische Provinz Germania secunda geht mit der Hauptstadt Köln an fränkische Kleinkönige über. Mit dem Ende der römischen Herrschaft am Rhein wird auch Bonn Teil der Francia Rinensis.

508 Der fränkische König Chlodwig gliedert das Rheinland seinem merowingischen Großreich an.

691/92 Erste Erwähnung des späteren Bonner Münsters als basilica sanctorum Cassii et Florentii

753 Der erste karolingische König Pippin in Bonn

vor 787 Bau der karolingischen Stiftskirche St. Cassius und Florentius und erster Stiftsgebäude

795 Erste Erwähnung der vielleicht schon spätrömischen Dietkirche

795 Erste Erwähnung der Pfarrkirche St. Remigius

804 Erste Erwähnung der Siedlung villa Basilica beim Münster, des Kerns der mittelalterlichen und heutigen Stadt

804 Erste Erwähnung des Weinbaus im Bonner Raum (Mehlem)

804 Erste Erwähnung der Pfarrkirche St. Martin

881 Normannen zerstören Bonn.

886 Kottenforst erstmals erwähnt

892 Normanneneinfall in Bonn von christlichem Heer abgeschlagen

921 Friedensvertrag von Bonn zwischen König Karl dem Einfältigen und König Heinrich I.

925 Endgültige Angliederung der Rheinlande an das entstehende Deutsche Reich, Anlaß 1925 der rheinischen Jahrtausendfeier auch in Bonn

942 Reichssynode mit 22 Bischöfen in Bonn

942 König Otto d. Gr. urkundet in Vilich.

975 Kaiser Otto II. urkundet in Bonn.

978 Gründung des Damenstifts Vilich, erste Äbtissin wird die hl. Adelheid.

um 1000 Verlagerung des Bonner Siedlungsschwerpunkts vom ehem. Römerlager auf die Siedlung um das Cassiusstift, auf die der Name Bonn übergeht

1015 Erste Erwähnung des Klosters Dietkirchen

um 1050 Neubau der Stiftskirche St. Cassius durch Erzbischof Hermann II.

1054 Kaiser Heinrich III. hält in Bonn einen Gerichtstag ab.

1063 König Heinrich IV. urkundet in Bonn.

um 1080 Adalbert von Saffenberg legt den Grundstein der späteren Herrschaft Löwenburg, der rechtsrheinisch die Dörfer von Beuel bis Ober- und Niederdollendorf angehören.

1096 Ermordung jüdischer Bürger von Bonn zu Beginn des 1. Kreuzzugs

1106 König Heinrich V. feiert das Osterfest im Bonner Münster.

1114 Kaiser Heinrich V. brandschatzt Bonn.

um 1140/50 Propst Gerhard von Are erweitert die Stiftskirche St. Cassius und errichtet die Stiftsgebäude um den Kreuzgang.

1143 Katharer erleiden bei Bonn den Feuertod auf dem Scheiterhaufen.

1146 Zu Beginn des 2. Kreuzzugs flüchten sich die Kölner Juden auf die Wolkenburg.

1147 Ritter Heinrich von Bonn fällt bei der Eroberung von Lissabon.

1151 Einweihung der Doppelkapelle von Schwarzrheindorf

1166 Erhebung der Gebeine der hll. Cassius, Florentius und Malusius

1198 König Philipp von Schwaben brandschatzt Bonn.

1208 und *1212* König Otto IV. feiert das Weihnachtsfest in Bonn.

nach 1208 Überführung der Reliquien der hl. Adelheid von Köln nach Vilich

1210 Erzbischof Dietrich von Hengebach beginnt mit dem Bau der Godesburg.

1211 Erste Erwähnung des oppidum Bonnense, der „Stadt Bonn"

um 1220 Heinrich III. von Sayn gründet in Ramersdorf ein Haus des Deutschen Ritterordens.

1228 Erste Erwähnung des Klosters Marienforst in Bad Godesberg

1239 Herzog Heinrich II. von Brabant besetzt Bonn.

1244 Mauerbauprivileg Erzbischof Rainalds von Dassel für die Bürger von Bonn

1256 Bonn wird Mitglied des Rheinischen Städtebundes.

1261 Deutschordens-Haus Muffendorf erstmals bezeugt

1274 Erzbischof Engelbert II. von Falkenburg beruft Minoriten nach Bonn.

1283 Erzbischof Siegfried von Westerburg richtet in Bonn Rheinzoll ein.

1286 Siegfried von Westerburg führt in der Stadt Bonn die Ratsverfassung ein.

1288 Judenverfolgung in Bonn fordert über 100 Opfer.

1288 Nach der Schlacht von Worringen zieht Herzog Johann von Brabant in Bonn ein.

1292 König Adolf hält sich einen Monat lang in Bonn auf.

1314 Erzbischof Heinrich II. von Virneburg krönt Friedrich den Schönen im Bonner Münster zum König.

1314 Die Fährleute von Bonn und Schwarzrheindorf einigen sich über den Fährbetrieb zwischen den beiden Ufern des Rheins.

1331 Erste Erwähnung eines Bonner Bürgermeisters

1338 Staatsbesuch des englischen Königs Eduard III. in Bonn

1341 Erzbischof Walram von Jülich kauft die Wasserburg Poppelsdorf.

1346 Walram von Jülich krönt Karl IV. im Bonner Münster zum König

1349 Karl IV. zweimal zu Besuch in Bonn.

1349 Erste Pestwelle erreicht Bonn und führt auch hier zur „Judenschlacht".

1385 Im kurrheinischen Münzvertrag wird Bonn alleinige Münzsttätte Kurkölns.

1450 Erzbischof Dietrich von Moers verleiht Bonn ein Jahrmarktprivileg auf St. Katharinen.

1450 Dietrich von Moers verpfändet die Godesburg, im Jahr darauf Stadt und Amt Bonn.

1451 Pestepidemie in Bonn

1463 Kurkölnische Erblandesvereinigung. Bonn gehört zu den 17 Städten der Städtebank.

1484 Die Herrschaft Löwenburg gelangt an das Herzogtum Berg.

1520 Karl V. und Albrecht Dürer zu Besuch in Bonn

1525 Der kurkölnische Rat samt Kanzlei nach Bonn verlegt

1542 Kurfürst Hermann von Wied beruft den Reformator Martin Bucer nach Bonn.

1543 Der Reformator Philipp Melanchthon kommt nach Bonn.

1547 Erzbischof Hermann von Wied dankt ab. Erster kurkölnischer Reformationsversuch gescheitert

1550 Die „Zwölfter" erstmals bezeugt.

1557 Der erste deutsche Jesuit, Petrus Canisius, predigt im Bonner Münster.

1569 Salentinischer Vertrag beschneidet die Rechte des Bonner Stadtrats.

1577 Erzbischof Salentin von Isenburg tritt zurück und heiratet.

1583 Erzbischof Gebhard Truchseß von Waldburg heiratet Agnes von Mansfeld. Beginn des Truchsessischen Kriegs

1583 Godesburg von bayerischen Truppen gesprengt. Wasserschloß Poppelsdorf zerstört

1583 Wahl von Ernst von Bayern zum neuen Erzbischof von Köln. Beginn der 180jährigen Herrschaft der katholischen Wittelsbacher im Nordwesten des Reichs.

1587 Söldnerführer Martin Schenck von Nideggen nimmt die Stadt Bonn ein.

1588 Belagerung und Beschießung von Bonn: zweiter kurkölnischer Reformationsversuch gescheitert

1589 Erste bezeugte Hexenverbrennung in Godesberg

1597 Bonn offiziell zur Haupt- und Residenzstadt Kurkölns erhoben

1620 Niederländer errichten auf einer Rheininsel die „Pfaffenmütze".

1623 Ältester datierter Grabstein auf dem von der Bonner Synagogengemeinde genutzten jüdischen Friedhof in Schwarzrheindorf

1627 Kurfürst Ferdinand legt Grundstein für neue Wallfahrtskirche auf dem Kreuzberg.

1628 Bonner Hofkapelle des Kurfürsten Ferdinand erstmals bezeugt

1628 Elisabeth Kurzrock, Wirtin des Gasthauses „Zur Blomen", als Hexe verbrannt

1633 Im Dreißigjährigen Krieg äschern schwedische Truppen Mehlem ein.

1639 Etwa 50 Hexen und Hexer in Bonn hingerichtet

1639 Jesuiten gründen Gymnasium, Vorläufer des Beethoven-Gymnasiums.

1645 Hessische Truppen verbrennen die Dörfer Dransdorf, Lessenich und Meßdorf.

um 1650 Bonn zur modernen Festsetzung ausgebaut

1666 Letzte Pestwelle erreicht Bonn.

1673 Zerstörung von Kirche und Stift Dietkirchen durch die Franzosen

1673 1. Beschießung und Einnahme der kurkölnischen Hauptlandesfestung Bonn durch kaiserlich-sächsische Truppen

1685 Erste evangelische Kirche im Bonner Raum in Oberkassel eingeweiht

1688 Am Adelheidisbrunnen in Beuel-Pützchen Karmeliterkonvent gegründet

1689 2. Beschießung und völlige Zerstörung der Stadt Bonn

1697 Kurfürst Joseph Clemens legt Grundstein für das Bonner Residenzschloß.

1697 „Fliegende Brücke" (Gierponte) über den Rhein eingerichtet. Sie dient bis 1898.

1699 Kurfürst Joseph Clemens weiht Michaelskapelle in Bad Godesberg ein.

1703 3. Belagerung und Besetzung der Stadt Bonn.

1715 Kurfürst Joseph Clemens errichtet jüdisches Ghetto, die „Judengaß".

1715 Joseph Clemens weiht den Alten Friedhof ein.

1715 Schleifung der barocken Bastionen beendet Bonns Jahrhundert als Festungsstadt.

1717 Namen-Jesu-Kirche der Jesuiten eingeweiht

1729 Montesquieu besucht Bonn

1730 König Friedrich Wilhelm von Preußen besucht mit seinem Sohn Friedrich die Bonner Residenz.

1732/33 Erstmals Pützchens Markt bezeugt

1737/38 Bau des barocken Bonner Rathauses

1740 Kurfürst Clemens August weiht in Röttgen eine Jagdkapelle zu Ehren der hl. Venantius und Hubertus ein, die spätere Pfarrkirche.

1746 Poppelsdorfer Schloß Clemensruh weitgehend vollendet

1751 Kurfürst Clemens August weiht die Heilige Stiege auf dem Kreuzberg ein.

1751-1753 Stadtdechant Radermacher errichtet am Münsterplatz sein Barockpalais, später Fürstembergisches Palais genannt, seit 1876 Hauptpostamt

1751-1755 Kurfürst Clemens August fügt dem Residenzschloß das Koblenzer Tor zu.

1760 Casanova zu Besuch bei Kurfürst Clemens August

1761 Im Siebenjährigen Krieg besetzen Franzosen für zwei Monate Bonn.

1764 Bau des Lippeschen Palais in Oberkassel

1769 Ernst Moritz Arndt in Groß Schoritz auf Rügen geboren

1770 17.12. Taufe Ludwig van Beethovens in St. Remigius

1771 Große Hungersnot im Bonner Raum

1777 Brand und Zerstörung des Bonner Residenzschlosses

1777 Kurfürst Max Friedrich von Königsegg-Rothenfels gründet die Maxische Akademie

1778 Erster öffentlicher Auftritt des achtjährigen Ludwig van Beethoven

1784 Mit über 13 m NN „Jahrtausendhochwasser" des Rheins in Bonn und Beuel

1784 Kurfürst Max Franz ernennt Ludwig van Beethoven zum ordentlichen besoldeten Hoforganisten.

1785 Bau des Mehlemschen Hauses am Beueler Rheinufer

1786 Kurfürst Max Franz erhebt die Maxische Akademie zur Universität

1787 Gründung der aufklärerischen Lesegesellschaft

1787 Kurfürst Max Franz schickt Ludwig van Beethoven nach Wien zu Mozart

1787 Max Franz schließt alle Bonner Pfarrkirchhöfe und bestimmt den Alten Friedhof zum alleinigen Begräbnisplatz der Stadt.

1789 Peter Joseph Lenné in Bonn geboren

1790 Joseph Haydn zu Besuch in Bonn

1790 Kurfürst Max Franz erwirbt Draitschbrunnen und baut Godesberg zum Bad aus.

1790 In der Stadt Bonn wohnen 10 135 Menschen in 1121 Häusern.

1792 Ludwig van Beethoven begegnet Joseph Haydn in der Redoute.

1792 Kurfürst Max Franz entsendet Ludwig van Beethoven nach Wien zu Joseph Haydn.

1794 Französische Revolutionstruppen besetzen Bonn.

1797 Anhänger der Cisrhenanischen Republik errichten auf dem Bonner Marktplatz Freiheitsbaum.

1800 Bonn wird Sitz einer französischen Unterpräfektur im Rhein-Mosel-Departement.

1801 Der linksrheinische Bonner Raum wird Teil des französischen Staatsgebiets.

1803 Reichsdeputationshauptschluß beendet das Heilige Römische Reich Deutscher Nation und löst das Kurfürstentum Köln auf.

1804 Der französische Kaiser Napoleon besucht mit Kaiserin Josephine Bonn.

1806 Die Minoritenkirche in der Brüdergasse wird Pfarrkirche anstelle der vom Blitz zerstörten Kirche St. Remigius am Römerplatz

1806 Leopold Bleibtreu errichtet auf der Beueler Hardt die erste Alaunhütte.

1809 Erstmals Beueler Lohnbleicher und -wäscher bezeugt

1811 Napoleon in Bonn, Beuel und auf dem Finkenberg in Limperich

1812 Pfarrkirche St. Martin abgerissen

1812 Moses Hess, einer der geistigen Begründer des Zionismus, in Bonn geboren

1815 Der preußische König Friedrich Wilhelm III. nimmt die Rheinlande in Besitz. Der Bonner Raum erstmalig unter einer Herrschaft

1815 Johann Wolfgang von Goethe besucht Bonn als Begleiter des Reichsfreiherrn vom Stein zum dritten Mal.

1816 Gründung des Oberbergamts Bonn

1816 Gründung der evangelischen Gemeinde Bonn

1816 Erstes Dampfschiff befährt den Rhein.

1817 William Turner besucht auf seiner Rheinreise auch Bonn.

1818 König Friedrich Wilhelm III. gründet die nach ihm benannte Universität Bonn.

1819 Heinrich Heine beginnt Studium an der Universität Bonn.

1819 Gründung des Akademischen Kunstmuseums

1820 Gründung der ältesten Bonner Studentenverbindung, des Corps Rhenania

1820 Ernst Moritz Arndt erhält Lehrverbot.

1820 Gründung des Museums Vaterländischer Alterthümer; des späteren Rheinischen Provinzial-, jetzt Landesmuseums Bonn

1824 Beueler Wäscherinnen gründen das Alte Beueler Damenkomitee.

1824 Bau des „Anatomischen Theaters“, seit 1884 Akademisches Kunstmuseum

1827 Ludwig van Beethoven stirbt in Wien.

1828 Erster Bonner Rosenmontagszug

1828 Ludwig Wessel gründet Steingutfabrik in Poppelsdorf.

1835 Karl Marx und Friedrich Nietzsche immatrikulieren sich an der Universität Bonn.

1836 Das Siebengebirge wird Naturschutzgebiet

1837 Friedrich Wilhelm August Argelander an die Universität Bonn berufen

1840 König Friedrich Wilhelm IV. rehabilitiert Ernst Moritz Arndt.

1840 Gottfried und Johanna Kinkel gründen den „Maikäferbund“

1841 „Verein von Alterthumsfreunden im Rheinland“ gegründet

1842 „Gesellenvater“ Adolf Kolping immatrikuliert sich an der Universität Bonn.

1842 Friedrich Christoph Dahlmann, der führende Kopf der „Göttinger Sieben“, wird Professor an der Universität Bonn

1843 Zweiter Bonner Rosenmontagszug nach 15jähriger Pause

1844 Borromäus-Verein in Bonn gegründet

1844 Eröffnung der Eisenbahnlinie Köln-Bonn

1845 Einweihung des Beethovendenkmals auf dem Münsterplatz

1845 Gründung des „Städtischen Gesangvereins“

1845 Preußische Gemeindeordnung im Rheinland eingeführt

1846/47 Die spätromanische Kapelle der Deutschordenskommende Ramersdorf auf den Alten Friedhof verlegt

1847 Gründung der Landwirtschaftlichen Hochschule Poppelsdorf

1848 Die älteste, noch bestehende Bonner Volksschule für Knaben, die Stiftsschule, eröffnet

1848 Eröffnung der Deutschen Nationalversammlung in der Frankfurter Paulskirche. Neun Bonner Professoren sind Mitglied.

1848 Gottfried Kinkels Auftruf zur Steuerverweigerung führt zu revolutionären Unruhen in Bonn.

1849 St.-Johannes-Hospital eingeweiht

1850 Gründung des Landgerichts Bonn

1852 Die späteren Königshusaren, die „Lehm ops“, in Bonn einquartiert

1853 Karl Simrock begründet die Bonner Germanistik

1854 Clemens Theodor Perthes gründet die „Herberge zur Heimat“, die älteste evangelische Herberge für wandernde Handwerksgesellen in Deutschland.

1856 Robert Schumann stirbt in der Richarz’schen Nervenheilanstalt in Endenich.

1856 Dr. Hermann Bleibtreu gründet Portland-Zementfabrik in Oberkassel.

1857 Die „Rheingräfin“ Sibylle Mertens-Schaaffhausen stirbt in Rom.

1858 Eisenbahnlinie Köln über Bonn nach Koblenz verlängert

1860 Tod von Ernst Moritz Arndt

1863 Gründung des „Bonner Bürger-Vereins“

1863 Pfarrkirche St. Marien in Bad Godesberg geweiht

1863 Ernst-Moritz-Arndt-Denkmal auf dem Alten Zoll eingeweiht

1866 Gründung der „Bonner Fahnenfabrik“

1867 Die Cholera fordert in Bonn 25 Todesopfer.

1869 Gründung des „Verschönerungsvereins für das Siebengebirge“

1870 Eisenbahntrajekt Bonn-Oberkassel in Betrieb genommen

1871 Bonner Beethovenfest aus Anlaß von Beethovens 100. Geburtstag in der im Zweiten Weltkrieg zerstörten alten Beethovenhalle

1871 Kreuzkirche am Kaiserplatz als erster evangelischer Kirchenbau in Alt-Bonn eingeweiht

1872 Richard Wagner besucht in Bonn eine Aufführung der Oper „Die Stumme von Portici“ von François Auber.

1872 Bonner Synagogengemeinde weiht jüdischen Friedhof an der Römerstraße ein.

1873 Berta Lungstras gründet evangelische „Wickelburg“ für ledige Mütter und ihre Kinder.

1873 Christus-Brunnen auf dem Stiftsplatz eingeweiht

1873 Erstes Schumannfest in Bonn zur Finanzierung seines Grabdenkmals auf dem Alten Friedhof

1875 König Wilhelm I. verweigert Oberbürgermeister Leopold Kaufmann die Bestätigung.

1876 Gründung des Rheinischen Provinzialmuseums, jetzt Rheinisches Landesmuseum Bonn

1876 Friedrich Soennecken verlegt seine Fabrik von Remscheid nach Bonn.

1876 Das Fürstembergische Palais am Münsterplatz wird Hauptpost.

1879 Neue Synagoge am Rheinufer eingeweiht

1880 Schumann-Denkmal auf dem Alten Friedhof eingeweiht

1881 Noeggerath-Denkmal auf dem Alten Friedhof eingeweiht

1882 Rheinische Provinzial-Irren-, Heil- und Pflegeanstalt eingeweiht

1883 Ermekeilkaserne fertiggestellt

1884 Erstes Telefonnetz in Bonn eröffnet

1884 Einweihung des „Städtischen Museums Villa Obernier" als Vorläufer des Kunstmuseums Bonn

1885 Einweihung des Bonner Hauptbahnhofs

1886 Gründung des Vereins „Bonnensia", des heutigen „Bonner Heimat- und Geschichtsvereins"

1886 Stiftskirche geweiht

1887 Gründung des „Liberalen Bürgervereins"

1887 Stadt Bonn wird kreisfrei.

1889 Heinrich Hertz an die Universität Bonn berufen

1889 Gründung des „Vereins Beethoven-Haus" zur Rettung von Beethovens Geburtshaus in der Bonngasse

1889 Hermann Neusser gründet den „General-Anzeiger"

1890 Baubeginn des Rheinischen Provinzialmuseums, des heutigen Rheinischen Landesmuseums Bonn

1890 Erstes Kammermusikfest des „Vereins Beethoven-Haus"

1891 Luigi Pirandello, der spätere Nobelpreisträger für Literatur, beendet sein Studium an der Universität Bonn.

1892 Pfarrkirche St. Marien in Bonn geweiht

1893 Dampfstraßenbahn Bonn-Bad Godesberg-Mehlem eröffnet

1895 Konrad Adenauer immatrikuliert sich an der Juristischen Fakultät der Universität Bonn.

1896 Clara Schumann an der Seite ihres Mannes Robert auf dem Alten Friedhof beigesetzt

1898 „Dramatische Gesellschaft" gegründet

1898 Vorgebirgsbahn „Feuriger Elias" nach Köln eröffnet

1898 Erste Bonner Rheinbrücke eingeweiht

1899 Rüngsdorf und Plittersdorf nach Bad Godesberg eingemeindet

1899 Gründung von Stadtarchiv und Stadthistorischer Bibliothek Bonn

1901 Stadthalle „Bierkirche" in der Gronau eingeweiht

1901 Die Familie des 14jährigen August Macke nimmt ihren Wohnsitz in Bonn.

1902 Martinsbrunnen in der Sürst aufgestellt

1902 Einweihung der Poppelsdorfer Synagoge

1903 Denkmal für Karl Simrock im Hofgarten eingeweiht

1903 Kekulé-Denkmal vor dem Chemischen Institut enthüllt

1903 Einweihung der neuen Beueler Synagoge

1903 Oberbergamt eingeweiht

1904 Poppelsdorf, Kessenich, Endenich und Dottendorf nach der Stadt Bonn eingemeindet

1904 Pfarrkirche St. Josef in Beuel geweiht

1905 Aenne Ziskoven gründet privates Musik-Konservatorium

1906 Kaiser-Wilhelm-Denkmal auf dem Kaiserplatz eingeweiht

1906 Kinkel-Denkmal in Oberkassel enthüllt

1906 Viktoriabad eingeweiht

1906 Rheinuferbahn nach Köln in Betrieb genommen

1907 Gründung des „Städtischen Orchesters", des heutigen „Orchesters der Beethovenhalle Bonn"

1907 Kasernen und Offizierskasino des Husaren-Regiments König Wilhelm, der „Lehm ops", vollendet

1910 Gesellschaftshaus des „Bonner Bürger-Vereins" an der Poppelsdorfer Allee eingeweiht

1910 Max Ernst beginnt sein Studium an der Universität Bonn.

1910 Der spätere Nobelpreisträger für Chemie, Otto Wallach, an die Bonner Universität berufen

1911 Straßenbahnlinie nach Siegburg eröffnet

1911 Emilie Heyermann gründet erste Mittelschule für Mädchen in Bonn.

1911 Eröffnung der elektrischen Straßenbahnlinien nach Siegburg und Oberdollendorf (erst 1925 bis Bad Honnef verlängert)

1912 St. Elisabethkirche geweiht

1913 Die Ausstellung „Rheinischer Expressionisten" im Kunstsalon Cohen eröffnet

1913 Gaudeamus- oder Studentenbrunnen eingeweiht

1914 In Bonn machen 200 Millionäre die Stadt zur drittreichsten in Preußen.

1914 August Macke fällt in der Champagne.

1915 Neubau der Landwirtschaftskammer Rheinland eingeweiht

1915 Letzter Auftritt des Komponisten Max Reger in Bonn

1915 Muffendorf nach Bad Godesberg eingemeindet

1918 Angriff alliierter Flugzeuge auf Bonn fordert 26 Menschenleben.

1918 Arbeiter-, Bürger- und Soldatenrat in Bonn gebildet

1918 Nach dem Ende des Ersten Weltkriegs britische, dann französische Besatzung in Bonn bis 1926

1920 Hans Riegel, Bonn, gründet HARIBO, der heute größte Fruchtgummihersteller der Welt.

1923 Rheinische Separatisten besetzen Bonns Rathaus.

1925 Silvesterhochwasser des Rheins von 10,10 m über NN überschwemmt weite Teile des Stadtgebiets und richtet erhebliche Verwüstungen in Beuel an.

1925 Altes Stadthaus am Bottlerplatz fertiggestellt

1926 Godesberg darf fortan den Titel „Bad" führen

1927 Der russische Abenteurer Alexander Zoubkoff heiratet die verwitwete Prinzessin Viktoria zu Preußen, die Schwester des früheren Kaisers Wilhelms II.

1931 Mit „Drei volkstümlichen Beethoventagen" beginnt die Reihe der bis 1997 durchgezählten 35 Beethovenfeste der Stadt Bonn.

1932 Die kreuzungsfreie Autostraße Köln-Bonn, Vorläufer der ersten deutschen Autobahn A1, dem Verkehr übergeben

1933 13.3. NS-Oberbürgermeister und Bürgermeister in Bonn, Bad Godesberg, Beuel eingesetzt

1933 3./4.4. KPD-Stadtverordneter Otto Renois erschossen

1933 10.5. Bücherverbrennung auf dem Marktplatz

1933 29.6. Adolf Hitler am Tag vor dem Münchener Röhmputsch im Rheinhotel Dreesen

1933 2.10. Pädagogische Akademie eingeweiht, 1948 Sitz des Parlamentarischen Rats, danach zum Bundeshaus umgebaut

1934 „Studien zum Mythus des XX. Jahrhunderts" erschienen. Mitverfasser ist der katholische Theologe Wilhelm Neuss.

1934 1.5. Private jüdische Volksschule gegründet (dort steht heute das Juridicum)

1934 13.5. Zoologisches Forschungsinstitut und Museum Alexander Koenig eingeweiht

1934 31.5. Die „Barmer Theologische Erklärung", Gründungsschrift der Bekennenden Kirche, erscheint. Mitverfasser ist der evangelische Theologe Karl Barth.

1934 November Bonn wird mit 100 000 Einwohnern Großstadt

1935 26.2. „Lindenwirtin" Aennchen Schumacher verstorben

1935 1.7. Nach Eingemeindung von Lannesdorf und Mehlem Bad Godesberg zur Stadt erhoben

1936 Januar Beueler Stadtsoldaten-Corps „Rot-Blau" gegründet

1936 7.3. Deutsche Truppen marschieren in das entmilitarisierte Rheinland ein, von der Bonner Bevölkerung mit Jubel begrüßt.

1936 August Die Bonnerinnen Leni Henze und Gisela Jacob gewinnen Silbermedaillen im Schwimmen bei den Olympischen Spielen in Berlin.

1936 19.12. Thomas Mann Ehrendoktorwürde der Philosophischen Fakultät der Universität Bonn aberkannt

1937 21.1. Gründung des Bad Godesberger Stadtsoldatencorps

1937 1.4. Die Ämter Duisdorf und Oedekoven zum Amt Duisdorf vereinigt

1937 1.8. Der Radiologe Robert Janker gründet private Röntgenklinik.

1937/38 Heinrich Böll Lehrling in der Buchhandlung Mathias Lempertz

1937/38 Hermann-Göring-Kaserne auf dem Venusberg, Troilo- und Gallwitz-Kaserne in Duisdorf vom Militär bezogen

1938 25.3.1938 Der Buschdorfer Boxer Adolf Heuser gewinnt Weltmeisterschaft im Halbschwergewicht, 1938/39 Europameisterschaft im Halbschwer- und Schwergewicht

1938 29.3. Brückenzoll der Bonner Rheinbrücke endgültig abgeschafft, für Kraftfahrzeuge schon 1927

1938 19.12. Beethovens „Ewigkeitsdenkmal" am Alten Zoll eingeweiht

1938 22.-24.9. Der britische Premierminister Neville Chamberlain und Hitler verhandeln im Rheinhotel Dreesen über die Sudetenkrise wenige Tage vor dem Münchener Abkommen.

1938 10.11. Zerstörung aller fünf Synagogen in Bonn, Poppelsdorf, Beuel, Bad Godesberg und Mehlem am Tage nach der Reichspogromnacht

1941 18.6. Beginn der Zwangseinweisung der Juden aus Bonn und Umgebung in das Sammellager im Kloster Zur Ewigen Anbetung in Endenich

1941 29.7. Hinrichtung von zwei polnischen Zwangsarbeitern in Limperich

1942 26.1. Der Mathematiker Prof. Felix Hausdorff nimmt sich mit Ehefrau und Schwägerin aus Angst vor Deportation das Leben.

1942 14.6. Beginn der Deportation der Juden aus Bonn und Umgebung in die Vernichtungslager im Osten

1942 16.11. Beginn des Transports psychisch und geistig kranker und behinderter Kinder von der Rheinischen Klinik für Jugendpsychiatrie in Tötungsanstalten

1943 11.3. Beginn der Deportation Bonner Sinti nach Auschwitz

1943 7.9. Hinrichtung des Pianisten Karlrobert Kreiten in Berlin-Plötzensee

1944 Mai Rheinhotel Dreesen Außenstelle des KZs Buchenwald für einen Gefangenen

1944 18.10. Bonner Innenstadt durch englische Bomber völlig zerstört

1944 21.12. Schwerer Luftangriff auf Bad Godesberg

1945 8. bzw. 9.3. Amerikanische Truppen besetzen Bad Godesberg und Bonn.

1945 20.3. Amerikanische Soldaten besetzen Beuel.

1945 25.4. Heinrich Körner in Berlin erschossen

1945 13.8. Britischer Militärgouverneur Pirie setzt Eduard Spoelgen zum Oberbürgermeister ein.

1945 17.11 Universität Bonn nimmt Lehrbetrieb wieder auf.

1946 19.3. Erscheinungsbeginn der „Kölnischen Rundschau“ für Köln und Bonn, seit 1949 selbständig als „Bonner Rundschau“

1946 1.-3.9. „Kuhle Kirmes“ wieder gefeiert

1946 13., 15.9. bzw. 13.10. Erste freie Kommunalwahlen nach dem Zweiten Weltkrieg bringen der CDU in Beuel, Bad Godesberg und Bonn die absolute Mehrheit.

1947 8.3. „Heimatverein Beuel“ gegründet, erster Vorsitzender wird Prof. Dr. Heinrich Neu.

1947 7.8. Städteparterschaft Bonn-Oxford beschlossen, eine der ersten in Deutschland überhaupt

1948 1.9. Eröffnung des Parlamentarischen Rats im Museum Alexander Koenig

1949 22.2. Tod von Dechant Johannes Hinsenkamp

1949 28.2. Erster Rosenmontagszug nach dem Zweiten Weltkrieg in Bonn

1949 2.3. Die im Januar in Köln gegründete „Notgemeinschaft der Deutschen Wissenschaft", später in Deutsche Forschungsgemeinschaft umbenannt, verlegt ihren Sitz nach Bonn.

1949 10.5. Der Parlamentarische Rat bestimmt Bonn zum vorläufigen Sitz der Verfassungsorgane in der entstehenden Bundesrepublik Deutschland

1949 23.5. Verkündigung des Grundgesetzes durch Konrad Adenauer

1949 14.8. Wahlen zum Ersten Deutschen Bundestag

1949 Rheinhotel Dreesen wird Sitz der französischen Hohen Kommission, seit 1952 wieder Hotel.

1949 7.9. Konstituierende Sitzung des Ersten Deutschen Bundestags

1949 12.9. Wahl des ersten Bundespräsidenten Theodor Heuss

1949 15.9. Wahl Konrad Adenauers zum ersten Bundeskanzler

1949 24.9. Gründung des Nationalen Olympischen Komitees im Museum Alexander Koenig

1949 3.11. Der Deutsche Bundestag lehnt seine Verlegung nach Frankfurt ab. Bonn bleibt vorläufige Hauptstadt der Bundesrepublik Deutschland.

1949 12.11. Einweihung der neuen (Kennedy-)Rheinbrücke

1949 13.11. Erster Staatsbesuch in Bonn: US-Außenminister Dean Acheson

1949 23.11. Bundeskanzler Adenauer zieht in das Palais Schaumburg ein.

1949 10.12. Erster Bundespresseball im Kurhaus Bad Neuenahr

1949 17.12. Einweihung des großen Hörsaals der Universitätskliniken auf dem Venusberg. Beginn des regulären Lehrbetriebs im Sommersemester 1950

1950 7.1. Erste Großdemonstration in Bonn: Proteststernfahrt von 1500 Lastkraftwagen wegen Erhöhung des Benzin- und Dieselpreises

1950 20.5. Eröffnung des „Contra-Kreis-Theaters"

1950 24.9. Mahnmal zur Erinnerung an die verfolgten und ermordeten Bonner Bürgerinnen und Bürger eingeweiht

1950 15. 12. Villa Hammerschmidt wird Amtssitz des Bundespräsidenten Theodor Heuss.

1951 5.1. Konrad Adenauer wird Ehrenbürger der Stadt Bonn.

1951 Festausschuß Bonner Karneval gegründet

1951 15.3. Einrichtung des Auswärtigen Amtes

1952 28.3. Stadttheater Bad Godesberg eröffnet

1952 7.3. Gründung des Institut français

1952 19.7.-3.8. XV. Olympische Spiele in Helsinki. Erstmals Deutschland unter Teilnahme der Bonner Schwimmerin Gisela Jacob wieder zugelassen

1952 20.8. Tod des SPD-Vorsitzenden Kurt Schumacher

1952 24.8. Beuel zur Stadt erhoben

1952 10.11. Ehrengarde der Stadt Bad Godesberg gegründet

1953 28.3. Tod des Geographen Alfred Philippson

1953 7.5. Einweihung des Bonner Presseclubs

1953 Der erste Bonn-Roman, „Das Treibhaus" von Wolfgang Koeppen, erscheint.

1953 13.8. Tod des Schauspielers Paul Kemp in seiner Vaterstadt Bad Godesberg

1953 10.12. Bundeskanzler Konrad Adenauer gründet die Alexander-von-Humboldt-Stiftung neu und ernennt zu ihrem ersten Präsidenten den Nobelpreisträger für Physik Werner Heisenberg.

1954 1.2. Die Friedrich-Ebert-Stiftung verlegt ihren Sitz von Hannover nach Bonn.

1954 28.3. Einweihung der wiederhergestellten Kreuzkirche

1954 31.8. Festausschuß Godesberger Karneval gegründet

1954 13.6. Neueröffnung von „Rhein in Flammen"

1954 8.11. Besuch eines ersten Staatsoberhaupts in Bonn: Kaiser Haile Selassie von Äthiopien

1955 Der Bundestag erteilt der Bundesregierung Bauverbot in Bonn.

1955 27. 2. Kaiserin Soraya von Iran trägt sich ins Goldene Buch der Stadt Bonn ein.

1955 11.11. Albert Schweitzer wird in den von Heuss neugegründeten Orden Pour le mérite aufgenommen.

1955 15.12. Einweihung der Godesberger Stadthalle

1955 20.12. Der erste sowjetische Botschafter Valerian Sorin trifft in Bonn ein

1956 19.4. Tod des Romanisten Ernst Robert Curtius

1956 22.11. Dr. Wilhelm Daniels (CDU) zum Oberbürgermeister gewählt

1957 12.4. „Göttinger Erklärung“ von 18 Kernphysikern gegen die Aufrüstung der Bundesrepublik mit Atomwaffen, unter ihnen der spätere Bonner Nobelpreisträger Wolfgang Paul und Wolfgang Riezler

1957 2.-4.5. Erste Großkonferenz in Bonn: die Außenminister der NATO-Staaten

1957 9.5. Der britische Premierminister Harold Macmillan trägt sich ins Goldene Buch der Stadt Bonn ein.

1957 22.11. Marie Balzer wird Präsidentin des Alten Beueler Damenkomitees und erste „Obermöhn“.

1958 21.10. Walter Ullrich eröffnet sein „Kleines Theater“ in Bad Godesberg

1959 26.5. Einweihung der neuen Synagoge in der Tempelstraße

1959 26./27.8. Staatsbesuch ders amerikanische Präsident Dwight D. Eisenhower in Bonn

1959 8.9. Einweihung der neuen Beethovenhalle

1959 27.10. Gründung des „Colloquium Humanum“ zur Verständigung der Völker

1959 13.-15.11. SPD-Parteitag verabschiedet „Godesberger Programm“.

1960 25.8.-12.9. Der Bonner Fechter Jürgen Theuerkauff gewinnt bei der XVII. Olympiade in Rom Bronzemedaille.

1960 17.10. Einweihung der neuen Universitätsbibliothek

1961 17.6. „Verschönerungsverein“ Godesberg umbenannt in „Verein für Heimatpflege und Heimatgeschichte Bad Godesberg“

1961 13.7. Robert Schuman, Präsident des Europa-Parlaments, wird Bonner Ehrenbürger.

1961 20.12. Neubau der Pädagogischen Akademie an der Römerstraße eingeweiht

1962 4./5.9. Erster Staatsbesuch des französischen Staatspräsidenten Charles de Gaulle

1963 12.5. Schumannhaus in Endenich eingeweiht

1963 23.-25.6. Staatsbesuch des US-Präsidenten John F. Kennedy

1963 10.7. Gründung des Bonner Kunstvereins, die Festansprache hält Carlo Schmid.

1965 5.5. Einweihung des neuen Stadttheaters (jetzt Oper Bonn)

1965 18./19.5. Erster Staatsbesuch von Königin Elizabeth II. von Großbritannien und Prinz Philip

1966 27.1. Adelheid von Vilich von Papst Paul VI. heiliggesprochen

1966 12.-14.6. „Moby Dick“, ein weißer Belugawal im Rhein, erscheint vor Bonn.

1967 19.4. Tod Konrad Adenauers

1967 26./27.5. Staatsbesuch von Schah Reza Pahlewi von Persien und Kaiserin Farah Diba

1967 28.6. Einweihung der Friedrich-Ebert-Brücke

1967 18.7. Neubau des Rheinischen Landesmuseums Bonn eingeweiht

1967 21.11. Juridicum der Rechts- und Staatswissenschaftlichen Fakultät eingeweiht

1967 6.12. Berliner Studentenführer Rudi Dutschke spricht auf „Anti-Dies“ der Universität Bonn.

1968 30.3. Tod der Pianistin Elly Ney in Tutzing

1968 11.5. Großdemonstration der Außerparlamentarischen Opposition (APO) gegen die Notstandsgesetzgebung des Bundestags

1969 24.2. Einweihung des Abgeordnetenhochhauses „Langer Eugen“

1969 16.6. Alfred Gütgemann gelingt erste Lebertransplantation in Deutschland.

1969 1.8. Kommunale Neuordnung des Bonner Raumes

1969 4.10. Der Bonner Fechter Fritz Wessel wird Weltmeister.

1969 21.10. Mit Willy Brandt wird erstmals ein Sozialdemokrat Bundeskanzler.

1970 Internationales Beethovenfest der Stadt Bonn aus Anlaß des 200. Geburtsjahrs des Komponisten

1970 20.3. Eröffnung des neuen Flughafens Köln-Wahn, jetzt Konrad-Adenauer -Flughafen

1970 15.7. Abschluß des ersten der jeweils drei zehnjährigen Bonn-Verträge

1970 23.9. Sportpark Bonn-Nord eingeweiht

1971 20.5. Der von Oberstadtdirektor Dr. Wolfgang Hesse angeregte erste „Bonner Sommer“ eröffnet

1971 15.10. Naturpark Siebengebirge erhält Europa-Diplom.

1971 26.10. Staatsbesuch von Königin Juliana und Prinz Bernhard der Niederlande

1972 8.5. Max Ernst wird Ehrendoktor der Universität Bonn

1972 29.8. Werner Lampe gewinnt Silber- und Bronzemedaille im Schwimmen bei den XX. Olympischen Spielen in München.

1972 11.12. Einweihung der Konrad-Adenauer-Brücke

1973 18.1. Bundeskanzler Willy Brandt bestätigt Bonn endgültig als Bundeshauptstadt.

1973 27.1. CDU-Parteizentrale Konrad-Adenauer-Haus eingeweiht

1973 10.4. Das Alte Rathaus beim Besuch des Staatspräsidenten von Südvietnam Nguyen Van Thieu von Demonstranten besetzt und verwüstet

1973 18.-21.5. Staatsbesuch des KPdSU- Generalsekretärs Leonid Breschnew

1973 15.9. Einweihung des City-Rings: Bonner Innenstadt verkehrsfrei

1974 7.6. Grundsteinlegung der neuen SPD-Parteizentrale Erich-Ollenhauer-Haus

1975 22.3. Stadtbahn zwischen Bonner Hauptbahnhof und Bad Godesberg eröffnet

1975 19.5. Zentralredaktion der Tageszeitung „Die Welt“ von Hamburg nach Bonn verlegt

1975 21.5. Dr. Hans Daniels (CDU) zum Oberbürgermeister gewählt

1975 7.-15.6. Erstmalig Deutscher Musikwettbewerb in Bonn durchgeführt

1975 11.9. Bund, Land NRW und Stadt Bonn schließen Vertrag über weiteren Ausbau der Bundeshauptstadt.

1976 1.7. Bundeskanzler Helmut Schmidt bezieht das neue Kanzleramt.

1976 17.5. Einweihung des Wissenschaftszentrums

1976 26.7. Bei den XXI. Olympischen Spielen in Montreal gewinnt der Bonner Fechter Dr. Klaus Reichert eine Goldmedaille.

1976 17.10. Mildred Scheel gründet Deutsche Krebshilfe.

1977 19.4. Staatsbesuch von König Juan Carlos und Königin Sofia von Spanien

1977 19.5. Tod von „Bon(n)ifatius“ Hermann Wandersleb

1978 20.5. Einweihung des neuen Bonner Stadthauses

1978 18.6. Griechisch-Orthodoxe Metropolitankirche Agia Trias in Beuel eingeweiht

1978 15.-17.7. Weltwirtschaftsgipfel der sieben westlichen Industrienationen

1978 2.11. Eröffnung der „Kaiser-Passagen“

1979 27.4. Eröffnung der Bundesgartenschau

1979 27.8. Einweihung des Mehlemschen Hauses in Beuel

1979 2.10. Der französische Staatspräsident Valéry Giscard d'Estaing zu Gast in der ZDF-Sendung „Bürger fragen – Politiker antworten“ in der Beethovenhalle

1979 22.10. Staatsbesuch des chinesischen Ministerpräsidenten Hua Guofeng

1979 28.10. „Arbeitskreis zur Erhaltung des historischen Stadtgefüges von Bonn“ erhält Deutschen Preis für Denkmalschutz.

1980 22.-29.9. Erste Begegnungswoche mit ehemals Bonner jüdischen Bürgerinnen und Bürgern

1980 1.10. Einweihung des Altstadt-Centers Bad Godesberg

1980 15.11. Staatsbesuch von Papst Johannes Paul II.

1981 23.5. Eröffnung des weltweit ersten Frauen Museums

1981 10.10. 300 000 Menschen demonstrieren „Für Frieden und Abrüstung“.

1981 14.11. Erste Bonner Gesamtschule in Beuel eingeweiht

1982 25.2. Einweihung der modernsten Fechthalle der Welt im Sportpark Nord

1982 1.-3.3. Staatsbesuch der niederländischen Königin Beatrix

1982 10.6. NATO-Gipfel in Bonn, u.a. mit US-Präsident Ronald Reagan

1982 24.6. Einweihung des Max-Planck-Instituts für Mathematik in Beuel. Leiter wird Friedrich Hirzebruch.

1982 26.10. Der Dalai Lama trägt sich ins Goldene Buch der Stadt Bonn ein.

1983 22.10. Große Friedensdemonstration mit Menschenketten gegen Nato-Doppelbeschluß

1983 20.12. Unterzeichnung des Freundschaftsvertrags Bonn-Tel Aviv in Israel

1984 12.1. Der erste deutsche Raumfahrer Dr. Ulf Merbold trägt sich ins Goldene Buch der Stadt Bonn ein.

1984 29.5. Erstmalige Verleihung des Ernst-Robert-Curtius-Preises für Essayistik an den Historiker Golo Mann

1984 28.7.-12.8. Die Bonner Fechter Ute Wessel gewinnt Gold-, Dr. Klaus Reichert Silber-, die Schwimmerin Ute Hasse ebenfalls Silbermedaille bei den XXI. Olympischen Spielen in Los Angeles.

1984 1.8. Trennung von Oper und Schauspiel

1984 21.9. Erstmals Dorothea-von-Stetten-Kunstpreis vergeben

1985 Jacob Wilhelm und Edith Tenten gründen ihr soziales Hilfswerk, eins der größten Bonns.

1985 2.-4.5. Zweiter Weltwirtschaftsgipfel in Bonn

1985 Oktober Der Rhein sinkt auf 1,12 m Pegelstand ab und wird zum Rinnsal.

1986 13.6. Eröffnung des alternativen Kulturzentrums „Brotfabrik“ in Beuel

1986 13.7. Friedensnobelpreisträgerin Mutter Teresa trägt sich ins Goldene Buch der Stadt Bonn ein.

1986 16.9. Erste Sitzung des Deutschen Bundestags im ehem. Wasserwerk

1986 10.10. Ermordung des Diplomaten Dr. Gerold von Braunmühl durch Terroristen

1986 29.11. Schauspielhaus „Kammerspiele Bad Godesberg“ eröffnet

1987 16.1. Eröffnung des neuen Zentrums der Bildenden Kunst am August-Macke-Platz

1987 7.4. Staatsbesuch des israelischen Staatspräsidenten Chaim Herzog

1987 8.6. Tod des Bonner „Hofchronisten“ Walter Henkels

1987 7./8.9. Staatsbesuch des Staats- und Parteichefs der DDR Erich Honecker

1987 15.10. Neubau des Postministeriums eingeweiht

1987 19.10. Staatsbesuch des französischen Staatspräsidenten François Mitterand

1987 2.11. Der englische Thronfolger Prinz Charles und seine Frau Lady Diana tragen sich ins Goldene Buch der Stadt Bonn ein.

1988 1.3. „Bönnsche Mess“ von Toni Roeder in St. Rochus in Duisdorf uraufgeführt, begründet „Bönnsche Tön“

1988 Juli/August Der Bonner Fechter Arnd Schmitt erringt Gold-, Silber- und Bronzemedaille bei den Olympischen Spielen in Seoul.

1988 13.6. Tod des Kunsthistorikers Heinrich Lützeler, Bonns beliebten „Professor humoris causa“

1989 1.1. Eröffnungskonzert in der Beethovenhalle zur 2000-Jahrfeier der Stadt Bonn

1989 15.1. Beueler Brückenforum eröffnet

1989 24.2. Einweihung des Kammermusiksaals Hermann J. Abs des Vereins Beethoven-Haus aus Anlaß seines 100jährigen Bestehens

1989 6.3. (1.) Unterzeichnung des Partnerschaftsvertrags Bonn-Potsdam noch unter SED-Regierung

1989 13.3. Besuch des ägyptischen Staatspräsidenten Hosni Mubarak

1989 13.6. Besuch des UdSSR-Staatspräsidenten Michail Gorbatschow und seiner Frau Raissa

1989 8.9. Der polnische Friedensnobelpreisträger Lech Walesa trägt sich ins Goldene Buch der Stadt Bonn ein.

1989 9.11. Öffnung der Berliner Mauer in Berlin

1989 21.12. Der Bonner Nobelpreisträger für Physik Wolfgang Paul trägt sich ins Goldene Buch der Stadt Bonn ein.

1990 Das Bonner Bundesleistungszentrum für Fechtsport in den Olympiastützpunkt Köln/Bonn/Leverkusen einbezogen

1990 19.3.-11.4. Wirtschaftskonferenz der 35 KSZE-Mitgliedsstaaten in Bonn

1990 21.6. Der erste freigewählte Ministerpräsident der DDR Lothar de Maizière trägt sich ins Goldene Buch der Stadt Bonn ein.

1990 3.10. Unterzeichnung des deutschen Einigungsvertrags in Berlin, als „Tag der deutschen Einheit“ seitdem Nationalfeiertag

1990 29.11. (2.) Unterzeichnung des Partnerschaftsvertrags Bonn-Potsdam

1991 2.3. Ralf Lepehne und Lydia Weisser gewinnen Weltmeisterschaft in der Kür lateinamerikanischer Tänze, wiederholt am 20.11.1992.

1991 20.6. Der Deutsche Bundestag beschließt Verlegung des Parlaments und von Teilen der Bundesregierung nach Berlin.

1991 25.9. Einweihung des August-Macke-Hauses

1992 Juli/August Die Bonner Fechter Arnd Schmitt, Alexander Koch und Uli Schreck gewinnen Goldmedaille bei den Olympischen Spielen in Barcelona.

1992 17.6. Einweihung des Kunstmuseums Bonn und der Kunst- und Ausstellungshalle der Bundesrepublik Deutschland unter Dr. Katharina Schmidt bzw. Dr. Wenzel Jacob

1992 18.-28.6. Erste europäische Schauspiel-Biennale

1992 30.10. Der Deutsche Bundestag weiht den neuen Plenarsaal ein.

1993 12.1. UN-General-Sekretär Dr. Boutros Boutros-Ghali trägt sich ins Goldene Buch der Stadt Bonn ein.

1993 26.4. Der Präsident der Tschechischen Republik Vaclav Havel trägt sich ins Goldene Buch der Stadt Bonn ein.

1993 13.9. Der japanische Kaiser Akihito und seine Frau Michiko tragen sich ins Goldene Buch der Stadt Bonn ein.

1993 23.12. Rheinhochwasser erreicht 10,13 m über NN.

1994 16.10. Erstmalig gewinnen SPD und Bündnis 90/-Die Grünen zusammen die absolute Mehrheit im Bonner Stadtrat.

1994 10.3. Verabschiedung des Berlin/Bonn-Gesetzes durch den Deutschen Bundestag

1994 April. Baubeginn der König-Fahad-Akademie des Königreichs Saudi-Arabien

1994 9. 6. Erstmalige Verleihung des Gabriele-Münter-Preises für Künstlerinnen über 40 Jahre im Frauen Museum

1994 14. 6. Einweihung des Hauses der Geschichte der Bundesrepublik Deutschland unter Prof. Dr. Hermann Schäfer

1994 3.11. Bärbel Dieckmann (SPD) zur ersten Oberbürgermeisterin der Stadt Bonn gewählt

1994 September „Haus der Sprache und Literatur“ nimmt unter seiner Gründerin und Leiterin Karin Hempel-Soos die Arbeit auf.

1995 30.1. Rheinhochwasser erreicht 10,08 m über NN.

1995 20.2. Der Bonner Nobelpreisträger für Wirtschaftswissenschaften Reinhard Selten trägt sich ins Goldene Buch der Stadt Bonn ein.

1995 April Die Deutsche Bank 24 nimmt Sitz in Bonn

1995 1.6. Bärbel Dieckmann übernimmt die Funktion des bisherigen Oberstadtdirektors und leitet damit auch die Verwaltung.

1995 10.7. Staatsbesuch des belgischen Königspaares Albert II. und Paola

1995 11.7. Stiftungsurkunde für CAESAR unterzeichnet

1995 3.11. Eröffnung des Deutschen Museums Bonn

1995 15.12-17.12. Erster „Beethoven-Marathon" der Initiative „Bürger für Beethoven"

1996 20.6. UNO-Generalsekretär Dr. Boutros Boutros-Ghali eröffnet das Domizil der United Nations Volunteers (UNV) in Schloß Carstanjen.

1996 Juli Das Bonner Radsportteam der Deutschen Telekom gewinnt Platz 1 und 2 der Tour de France in der Mannschaftswertung. Erik Zabel zum erstenmal bester Sprinter der Tour de France

1996 10.11. Gedenkstätte für die Bonner Opfer des Nationalsozialismus eingeweiht

1997 Juli Jan Ullrich vom Radsportteam der Deutschen Telekom gewinnt die Tour de France.

1998 28.1. Stadtmuseum Bonn eingeweiht

1999 1.7. Letzte Sitzung des Deutschen Bundestags in Bonn

1999 26.9. Erstmals in der Bonner Geschichte steht mit Bärbel Dieckmann eine sozialdemokratische Oberbürgermeisterin einem CDU-geführten Stadtrat gegenüber.

1999 8.9. Arithmeum eingeweiht

1999 25.9.-10.10. Erstes jährlich stattfindendes Internationales Beethovenfest der Stadt Bonn

2000 14.7. Letzte Sitzung des Bundesrats in Bonn

2000 21.11. Königin Beatrix der Niederlande wohnt der Eröffnung der Ausstellung „Deutschland – Niederlande, heiter bis wolkig" im Haus der Geschichte bei. Es sprechen Bundespräsident Johannes Rau und der niederländische Schriftsteller Harry Mulisch.

Bildnachweis:

Alle Abbildungen ohne näheren Nachweis befinden sich in der Graphik- und Fotosammlung von Stadtarchiv und Stadthistorischer Bibliothek.

S. 8: Aus: M. VERWORN, R. BONNET und G. STEINMANN (Bearbb.), Der diluviale Menschenfund von Obercassel bei Bonn, Wiesbaden 1919, Tafel VI - S. 10: RIC (Roman Imperial Coinage) 33a - S. 11: RIC 109 - S. 14: RIC 96 - S. 15: RLMB = Rheinisches Landesmuseum Bonn - S. 16: RIC 105 - S. 18: RIC 240 - S 19 oben: RIC 297 - S. 19 unten: RIC 40 - S. 21 oben: RLMB, Foto H. Lilienthal - S. 21 unten: British Museum, Coins of the Roman Empire 190 - S. 22: RLMB -14 RLMB - S. 25 oben: B. SCHULTE, Die Goldprägung der gallischen Kaiser von Postumus bis Tetricus, Aarau 1983, Typ IV 13/11A - GEORG ELMER, Die Münzprägung der gallischen Kaiser in Köln, Trier und Mailand, in: Bonner Jahrbücher 146, 1941, S. 1-106, Nr. 711, Tafel 10/6 - S. 26: RIC 134 - S. 27 oben: RIC 160 - S. 27 unten: RIC 50 - S. 29 oben: RIC 107 - S. 29 unten: Aus: JOSEF ENGEMANN und CHRISTOPH B. RÜGER (Hgg.), Spätantike und frühes Mittelalter, Bonn 1991, S. 116 - S. 32: Rhein. Amt für Denkmapflege - S. 33 Aus: ENGEMANN/RÜGER, ebd. S. 150 - S. 35 oben: Aus: VOLKER ZEDELIUS, Zur ältesten Münzprägung von Bonn, in: Bonner Geschichtsblätter 32, 1980, 11-16, Abb. a - S. 35 unten: Aus: PETER BERGHAUS, Das Münzwesen, in: Karl der Große. Werk und Wirken, Ausstellungskatalog, Aachen 1965, Abb. 279 - S. 40: Foto: Friedrich Gier, Presseamt der Stadt Bonn - S. 48: WALTER HÄVERNICK (Bearb.), Die Münzen von Köln. Vom Beginn der Prägung bis 1304, Köln 1935, 750 - S. 56: HÄVERNICK, ebd. 759a - S. 57: ALFRED NOSS (Bearb.), Die Münzen der Erzbischöfe von Köln 1306-1547, Köln 1913, 47 - S. 58: Prag, Nationalgalerie - S. 59: Entwurf: Manfred van Rey; hg. von der Sparkasse Bonn. Nach NOSS, ebd. 13 - S. 64: Foto: Friedrich Gier - S. 79: Kölnisches Stadtmuseum - S. 107: Schloß Augustusburg Brühl. Foto: Rheinisches Amt für Denkmalpflege - S. 115: Im Besitz von Bernhard Berzheim - S. 137 und S. 142: Im Besitz von Manfred van Rey - S. 159: Stadtmuseum Bonn - S. 164 und S. 165: Kunstmuseum

Bonn - S. 168: Aus: ANNETTE KUHN u .a. (Hgg.), 100 Jahre Frauenstudium. Frauen der Rheinischen Friedrich-Wilhelms-Universität Bonn, Dortmund 1996, S. 26. Foto im Besitz der Württembergischen Landesbibliothek Stuttgart - S. 175: Foto im Besitz von Harry Kley - S. 199: Aus: „General-Anzeiger" vom 14.3.1933 - S. 212: Foto im Besitz von Frieda Cloos - S. 214: Aus: MARIE KAHLE, Was hätten Sie getan? / PAUL KAHLE, Die Universität Bonn vor und während der Nazi-Zeit (1923-1939), hg. von JOHN H. KAHLE und WILHELM BLEEK, Bonn 1998, vordere Umschlagseite - S. 216: Aus: ALFRED PHILIPPSON, Wie ich zum Geographen wurde, hg. von HANS BÖHM und ASTRID MEHMEL, Bonn 1996 (Academica Bonnensia, 11), vordere Umschlagseite.

Literatur in Kurzauswahl

WILHELM JANSSEN, Kleine rheinische Geschichte, Düsseldorf 1997

IRMGARD WOLF und MANFRED ENGELHARDT, Kleine Chronik der Rheinlande, Bonn 1995

IRMGARD WOLF und MANFRED ENGELHARDT, Kleine Kulturgeschichte der Rheinlande, Bonn 1998

PAUL ZURNIEDEN, Begebenheiten - Anekdoten - Lebensbilder aus Bonn und dem Rheinland, Bonn 1994

Geschichte der Stadt Bonn in vier Bänden. 1: MANFRED VAN REY (Hg.), Bonn von der Vorgeschichte bis zum Ende der Römerzeit, Bonn 2001 (im Druck); 3: DIETRICH HÖROLDT (Hg.), Bonn als kurkölnische Haupt- und Residenzstadt 1597-1794, Bonn 1989; 4: DIETRICH HÖROLDT (Hg.), Bonn. Von einer französischen Bezirksstadt zur Bundeshauptstadt 1794-1989, Bonn 1989

JOSEF NIESSEN, Geschichte der Stadt Bonn, 1, Bonn 1956

EDITH ENNEN und DIETRICH HÖROLDT; Vom Römerkastell zur Bundeshauptstadt. Kleine Geschichte der Stadt Bonn, Bonn ^{4}1985

KARL GUTZMER, Chronik der Stadt Bonn, Dortmund 1988

Historische Meile. 2000 Jahre Bonn. Etappen der Stadtgeschichte, in 8 Heften, Bonn 1989

JOSEF MATZERATH (Hg.), Bonn. 54 Kapitel Stadtgeschichte, Bonn 1989

NORBERT SCHLOSSMACHER, Bonner Geschichte in Bildern, Köln 1989

RENATE HAWRANKE und WERNER P. D'HEIN (Hgg.), Bonn ist 2000. Festbuch zum Stadtjubiläum, Frankfurt/M., Berlin 1989

Zeittafel in: DIETRICH HÖROLDT und MANFRED VAN REY (Hgg.), Bonn in der Kaiserzeit 1871-1914. Festschrift zum 100jährigen Jubiläum des Bonner Heimat- und Geschichtsvereins, Bonn 1986, S. 491-508

Siehe auch die Zeittafel in den Adreßbüchern der Stadt Bonn von 1952/53 bis 1997/98 und die Zeitspiegel von HORST FEHRE, ebenda von 1952/53 bis 1993/94

HELMUT BÖGER und GERHARD KRÜGER, Berühmte & berüchtigte Bonner. 40 Porträts, Wuppertal 1991

ANDREAS DENK und INGEBORG FLAGGE, Architekturführer Bonn / Architectural Guide, Berlin 1997

CARL JAKOB BACHEM, Beueler Chronik. Zeittafel zur Geschichte des rechtsrheinischen Bonn, Bonn 1989 (Studien zur Heimatgeschichte des Stadtbezirks Bonn-Beuel, 26)

ALFRED WIEDEMANN, Geschichte Godesbergs und seiner Umgebung, Bad Godesberg 1930, ²Frankfurt/M. 1979

Zeittafel zur Godesberger Geschichte bis 1900, in: Godesberger Heimatblätter 2, 1964, S.87-90

HANS KLEINPASS, Grüße aus Bad Godesberg. Bilder aus vergangener Zeit, Bad Godesberg 1999

MATHIAS STEIMEL, Duisdorfer Chronik, bearb. von ROBERT OSTROVSKY, Bonn 1998

Textauszüge

DORIS MAURER und ARNOLD E. MAURER (Hgg.), Bonn. Ein Städte-Lesebuch, Frankfurt/M. 1990 (Insel-Taschenbuch, 1224)

DORIS MAURER und ARNOLD E. MAURER, Bonn erzählt. Streifzüge durch das literarische Bonn von 1780-1980, Bonn ²1986

DIETHARD H. KLEIN und HEIKE ROSBACH (Hgg.), Bonn. Ein Lesebuch, Husum 1987

DETLEF BLUHM und RAINER NITSCHE (Hgg.), Bonn, viel größer als ich dachte. Ein Umzug, Berlin 1998

DIETHARD H. KLEIN (Hg.), Rheinisches Hausbuch, Husum 1998

Index der Personennamen mit Bezug auf Bonn [1]

[1] ohne die Personenlisten S. 288-300

—E—

—F—

—G—

—H—

—I—

—J—

– K –

—L—

—M—

—N—

—O—

—P—

—Q—

—R—

—S—

—T—

—U—

—V—

—W—

–Z–

Bonner Stadtbezirke und Ortsteile